本书出版得到

国家重点文物保护专项补助经费资助

荆门子陵岗

荆门市博物馆 编著

文物出版社

北京 · 2008

封面设计　张希广
责任校对　陈　婧
责任印制　王少华
责任编辑　杨新改

图书在版编目（CIP）数据

荆门子陵岗／荆门市博物馆　编著. —北京：文物出版社，
2008.5
ISBN 978-7-5010-2153-6

Ⅰ.荆…　Ⅱ.荆…　Ⅲ.①墓葬（考古）—发掘报告—荆
门市—东周时代②墓葬（考古）—发掘报告—荆门市—秦汉
时代　Ⅳ.K878.85

中国版本图书馆 CIP 数据核字（2007）第 030170 号

荆　门　子　陵　岗

荆门市博物馆　编著

*

文 物 出 版 社 出 版 发 行

（北京市东直门内北小街 2 号楼）

http://www.wenwu.com

E-mail:web@wenwu.com

北京文博利奥印刷有限公司制版

北京盛天行健印刷有限公司印刷

新 华 书 店 经 销

787 × 1092　1/16　印张：21.5

2008 年 5 月第 1 版　2008 年 5 月第 1 次印刷

ISBN 978-7-5010-2153-6　定价：198.00 元

ZILINGGANG CEMETERY IN JINGMEN

Compiled by

Jingmen Municipal Museum

Cultural Relics Publishing House

Beijing · 2008

序

本书完稿以后，荆门市博物馆送请我审稿，我仔细审阅并提出修改意见。他们又请我为此书写序，我欣然应允。

荆门市博物馆是20世纪80年代荆门撤县并市，后又改为地级市才建馆逐步发展起来的。因此，他们的基础差、底子薄、专业人员少。但是，为配合基建，每年清理发掘的任务却十分繁重。除了考古任务，还有文物保护、陈列展览、古建维修等一系列工作。单从任务重、人手少，要挤出时间来整理发掘报告，这就不是一件易事，此其一；其二，要整理文物资料，就得把文物摊开来核对，就得修复、绘图、照相，就得排列对比，就得参考其他的资料。总之，要人、要物、要场所、要资料，还得要一定的经费。这些工作既繁琐，又冷清，且不是短时间能做完的，若不是领导重视，若不是有人能坚持，是不可能完成的。今天，崔仁义同志已拿出了合乎出版要求的书稿，怎不叫人为他们高兴呢？

看完书稿我就想到，全国文物界还有多少积压的资料啊！十多年前，我有幸到过湖北和邻省许多地方参观，许多博物馆的库房内都堆满了文物，有的还是一包一包的。我参观时，建议尽快整理，他们答应了，有的也在着手进行。时间已过去十多年了，这些资料绝大多数都未见报道。据我所知，有些20世纪60年代甚至50年代的资料至今还积压着，发掘资料的人，有的还健在，有的已过世，对这些资料若不抓紧"抢救"，只怕也会要"作古"了，这是一笔多大的损失啊！因此，我希望全国文博单位多一些像荆门市博物馆这样或比他们做得更好的领导，极力支持资料的整理和出版，因为这有利于业务水平的提高，有利于人才的成长，有利于学术的交流，有利于知名度的扩大；我也希望多一些像崔仁义这样或比他做得更好的同志，尽管他不是科班出身，但他在实践中勤学苦练，刻苦钻研，敢于面对各种压力，努力克服种种困难，如果不是他咬牙坚持，这本报告只怕是出不来的。

还有一些地方，一心只想挖大墓，忽视小墓。对挖大墓，要作分析，有的一心只想"挖宝"，这不是真正的科学考古工作者所为，不值评论；有的也并不都是为了"挖宝"，而是认为大墓出土器物多，解决问题大。其实，并不尽然，有的墓虽然大，甚至很大，但大墓多被盗，常是十墓九空。有的费了九牛二虎之力，花费了大量的人力、物力和财力，才把一座墓挖下来，所获之物却令人失望，有用资料无几，解决问题远非人料。我也并不是一味地反对挖大墓，有些工程中无法避开的大墓，那是非挖不可的；有的大墓出土的资料器物，小墓无法比拟，这也是无可争辩的事实。不过，最好不要主动去挖大墓。然而，不管怎样，不能忽视小墓，像本书所介绍的都是工程范围以内的，如不及时清理发掘，就有可能遭到破坏，能弃之不管吗？而且，小墓中也并不是不出重要文物和重要资料，如这批墓中，有座墓就出土越王州句剑，这在一般大墓中也是少有的。再有不同墓葬形制、特殊的葬俗、墓葬之间的相互关系等资料，也不是大墓都能有的。有些资料对解决学术问题，还起着重要作用。这里举一个例子：江陵九店墓挖出来后，有一批时代相当秦拔郢前后的墓葬（也都是小墓），其形制与随葬器物，既有楚的特点，也有秦的一些特征。有人提出，这是秦占领楚后，楚遗留下的遗民墓。另有人不同意这种看法，因这样的墓中，有的还随葬有楚人习用的剑，秦占领后，明令收缴武器，决不会允许楚人公开拥有剑之类的武器。墓葬下葬显然都是公开的，在秦占领下，怎么会有可能呢？因此，似这样的墓，还只能是楚墓。那么，究竟有没有楚遗民墓，楚遗民墓是什么样子，这是通过小墓发掘提出来的学术问题，这一问题也显然只有通过小墓资料的积累才能解决。本书中就正有一批这样的墓，整理者提出，有两座秦至汉初墓（M86、M88），"其分布与前述楚墓中的M85、M87排列交错而紧密，没有打破关系，似属同一家庭成员墓葬的延续"，这不就是典型的楚遗民墓吗？

事实上，本书也不只是碰到这样一个学术问题，诸如时代背景、文化特征、民俗问题等，整理者也都进行了有益的探讨，这些都说明小墓资料在学术上的意义是不容忽视的。

本书有如下特点：（1）所报道的都是一些小型墓，即东周墓62座，秦、西汉墓14座，东汉墓17座，明墓2座。所报道的资料较全面、客观，说明对小墓资料没有忽视。一本考古报告的好坏，首先取决于田野发掘是否认真、仔细，该观察的各种现象、该记录的各项资料是否真实地记录。到整理成报告时，能否把这些原原本本地反映出来。看来，这些本书也基本上做到了。（2）对一些典型墓进行了重点介绍和归纳，让读者能更好地了解一些单个墓的情况，从而能更好地运用这些材料去进行对比研究。（3）注意了墓葬之间的相互关系，如打破关系、排列关系，注意了填土中有意放置遗物的现象，注意了各种墓坑形制与特殊葬俗，并对这些进行了探讨。（4）根据出土资料论证了这批墓各自的相对年代，墓主的身份等级、社会地位，并对他们反映出来的文化特征等问题，进行了探讨，提出了自己的学术见解，并得出了较可信的结论。

评价一本考古报告的优劣，主要要看它所报道的资料是否全面、客观、准确。一本好的报告要经得起长时间的检验和核查，不仅对解决当时某一学术问题起着作用，而且也可能对以后的学术问题发挥作用。因学术问题是随着学术研究的深入而不断提出来的，出现了新问题，就需要去查询、对比已有的相关资料。故此，一本好的报告，将长期发挥着作用，决不是应景之作。我看这本报告不是应景之作。从另一方面来说，自秦拔郢至汉初这一段历史，在江汉地区乃至全国目前研究仍是薄弱环节，关键的所在，就正是因出土资料不多，而这书的一部分恰好是反映这一时段的。这些资料正好起着充实和填补的作用。因此，这批资料的可贵性就不言自明了。

以上是我的一些粗浅看法，是以为序。

湖北省社会科学院研究员 郭德维

2006 年 3 月于武昌东湖

目　录

插图目录

插表目录

图版目录

第一章　绪　论

　　荆门市位于湖北省中部，处在江汉平原与山区之间的过渡地带。子陵岗位于荆门市城区之北约10公里处，现为东宝区子陵铺镇所辖。它东距汉江约26公里，西距漳水约30公里，北距宜城楚皇城约60公里，南距荆州楚都纪南城约80公里。207国道经过子陵岗中部，北向襄阳，南下荆州；焦柳铁路绕子陵岗东南侧，贯通东西（图一）。

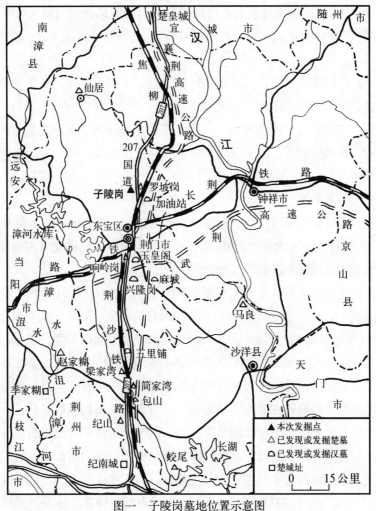

图一　子陵岗墓地位置示意图

子陵岗为南北走向的高岗地，四面呈缓坡状，处在丘陵地带中。南北长约2500米，东西宽约700米，最高处海拔104.2米。两侧及南端河流环绕。北约1000米处有人工修造的建泉水库。由子陵岗放眼四顾，东南面明朗开阔，西北面群山耸立，峰峦对峙。

子陵岗自然地层分为两层。上层为黄生土，下层为红砂石。黄生土厚度不一，岗脊最高处甚至无黄生土，其四周顺自然地势，黄生土渐厚。已发掘墓葬所见，最厚处约2米。

子陵岗属于集镇建设发展地带，现为子陵镇人民政府所在地。207国道两旁，现代房屋建筑密集。

子陵岗因东汉隐士严子陵曾隐居于此而得名，沿袭至今。但追溯其历史文化渊源，却由来已久。

春秋中期之前，曾受到商周文化的浓重熏染。商人南下建立的权国，周公封文王少子季载所在的那地，都在今荆门地域的汉水之滨。《左传·庄公十八年》杜预注："南郡当阳县东南有权城"，"南郡编县东南有那口城"。古当阳包括今荆门城区以南，东至汉水。编县，在今荆门西北。因此，大体而言，汉水以西，以今荆门城区为界，权国在南部，那国在北部。

楚人南下，荆门逐步成为楚的腹心地带。楚武王灭那克权，设置权尹，迁权于那处。荆门是楚国征服汉东诸国的军事重地。

秦国的兼并战争，使楚国的政治、经济、文化中心转移，荆门隶属于南郡。

两汉时期，今荆门地域，汉水以西，分别为编县、临沮县和当阳县所辖。编县蓝口聚曾为下江兵所占据。

荆门之名，唐代始见。

考古发现，子陵岗南部为东周至东汉时期的古遗址，北部则为与其时代相对应的墓葬。子陵岗东约200米处为罗坡东周墓和同期遗址，南约1.5公里处有加油站东汉墓。其中，罗坡东周墓和加油站东汉墓已发掘。

子陵岗墓地是为配合基本建设工程而抢救发掘的。1987～1991年在子陵岗发掘墓葬114座，探沟2条。墓葬编号为M1～M111。其中M11、M76、M77分别有甲、乙两墓。另外，M110、M111原田野编号为M120、M121，为消除虚号而改为现有墓号。

1987年11月，荆门市水泥厂在厂区范围内较大规模的施工动土。施工中，暴露出明代墓志铭和东汉墓砖。水泥厂的负责同志将此情况告知子陵镇文化站。子陵镇文化站的同志在施工现场收集到暴露在地面的墓志铭，并与荆门市博物馆取得联系。荆门市博物馆派员调查发现，在水泥厂的施工动工范围内，不仅有砖室墓被毁，而且许多土坑墓也遭受到不同程度的破坏。在荆门市水泥厂的积极配合下，荆门市博物馆组织力量，进行了历时近一个月的抢救性考古发掘工作（图版一，1）。本次共发掘、清理墓葬61座。

1989年4月起，为配合207国道改建工程，荆门市博物馆在子陵岗开展第二次抢救性考古发掘。历时三个月余。本次共发掘、清理墓葬28座。

1990年8月，为配合荆门市交通警察大队南桥中队基建工程我们发掘汉墓4座。

1991年4月，为配合子陵铺镇粮管所粮库基建工程，我们发掘墓葬19座。

此后，为配合其他工程，我们清理墓葬2座。

子陵岗墓地主要考古发掘的领队是荆州博物馆研究馆员、原副馆长陈跃钧先生，荆门市博物馆的崔仁义同志主持现场发掘工作。先后参加发掘工作的人员有荆门市博物馆李云清、刘祖信、钟琴山、黄文进、杨致梅、李平、汤学锋、代锋、黄翠莲、刘云军、黄后龙、陈云、芦秀萍、刘秀凤、刘银芳、文爱泉和子陵铺镇文化站伍小平等。

子陵岗墓地整理历经曲折，出土文物辗转多处。当时，荆门市博物馆处于初创阶段，条件简陋。田野发掘结束后，由发掘工地转移到荆门市图书馆；尔后又转移到荆门市博物馆基建工地的民房中。等荆门市博物馆陈列大楼修建竣工后，转移到陈列大楼的地下室中，后又多次挪动存放地点。由于人手少，室内整理工作断断续续，并在1992年中断，至2004年重新启动子陵岗墓地的整理工作。

子陵岗墓地的室内整理工作分两阶段。自1987年发掘后至1992年为第一阶段，处于时断时续状态。根据本馆领导的要求，将为配合207国道改建工程发掘的T1、T2和为配合子陵铺镇粮管所粮库基建工程发掘的19座墓葬（M78、M92～M109），另行分工整理、执笔。先后参加整理工作的主要人员有崔仁义、周光杰、汤学锋（执笔），黄文进、耿卉、刘银芳（绘图），钟琴山（照相），杨致梅、陈安美、黄翠莲、孙长秀、卢秀平、陈云（修复）等。2004～2005年为第二阶段。本次整理执笔以第一阶段的分工整理执笔为基础，完成了由崔仁义整理执笔的部分。参加本次整理的人员有崔仁义（执笔），李云禄（照相），鲍友桂、罗丛梅（修复）和荆门职业技术学院的刘权、张中豪等（绘图）。其间，因三峡考古发掘和其他工作而中断过一段时间。

本书收录95座（M1～M77、M79～M91、M110、M111）墓葬资料，包括东周墓62座，秦、西汉墓14座，东汉墓17座，明墓2座。据此，本书以时代为序编排资料。器物编号以田野编号为主，适当调整。相互有从属关系的器物，视具体情况区别对待。田野中已给器号的器物则保留不变；未给器号的器物则给亚号，其间隔以横线（一）表示，如M84：2-1。同种器物如铜钱，田野中一个器号包含有数件，则在保留田野编号的同时，另以亚号并加圆圈表示其个体，如M9：5②。器号的合并则从小号而舍大号，如双戈合并为戟。新增器物依田野编号顺延或以被舍弃的器号填补。本书中的部分材料曾以《荆门市子陵岗古墓发掘简报》之名发表于《江汉考古》1990年第4期。随着考古发掘资料的充实，本书对原有观点作了较大修改，当以本报告为准。

子陵岗墓地的发掘和整理，得到了多方面的关心和支持。发掘期间，湖北省顾问委员会主任沈因洛，荆门市市委副书记朱同炳、副书记刘斌、副市长焦知云等先后到现场视察，荆门市文化局领导多次奔赴现场，解决工作中的实际困难；荆门市水泥厂、207国道改建工程荆门指挥部、市交通警察大队南桥中队、市塑料包装厂、市图书馆，子陵铺镇委、镇政府、文化站以及子陵镇中心小学在人力、物力等方面给予了大力支持。在此，谨向上述单位和个人表示衷心的感谢。

第二章　墓葬分区与分布

一　墓葬分区

子陵岗墓地分布范围广，发掘数量虽不多，但已发掘墓葬的分布范围南北长达1000余米，而且东周墓与秦汉墓、明墓混合分布。为了叙述的方便，这里将墓葬分区。在此基础上，分别介绍东周墓、秦汉墓的分布与排列（图二；表一）。

表一　墓葬分区统计表

区号	东周墓		秦、西汉墓		东汉墓		明墓	
	数量	墓号	数量	墓号	数量	墓号	数量	墓号
I			2	M77甲、M77乙	3	M62、M76甲、M76乙		
II			4	M63～M66	1	M111		
III	7	M36、M38、M40、M41、M85、M87、M89	8	M42、M43、M46、M48、M49、M50、M86、M88	4	M39、M44、M45、M47		
IV	33	M10、M12～M15、M17～M23、M25～M32、M34、M35、M37、M52、M54、M56～M59、M61、M67、M68、M90			7	M16、M24、M33、M51、M53、M55、M60	2	M11甲、M11乙
V	12	M1、M2、M4～M9、M69、M70、M71、M110			1	M3		
VI	4	M72～M75						
VII	6	M79～M84						
VIII					1	M91		
合计	62		14		17		2	

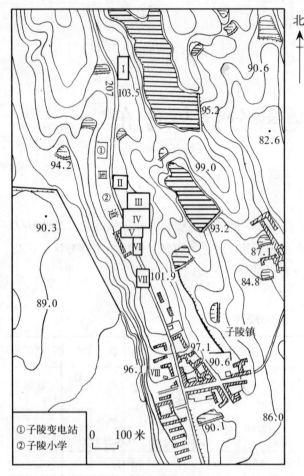

图二　子陵岗墓地分布图

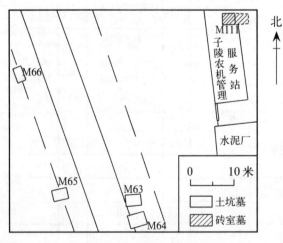

图四　Ⅱ区墓葬分布图

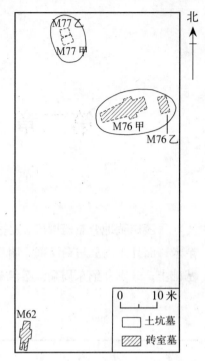

图三　Ⅰ区墓葬分布图

Ⅰ区：南北长90.5米，东西宽45米。共有墓葬5座，其中秦、西汉墓2座（M77甲、M77乙），东汉墓3座（M62、M76甲、M76乙）（图三）。

Ⅱ区：北距Ⅰ区约360米。东西长57米，南北宽49.5米。共有墓葬5座，其中秦、西汉墓4座（M63~M66），东汉墓1座（M111）（图四）。

Ⅲ区：北距Ⅱ区约15米。东西长79.5米，南北宽65米。共有墓葬19座，其中东周墓7座（M36、M38、M40、M41、M85、M87、M89），秦、西汉墓8座（M42、M43、M46、M48、M49、M50、M86、M88），东汉墓4座（M39、M44、M45、M47）（图五）。

　　Ⅳ区：北与Ⅲ区相接。东西长99米，南北宽69米。共有墓葬42座，其中东周墓33座（M10、M12～M15、M17～M23、M25～M32、M34、M35、M37、M52、M54、M56～M59、M61、M67、M68、M90），东汉墓7座（M16、M24、M33、M51、M53、M55、M60），明墓2座(M11甲、M11乙)(图六)。

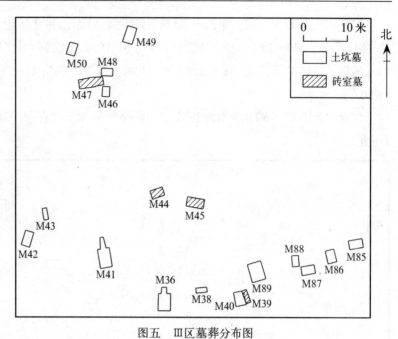

图五　Ⅲ区墓葬分布图

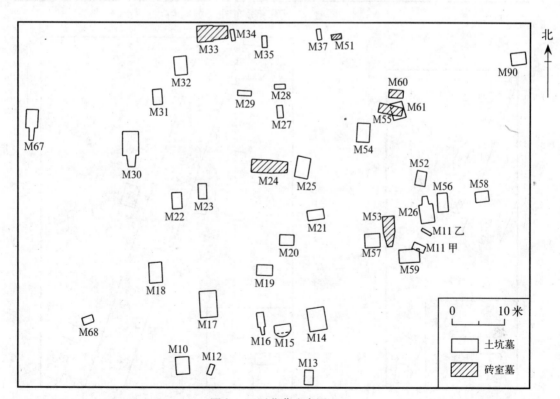

图六　Ⅳ区墓葬分布图

Ⅴ区：北与Ⅳ区相接。东西长82米，南北宽33米。共有墓葬13座，其中东周墓12座（M1、M2、M4～M9、M69、M70、M71、M110），东汉墓1座（M3）（图七）。

Ⅵ区：北与Ⅴ区相接。南北长61米，东西宽26米。共有东周墓葬4座（M72～M75）（图八）。

Ⅶ区：北距Ⅵ区50米。南北长72米，东西宽53米。共有东周墓葬6座（M79～M84）（图九）。

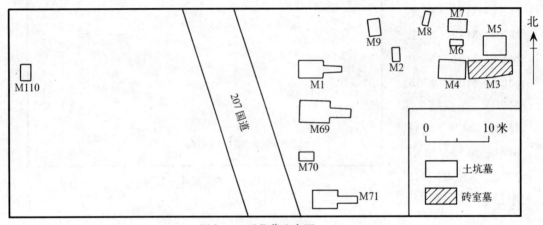

图七　Ⅴ区墓葬分布图

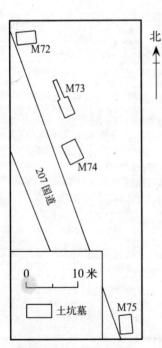

图八　Ⅵ区墓葬分布图

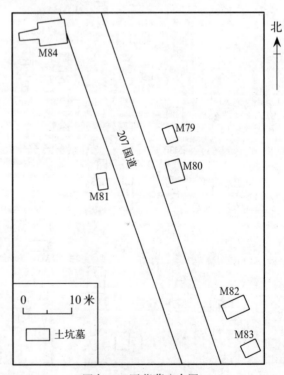

图九　Ⅶ区墓葬分布图

Ⅷ区：北距Ⅶ区约350米，207国道西边线至西50米，抵墓坑东南角。仅有1座东汉墓（M91）。

二　墓葬分布与排列

（一）东周墓的分布与排列

东周墓共62座，分布在Ⅲ～Ⅶ区中。其中，Ⅲ～Ⅴ区内，混杂有秦、西汉墓及东汉墓。少数东周墓被汉墓打破，如M40被M39打破，M61被M55打破。Ⅲ～Ⅴ区发掘范围较大，墓葬分布密集；Ⅵ、Ⅶ两区发掘范围仅限于207国道扩建范围，墓葬分布稀疏。除Ⅶ区外，各区相接。

头向为75°～100°的墓20座，167°～200°的墓28座，260°～270°的墓4座，340°～360°的墓10座。

头向东的墓葬中，随葬品为陶鼎类组合的墓约占70%，为陶鬲类组合的墓约占15%，无随葬品的墓占15%。

头向南的墓葬中，随葬品为陶（铜）鼎类组合的墓约占35.7%，为陶鬲类组合的墓约占53.6%，无随葬品的墓占10.7%[①]。

头向西的墓葬中，随葬品为陶鼎类组合的墓占25%，为陶鬲类组合的墓占25%，无随葬品的墓占50%。

头向北的墓葬中，随葬品为陶鼎类组合的墓占70%，为陶鬲类组合的墓占20%，无随葬品的墓占10%。

墓葬分布与墓葬头向、随葬品组合形式的关系呈现出多种情形。

两墓相邻，头向和组合形式相同。头向东的陶鼎类组合墓中，M1、M69、M70、M71南北排列在同一轴线上，M19、M20、M21同在一处；头向南的陶鬲类组合墓中，M2、M9、M8及M10、M12、M13等同在一处，M22、M23东西并列。

两墓相邻，头向不同而组合相同。如M15头向东，M14头向南，两墓相邻，均为陶鬲类组合。

两墓相邻，头向相同而组合不同。如M17、M18头向南，而一为陶鼎类组合，一为陶鬲类组合；M57、M59头向东，而一为陶鬲类组合，一为陶鼎类组合。

两墓相邻，头向和组合俱不相同。如M54与M61两墓相邻，前者头向南而随葬陶鼎

---

① 统计时凡无鼎或敦出现的器物组合形式，一律归于陶鬲类组合；出现鼎或敦之一的器物组合，则归于陶（铜）鼎类组合。

类组合，后者头向北而随葬陶鬲类组合。

所有东周墓之间没有打破关系。

（二）秦、西汉墓的分布与排列

秦、西汉墓共14座，分布在Ⅰ～Ⅲ区中。其中，Ⅲ区数量较多且与东周墓混合排列。头向为70°～90°的墓6座，170°～200°的墓3座，265°～275°的墓2座，350°～20°的墓3座。其中，M77甲、M77乙呈东西向南北并列，在同一封土堆下；M63、M64呈东西向南北并列。

（三）东汉墓的分布与排列

东汉墓共17座。除Ⅵ、Ⅶ区外，其他各区中均有数量不等的墓葬分布。其中，Ⅲ、Ⅳ两区数量略多。头向为70°～130°的墓10座，165°～195°的墓4座，255°～270°的墓2座，340°的墓1座。其中，M76甲与M76乙、M44与M45、M55与M60两墓相邻或并列。

（四）明墓的分布与排列

明墓共2座。分布在Ⅳ区中。方向290°～300°，南北并列。

第三章 东周墓

计62座，编号为M1、M2、M4～M10、M12～M15、M17～M23、M25～M32、M34～M38、M40、M41、M52、M54、M56～M59、M61、M67～M75、M79～M85、M87、M89、M90、M110。其中9座无随葬品（附表一、二）。

一 墓葬形制

发掘前，地面均无封土堆，绝大部分因施工而使墓口暴露，并遭受到不同程度的破坏。被毁厚度0.5～1.2米；尚未遭受破坏的墓坑，墓口距地表深0.2～0.43米。

（一）墓坑、填土及其包含物

1. 墓坑与构造

墓坑均为竖穴。因自然地层的差异，有的墓坑上部为黄生土壁，下部为红砂石壁；有的墓坑全为黄生土壁；少数墓坑全为红砂石壁。个别墓坑的红砂石壁上保存有凿痕，呈倾斜浅沟槽状。墓口一般大于墓底，少数墓口等于或小于墓底。坑壁清晰，底多平整。

墓坑的构造形式有如下六种。

（1）头龛

龛底平，顶部及向壁内延伸部分作弧形。龛底距墓底高0.24～0.4米。龛口或在墓壁的中部，或与墓壁同宽。龛口宽0.6～0.72米，高0.24～0.5米，向壁内延伸0.23～0.32米。

（2）二层台

均为生土，台面距墓底高0.12～1.2米。二层台在坑内或为四周设置，或为两侧设置，或两侧及一端设置，或仅一端设置。同一墓坑的二层台有等宽的，也有宽窄不一的。四周设置的二层台面宽度或相等，或相异。但它们各自分别对称，宽0.1～0.5米。

（3）台阶

均只见一级，距墓底高2.2～2.9米，四周设置。台阶面平，宽0.4～0.7米。

（4）局部设台

熟土，堆积于坑底一角，呈长方体，上置随葬品。长0.9、宽0.4、高0.2米。

（5）垫木槽

墓坑底平，凿有两条沟槽。它的设置起着固定垫木的作用。可以肯定，有这种设置的墓葬均有棺椁，但有棺椁的墓坑不一定设置垫木槽。由于墓地的自然地层下层为红砂石，墓坑底面不会因为挤压而变形，所以使这种人工沟槽的用途得到了有力的证实。沟槽为横凿的两条，间距1.2～1.5米，两端抵坑壁或略向壁内延伸。沟槽口宽0.16～0.4米，向下凹入部分作弧形或方形，深0.03～0.1米。

（6）墓道

设置在墓坑一端的中部，向外伸展，与坑口构成"凸"形。平面作长方形或梯形，长1.8～4.2、宽1～1.6米。墓道底部呈斜坡，与坑壁相交处距坑底高1.2～2米，斜坡8°～28°。

2.填土及其包含物

（1）填土

墓坑填土均为五花土，但因墓坑深浅及其所在位置不同而略有差异，大部分墓葬中夹红砂石块。红砂石块在填土中大多较细碎，但也有较大的石块出现，有的重达40公斤左右。少数墓坑填土上层为五花土，下层为厚0.14～0.4米的白膏泥。个别墓坑填土经夯筑，土质坚硬。夯层厚10～20厘米；夯窝圆形，直径6～8厘米，深0.3～0.5厘米。大多数墓未见夯筑痕迹，土质松软。

（2）填土中的包含物

墓坑填土中包含有遗物的墓葬共8座（M1、M13、M17、M56、M69、M81、M83、M84），其出土器类有陶盆、罐、豆、板瓦，石球，有的还有兽骨等。多为混杂在泥土中因回填而进入墓坑内，仅见器物残片；个别墓中却是有意放置，陶器虽碎，但可复原。M83在距墓口深0.6米的平面，其西南角暴露出相邻的2件陶罐，均已破碎。经拼对，其中一件仍可复原，另一件只是因为陶片太碎而难以修复。

陶盆　1件（M13：01）。泥质红陶。口微敛，折平沿，圆唇，束颈，鼓腹。沿面有两道凹弦纹，肩饰弦纹。口径35.2、残高6.4厘米（图一〇，1）。

陶罐　4件。分四型。

A型　1件（M83：01）。泥质灰陶。敛口，折平沿较窄，圆唇，短颈，溜肩，腹微鼓。上腹饰弦纹。口径12、腹径15.6、残高5.2厘米（图一〇，4）。

B型　1件（M83：02）。泥质灰陶。侈口，方唇，高领，广肩有折线，下腹呈弧线内收，底残。肩部一道凹弦纹。口径10.5、腹径19.2、高16.8厘米（图一〇，7；图版一，4）。

C型　1件（M69：02）。夹砂红陶。敛口，折沿略上扬，尖唇，有颈。器表饰细绳纹。局部呈黑色。口径21.4、残高4厘米（图一〇，2）。

D型　1件（M56：01）。泥质灰陶。侈口，折平沿，圆唇，弧颈较粗。沿面两道凹弦纹。口径20.8、残高6厘米（图一〇，3）。

　　陶豆　3件。分三型。

　　A型　1件（M17∶01）。泥质灰白陶。粗柄较矮，喇叭状。最细处直径8.8、残高8厘米（图一〇，5）。

　　B型　1件（M81∶01）。泥质灰黄陶。盘口内敛状，圆唇，腹较深，矮柄，喇叭形小座，方沿。口径12.4、座径6.8、高10厘米（图一〇，6；图版一，2）。

　　C型　1件（M1∶08）。泥质灰陶。细柄较高，喇叭形小座，方沿。柄径2.4、座径7.2、残高12厘米（图一〇，9）。

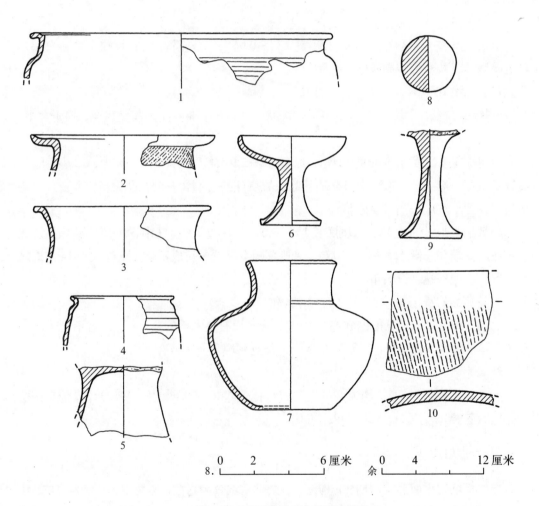

图一〇　东周墓填土中的出土器物

1.陶盆（M13∶01）　2.C型陶罐（M69∶02）　3.D型陶罐（M56∶01）　4.A型陶罐（M83∶01）

5.A型陶豆（M17∶01）　6.B型陶豆（M81∶01）　7.B型陶罐（M83∶02）　8.石球（M84∶01）

9.C型陶豆（M1∶08）　10.陶板瓦（M1∶01）

板瓦　1件（M1∶01）。泥质灰陶。残片。微弧。饰细绳纹。残长12、残宽12厘米（图一〇，10）。

石球　1件（M84∶01）。石质。球形，磨光。白色。直径3.2厘米（图一〇，8；图版一，3）。

（二）葬具与人骨架

墓葬中的葬具与人骨架均腐烂已尽。但从墓坑的大小、随葬品的分布以及部分棺椁残存痕迹判断，有无棺墓、单棺墓和一棺一椁墓三种。

1. 葬具

（1）无棺墓

6座。墓坑狭窄，坑底长1.36~1.9、宽0.32~0.96米。无随葬品。其中，仅一座墓（M37）可见碎陶片，数量极少而极碎。

（2）单棺墓

5座。墓坑狭窄，坑底长1.8~2.16、宽0.6~0.84米。随葬品为鬲类组合，置于龛中。

（3）一棺一椁墓

51座。随葬鬲类组合的墓16座，坑底长2~2.9、宽0.7~1.8米。其中，12座墓随葬品置于坑底一端（设头箱），2座墓随葬品放置坑底的一端和一侧（设头箱、边箱），2座墓随葬品置于坑底一侧（设边箱）。

随葬鼎类组合的墓32座，坑底长1.8~3.6、宽1~2.2米。其中，14座墓随葬品放置在坑底的一端和一侧（设头箱和边箱），4座墓随葬品置于坑底一侧（设边箱），14座墓随葬品置于坑底一端（设头箱）。

无随葬品的墓3座。坑底长2.5~2.9、宽1.6~2米。

一棺一椁墓中，可见棺椁痕迹的10座，坑底设有垫木槽的墓6座。二者不见于同一墓坑。除前者中一墓（M40）无随葬品外，其他墓均为鼎类组合。

2. 人骨架

人骨架仅见于7座墓，均为仰身直肢。无棺墓（M6）和单棺墓（M12）各1座，一棺一椁墓5座（M69、M41、M4、M9、M30）。

（三）墓坑类型

根据墓坑的平面形状、坑内的构造，将全部墓坑分为六型。各型中，可分为窄坑、较宽坑和宽坑，分别以Ⅰ、Ⅱ、Ⅲ表示。Ⅰ的长、宽比值范围在2~4.3之间（其中比值为3.3~4.2的墓仅两座，分别见于A、C型墓坑），Ⅱ的长、宽比值范围在1.7~1.9之间，Ⅲ的长、宽比值范围在1.5~1.6之间。因墓口已遭破坏，所以比值的确定以坑底数据为准。

比值由大到小，即表示墓坑由狭长方形向近方形变化（表二）。

表二　东周墓墓坑分型与比值对照表

墓号 比值	A	B	C	D	E	F	合计
I	M6、M13、M15、M29、M34、M37、M52、M56、M72、M81	M2、M8、M12、M27、M38	M10、M18、M28、M57、M61、M74、M110	M73、M71	M26、M30	M14、M59、M82	29
II	M5、M7、M19、M21、M22、M23、M25、M32、M35、M54、M58、M68、M70、M75、M83、M85、M87		M17、M79、M89、M90	M36、M67	M41、M69、M84		26
III	M9、M20、M31、M40、M80			M1		M4	7
合计	32	5	11	5	5	4	62

A型　32座。无任何设置的竖穴墓。土坑竖穴，坑内除 A II 型中少数墓设置垫木槽或熟土台外，一般无任何设置。

A I 型　10座。方向为80°～90°的墓3座，170°～190°的墓3座，350°～355°的墓3座，270°的墓1座。除2座墓墓口之上有0.28～0.4米的表土层外，其余墓葬墓口均已暴露。墓口长2～4、宽0.64～2.4米，墓底长1.68～3、宽0.54～1.4米。墓深0.54～2.4米。随葬陶鼎类组合和鬲类组合的墓各3座；无随葬品的墓4座，其中1墓中可见放置的碎陶片。

墓坑四壁多清晰，底平。但个别墓坑入葬时已坍塌。如M15，方向80°。墓口暴露，长3.2、宽1.4米，墓底长2.9、宽1.3米。墓深1.8米。墓坑南壁坍塌成弧线，凸凹不平。坑内填五花土，夹杂大量红砂石块。葬具与人骨架腐烂无存。随葬的陶鬲、豆、壶等，分布在坑底东部（图一一）。

墓坑填土多为五花土，或夹红砂石块，但个别墓坑填土上层为五花土，下层为白膏泥。如M56，方向355°。墓口暴露，长3.4、宽2.1米，墓底长3、宽1.4米。墓深2米。四壁光滑，坑底平。坑内填土上层为五花土，厚1.8米；下层为白膏泥，仅厚0.2米。葬具与人骨架腐烂无存。随葬的陶鼎、敦、壶、豆等，分布在坑底北部（图一二）。

少数墓坑填土包含陶豆、陶盆残片，个别墓坑填土可见夯筑痕迹。如M72，方向85°。表土层厚0.28～0.32米。墓口长4、宽2.4米，墓底长3、宽1.2米。墓深2.4米。墓坑东部

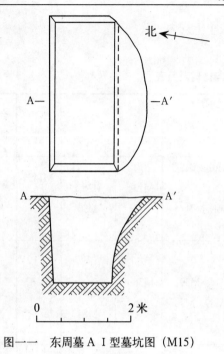

图一一　东周墓 A I 型墓坑图（M15）

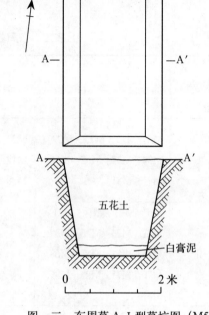

图一二　东周墓 A I 型墓坑图（M56）

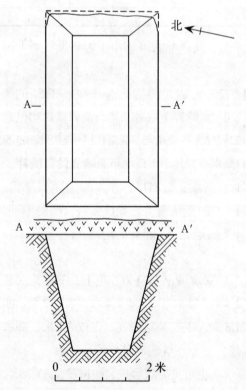

图一三　东周墓 A I 型墓坑图（M72）

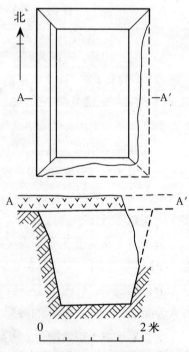

图一四　东周墓 A II 型墓坑图（M85）

因工程建设而有损毁。坑内填五花土，夹红砂石块，经夯筑。夯层厚0.1～0.15米。夯窝圆形，直径6～8、深0.3～0.5厘米。葬具及人骨架腐烂无存。随葬的陶鼎、敦、缶等，分布在坑底东部（图一三）。

ＡⅡ型　17座。方向为75°～100°的墓7座，175°～190°的墓9座，270°的墓1座。无表土层的墓13座，有表土层的墓4座。表土厚0.25～0.43米。墓口长2～3.86、宽1～2.9米，墓底长1.76～3、宽0.96～1.72米。墓深0.98～2.8米。葬具与人骨架腐烂无存，仅少数墓可见棺椁及人骨架痕迹。随葬陶鼎类组合的墓10座，随葬陶鬲类组合的墓5座，无随葬品的墓2座。

墓坑口大底小，四壁清晰，多呈直线内收。但1座墓坑壁略向外折。如M85，方向180°。墓坑东南部被毁。残留表土层厚0.3～0.32米。墓口长3.2、宽2.2米，墓底长2.4、宽1.4米。墓深1.8米。在距墓底高1.2米处，坑内西壁外折。坑内填五花土，夹红砂石。葬具及人骨架腐烂无存。随葬的陶鬲、盂、罐、豆等，分布在坑底南部（图一四）。

坑底为红砂石自然地层，多平。其中，1座墓底呈北高南低的倾斜状态，2座墓坑底凿有两道垫木槽。垫木槽两端抵坑壁，向下凹入部分截面呈弧线，间距1.28～1.3、宽0.16～0.3米，深0.03～0.08米。如M75，方向175°。表土层厚0.3～0.36米。墓口长3.6、宽2.6米，墓底长2.8、宽1.6米。墓深1.8米。四壁清晰，坑底凿有放置垫木的凹槽。垫木两

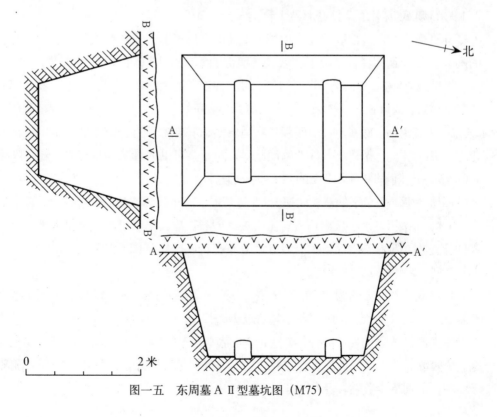

图一五　东周墓ＡⅡ型墓坑图（M75）

端经坑壁两侧的凹槽而落入坑底的凹槽中。垫木槽间距1.3米，宽0.3、深0.03米。坑内填五花土，夹红砂石。葬具及人骨架腐烂无存。随葬的陶鼎、敦、壶等，分布在坑底南部（图一五）。

墓坑填土，一座墓的上层为五花土，下层为白膏泥；其余墓仅见五花土。其中，1座墓填土中放置陶罐2件。如M83，方向75°。表土层厚0.36～0.43米。墓口长3.5、宽2.7米，墓底长2.5、宽1.5米。墓深2.6米。坑内填五花土，夹红砂石。在墓坑西南角距墓口深0.6米处，南北并列放置2件陶罐，一件（M83：01）紧贴西壁，距南壁0.5米；一件（M83：02）距西壁0.01米，距南壁0.2米。葬具及人骨架腐烂无存。随葬的陶鼎、盒、壶等，分布在坑底东部（图一六）。

随葬品多置于坑底，个别墓置于坑底熟土台上。如M87，方向175°。表土层厚0.25～0.3米。墓坑东南部被毁。墓口长2.8、宽2米，墓底长2.2、宽1.2米。墓深1.9米。坑底东南角设长方形熟土台。熟土台南北长

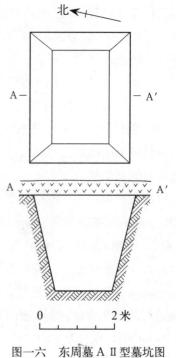

北

图一六　东周墓 A Ⅱ 型墓坑图
（M83）

0.9、东西宽0.4米，高0.2米。坑内填五花土，夹红砂石。葬具及人骨架腐烂已尽。随葬的陶鬲、盂、罐、豆等，放置在坑底东南部的熟土台上（图一七）。

A Ⅲ型　5座。方向为167°～175°的墓3座，90°和345°的墓各1座。墓口暴露，墓坑局部被毁。墓口长2.8～4.5、宽1.8～3.1米，墓底长2.4～3.6、宽1.6～2.2米。墓深0.68～2.4米。四壁清晰，底多平；一座墓底略呈斜面，东端高于西端0.04米（M20）。坑内填五花土，夹红砂石。葬具及人骨架腐烂已尽，两座墓可见人骨架或棺痕迹。随葬陶鼎类组合的墓2座，随葬陶鬲类组合的墓2座，无随葬品的墓1座。

四壁清晰，底多平的墓，如M9，方向170°。墓口暴露，长2.9、宽2米，墓底长2.4、宽1.6米。墓深1.9米。坑内填五花土，夹红砂石。葬具腐烂已尽，可见人骨架残迹，葬式仰身直肢。随葬的陶鬲、盂、罐等，分布在坑底南端（图一八）。

B型　5座。设头龛的墓。

均属B Ⅰ型。方向为76°的墓1座，170°～200°的墓4座。随葬品为鬲类组合。墓口暴露，长2～2.4、宽0.9～1.2米，墓底长1.8～2.16米，墓深0.6～1.4米。其中，1座墓坑北壁下半部呈弧线内凹（M8）。头龛高于坑底0.16～0.4米，或在坑壁中部，或与坑壁同宽。坑内填五花土，葬具及人骨架腐烂已尽，个别墓可见人骨架残迹（M12）；随葬品置于龛中，个别墓少数随葬品移位于坑底（M38）。

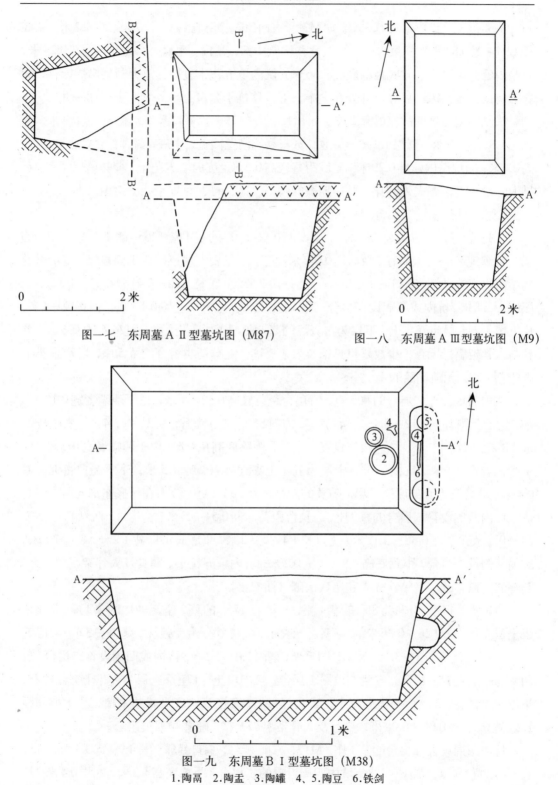

图一七　东周墓 A Ⅱ 型墓坑图（M87）

图一八　东周墓 A Ⅲ 型墓坑图（M9）

图一九　东周墓 B Ⅰ 型墓坑图（M38）
1.陶鬲　2.陶盂　3.陶罐　4、5.陶豆　6.铁剑

头龛位于坑壁中部的墓3座。如M38，方向76°。墓口暴露，长2.28、宽1.2米，墓底长1.94、宽0.84米。墓深0.88米。头龛在坑壁中部，弧顶，平底。口宽0.72、高0.24米，向壁内延伸0.23米。龛底距墓底高0.36米。坑内填五花土，葬具及人骨架腐烂无存。随葬的陶鬲、盂、罐、豆等，部分在龛中，部分移位于龛口之下的坑底上（图一九）。

头龛底宽与坑壁同宽的墓2座。如M12，方向195°。墓口暴露，长2、宽0.9米，墓底长1.8、宽0.6米。墓深1.3米。头龛底宽与墓坑南壁同宽，平底，弧顶。龛口底宽0.71、高0.4米，向坑壁内延伸0.29米。龛底距墓底高0.2米。坑内填五花土，葬具腐烂无存，可见人骨架残迹，葬式为仰身直肢。随葬的陶鬲、盂、罐、豆置于头龛之中（图二〇）。

C型　11座。设二层台的墓。

CI型　7座。方向为85°的墓1座，170°～180°的墓4座，265°的墓1座，345°的墓1座。2座墓表土层尚存，厚0.1～0.42米；其余各墓表土层已因施工而被毁，墓坑遭受到不同程度的破坏。墓口长2～4.4、宽0.84～3.2米，墓底长1.36～3.4、宽0.32～1.3米。墓深0.6～2.8米。坑内或四周设二层台，或两侧设二层台。二层台宽0.1～0.4、高0.12～1米。墓坑填土，上层为五花土、下层为白膏泥的墓1座，均为五花土或夹红砂石的墓6座。葬具与人骨架腐烂无存，少数墓可见棺及人牙痕迹。随葬鬲类组合的墓5座，随葬鼎类组合的墓1座，无随葬品的墓1座。

坑内四周设置二层台的墓5座。二层台距墓底高0.12～1米，位于两端者宽0.1～0.3米，位于两侧者宽0.12～0.4米。如M57，方向85°。墓口暴露，长3、宽2.4米，墓底长2、宽0.8米。墓深1.9米。坑内四周设置二层台，距墓底高0.9米，位于两端者宽0.2米，位于两侧者宽0.3米。坑内填土，上层为五花土夹红砂石，厚1.5米；下层为白膏泥，厚0.4米。葬具及人骨架腐烂已尽。随葬的陶鬲、盂、罐、豆，分布在坑底东部（图二一）。

坑内两侧设置二层台的墓2座。二层台距墓底高0.5～0.8米，宽均0.2米。如M74，方向170°。表土层厚0.38～0.42米。墓口长4.4、宽3.2米，墓底长3.4、宽1.2米。墓深2.8米。坑内两侧设二层台，距墓底高0.8米，宽0.2米。坑内填五花土。葬具及人骨架腐烂无存。随葬的陶鼎、敦、壶等，分布在坑底南部（图二二）。

CII型　4座。方向为85°的墓1座，170°～175°的墓2座，340°的墓1座。2座墓表土层尚存，厚0.26～0.36米；2座墓已无表土，墓坑部分遭受毁坏。墓口长3.4～4.9、宽2.3～3.4米，墓底长2～3.18、宽1.1～1.7米。墓深1.6～3.2米。坑内或四周设置二层台，或两侧与一端设置二层台，或两侧设置二层台。坑内填土，1座墓上层为五花土夹红砂石，下层为白膏泥；3座墓均为五花土，或夹红砂石。2座墓坑底设置垫木槽，垫木槽间距1.2、宽0.2、深0.06～0.08米。葬具及人骨架腐烂无存。随葬陶鼎类组合。

坑内四周设置二层台的墓1座。M17，方向175°。墓口暴露，长4.9、宽3.4米，墓底长3.18、宽1.7米。墓深3.2米。坑内四周设置的二层台，距墓底高1.2米，宽均0.4米。坑

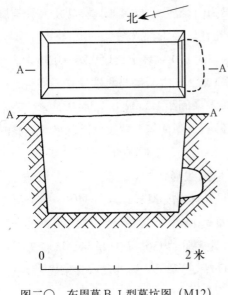

图二〇　东周墓 B I 型墓坑图（M12）

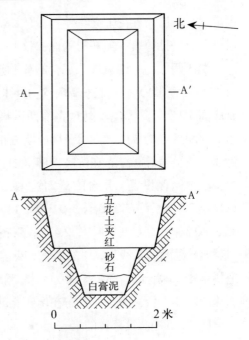

图二一　东周墓 C I 型墓坑图（M57）

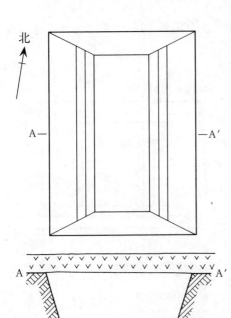

图二二　东周墓 C I 型墓坑图（M74）

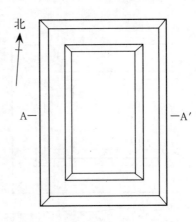
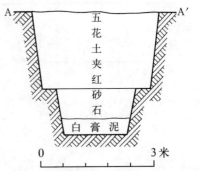

图二三　东周墓 C II 型墓坑图（M17）

内填土，上层为五花土夹红砂石，厚2.8米；下层为白膏泥，厚0.4米。葬具及人骨架腐烂已尽，仅见棹痕。随葬的陶鼎、敦、壶等，分布在坑底南部（图二三）。

坑内两侧与一端设置二层台的墓1座。M89，方向170°。表土层厚0.26～0.36米。墓口长4.4、宽3.4米，墓底长2.6、宽1.4米。墓深2.3米。坑内两侧与北端设置二层台，距墓底高0.9米，宽0.2米。坑底凿有两道垫木槽。垫木槽间距1.2、宽0.2、深0.08米。垫木槽两端相抵处的坑壁微内凹。坑内填五花土夹红砂石。葬具与人骨架腐烂已尽。随葬的陶鼎、敦、壶等，分布在坑底南部（图二四）。

坑内两侧设置二层台的墓2座。二层台平面呈弧线形，中部最宽，两端抵坑角，距墓底高0.6米，中部宽0.16～0.2米。1座墓坑底设垫木槽。M79，方向340°。表土层厚0.28～0.3米。墓口长3.4、宽2.4米，墓底长2.8、宽1.6米。墓深1.6米。坑内两侧设置的二层台，平面呈弧线形，中部最宽，两端抵坑角。距墓底高0.6、宽0.16米。坑底凿有两道垫木槽，间距1.2、宽0.2、深0.06米。坑内填五花土夹红砂石，葬具及人骨架腐烂无存。随葬的陶鼎、敦、壶等，分布在坑底北部（图二五）。

D型　5座。设墓道的墓。

DⅠ型　2座。方向为90°、350°的墓各1座。表土层厚0.28～0.42米。墓口长3.6～

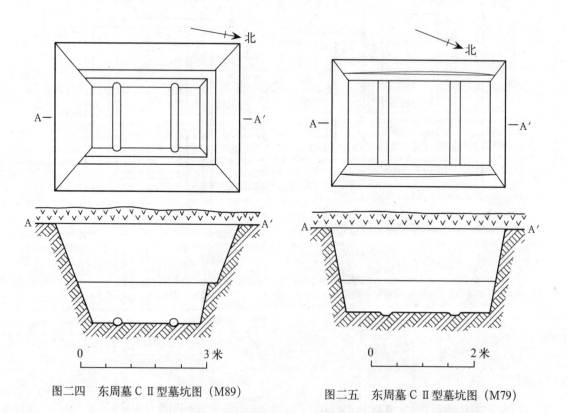

图二四　东周墓CⅡ型墓坑图（M89）　　　　图二五　东周墓CⅡ型墓坑图（M79）

4.2、宽2.1～3.65米，墓底长2.8～3、宽1.4米。墓深3.2～3.3米。墓道设在墓坑一端的中部，平面或呈梯形，或呈长方形，底面呈斜坡。坑内填五花土，个别墓经夯筑，夯层厚约0.2米，夯窝圆形，直径8、深0.3厘米。葬具少数可见椁痕，人骨架腐烂无存。随葬品为鼎类组合。

　　墓道平面呈梯形的墓1座。M73，方向350°。表土层厚0.36～0.42米。墓口长3.6、宽2.1米，墓底长3、宽1.4米。墓深3.2米。墓道位于墓坑北端的中部，平面呈梯形，长4.4米，北端宽1米，与墓口相交的一端宽1.2米。底面呈斜坡，坡度为23°；与坑壁相交处距墓底高1.3米。墓坑与墓道内填五花土，葬具及人骨架腐烂无存。随葬的陶鼎、豆、缶等，分布在坑底北部（图二六）。

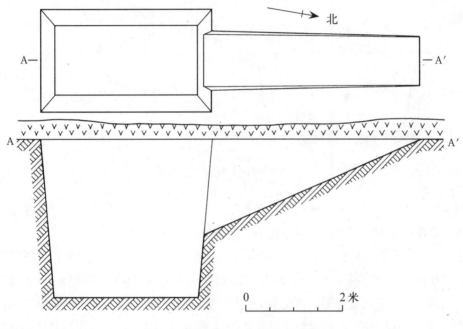

图二六　东周墓D I 型墓坑图（M73）

　　墓道平面呈长方形的墓1座。M71，方向90°。表土层厚0.28～0.34米。墓口长4.2、宽3.65米，墓底长2.8、宽1.4米。墓深3.3米。墓道位于墓坑东端的中部，平面呈长方形。长3.8、宽1.2米；底面呈斜坡，坡度24°，与坑壁相交处距墓底高1.5米。墓坑、墓道内填五花土，经夯筑。夯层厚0.2米。夯窝圆形，直径约8厘米，窝距约15、深0.3厘米。葬具及人骨架腐烂无存。随葬的陶鼎、敦、壶，分布在坑底东部（图二七）。

　　D II 型　2座。方向为180°和360°的墓各1座。其中1座有表土，表土层厚0.18～0.2米。墓口长3.4～3.7、宽2.7米，墓底长2.6～3.3、宽1.4～1.9米。墓深2.2～2.4米。墓道设在墓坑一端的中部，平面或呈梯形，或呈长方形。长1.8～2.6、宽1～1.4米；底面

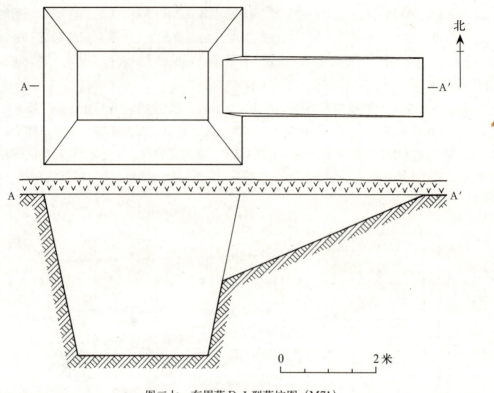

图二七　东周墓ＤⅠ型墓坑图（M71）

呈斜坡，坡度8°～19°，与坑壁相交处距墓底高1.5～2米。墓坑与墓道内填五花土，葬
具与人骨架腐烂无存，仅1座墓可见椁痕。随葬鼎类组合。

墓道较长，平面呈梯形的墓1座。墓道底面平缓，底面一段平折。M67，方向180°。
表土层厚0.18～0.2米。墓口长3.4、宽2.7米，墓底长2.6、宽1.4米。墓深2.4米。墓道位
于墓坑南端中部，平面呈梯形。墓道长2.6米，与墓口相接处宽1.2米，南端宽1米。底
面分为两段。与坑壁相交的一段较平，长0.4米，距墓底高2米；另一段呈斜坡，坡度为
8°。两段相交处，前一段低于斜坡0.1米；墓坑、墓道内填五花土。葬具及人骨架腐烂已
尽。随葬的陶鼎、盒、壶等，分布在坑底南部（图二八）。

墓道较短，平面呈长方形的墓1座。M36，方向360°。墓口暴露，墓口长3.7、宽2.7
米，墓底长3.3、宽1.9米。墓深2.2米。墓道位于墓坑北端的中部，平面呈长方形。长
1.8、宽1.3米。底面呈斜坡，坡度19°，与坑壁相交处距墓底高1.5米。内填五花土，夹红
砂石，葬具及人骨架均腐烂已尽，可见椁痕。随葬的陶鼎、簠、缶等，多分布在坑底北
部（图二九）。

ＤⅢ型　1座（M1）。方向90°。表土层厚0.28～0.32米。墓口长3.9、宽2.8米，墓底
长3.6、宽2.2米。墓深3.3米。墓道位于墓坑东端的中部。平面呈梯形，长3.2米，与墓

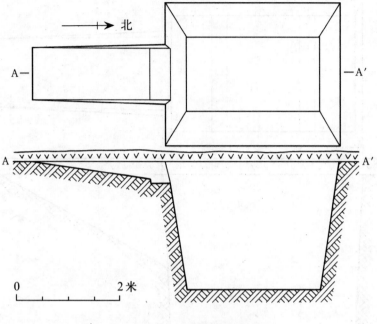

图二八　东周墓 D Ⅱ 型墓坑图（M67）

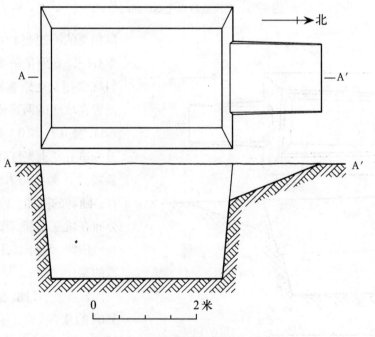

图二九　东周墓 D Ⅱ 型墓坑图（M36）

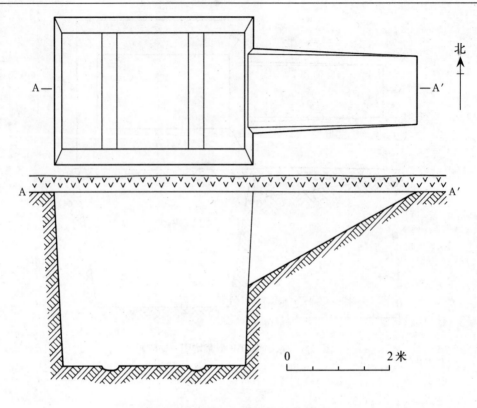

图三〇 东周墓 D Ⅲ型墓坑图 (M1)

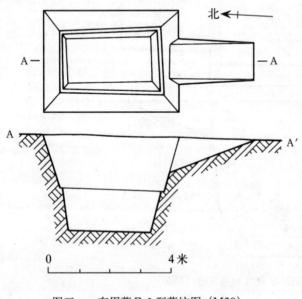

图三一 东周墓 E Ⅰ型墓坑图 (M30)

口相交的一端宽 1.6 米，另一端宽1.3米。底面呈斜坡，坡度28°，与坑壁相交处距墓底高 1.5 米。设置在坑底的两道垫木槽，间距1.34、宽0.3、深0.1米。墓坑、墓道内填五花土夹红砂石，并有少量陶片，葬具与人骨架腐烂无存。随葬的陶鼎、敦、壶等，多分布在坑底东部（图三〇）。

E型 5座。二层台与墓道并设的墓。

E Ⅰ型 2座。方向178°和350°的墓各1座。墓口暴露，长3.6~4.4、宽2.8~3.2米，墓底长2.52~2.8、宽1.2~1.4米。墓深

2.2~3米。坑内四周或两侧设生土二层台。台面宽0.04~0.2米，距墓底高0.8~1.3米，墓道平面呈长方形或梯形，长1.8~2.4、宽1.1~1.4米，底面呈斜坡，坡度20°~25°，与坑壁相交处距墓底高1.2~1.9米。坑内填五花土，夹红砂石。葬具及人骨架腐烂无存，1座墓可见人骨架和椁室痕迹。随葬陶或铜礼器。

　　1座墓二层台极窄。M30，方向178°。墓口暴露，长4.4、宽3.2米，墓底呈不规则长方形，东边长2.8、西边长2.73、宽1.4米。墓深3米。坑内四周设二层台。台面极窄，宽仅0.04~0.06米，距墓底高1.3米。墓坑开凿在红砂石自然地层之上，坑壁上保存有大量呈斜线浅沟槽状的凿痕。墓道位于墓坑南端的中部。平面呈梯形，长2.4米，与墓口相交的一端宽1.4米，南端宽1.2米；底面呈斜坡状，坡度20°，与坑壁相交处距墓底高1.9米。坑内填五花土夹红砂石。可见棺椁和人骨架痕迹。随葬的铜鼎、敦、壶等，分布在坑底南部（图三一）。

　　E Ⅱ型　3座。方向90°、260°和350°的墓各1座。墓口暴露的墓1座，有表土的墓2座。表土厚0.22~0.32米。墓口长4.2~5.8、宽2.9~4.4米，墓底长3~3.4、宽1.8~1.9米。墓深2~3.1米。坑内一端设二层台的墓1座，四周设二层台的墓2座。台面宽0.2~0.54米，距墓底高1~1.2米。墓道平面呈梯形，长2.6~3.8、宽1.2~1.6米，底面呈斜坡，坡度9°~20.5°，与坑壁相交处距墓底高1.5~1.7米。坑内填五花土，夹红砂石。葬具及人骨架腐烂无存，2座墓可见棺椁和人骨架痕迹。随葬陶鼎类组合。

　　1座墓仅坑内一端设二层台。M41，方向350°。墓口暴露，长4.2、宽2.9米，墓底长3.4、宽1.9米。墓深2米。墓坑由红砂石自然地层开凿而成，坑内南壁设二层台。二层台较平，宽0.2~0.3米，距墓底高1.2米。坑底设两道垫木槽，间距1.5、宽0.4、深0.1米。墓道位于墓坑北端的中部，平面呈梯形，长2.6米，北端宽1.2米，与墓口相接处宽1.4米；底面呈斜坡，坡度9°。与坑壁相交处距墓底高1.5米。坑内填五花土夹红砂石。红砂石最大者，达40余公斤。可见棺椁与人骨架残迹，葬式为仰身直肢。随葬的陶鼎、簋、缶等，主要分布在坑底北部（图三二）。

　　2座墓坑内四周设二层台，形制基本相同。如M69，方向90°。表土厚0.22~0.32米。墓口长5、宽3.6米，墓底长3、宽1.8米。墓深3.1米。坑内四周设二层台。二层台较平，宽0.5米，距墓底高1米。墓道位于墓坑东端中部。平面呈梯形，长3.8米，与墓口相接处宽1.4米，东端宽1.2米；底面呈斜坡，坡度20.5°，与坑壁相交处距墓底高1.6米。坑内填五花土夹红砂石，并有少量陶片，可见棺椁及人骨架残迹，葬式为仰身直肢。随葬的陶鼎、敦、壶等，主要分布在坑底东部（图三三）。

　　F型　4座。设台阶的墓。

　　F Ⅰ型　3座。墓葬方向75°、85°、170°的墓各1座。墓口多暴露，仅1座墓表土厚约0.4米。墓口长4.2~5.2、宽3.2~3.4米，墓底长2.8~3、宽1.2~1.4米。墓深2.6~2.8

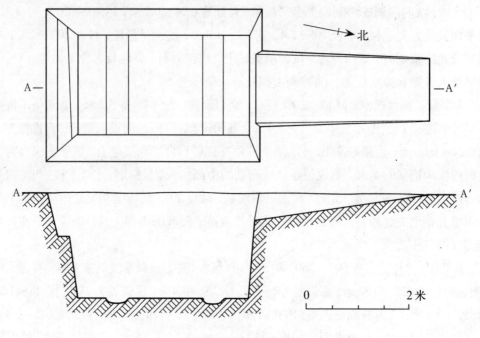

图三二　东周墓 E Ⅱ 型墓坑图（M41）

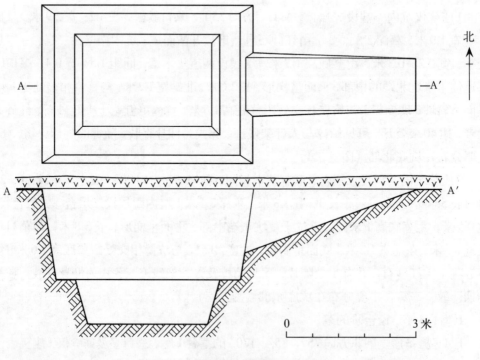

图三三　东周墓 E Ⅱ 型墓坑图（M69）

米。坑内四周设台阶。台阶宽0.4～0.7米，距墓底高2.2～2.6米。坑内填五花土，多夹红砂石。葬具及人骨架腐烂无存，仅一座墓可见人骨架痕迹。1座墓随葬陶鬲类组合，2座墓随葬陶鼎类组合。

台阶宽度不等的墓1座。M82，方向75°。表土层厚0.38～0.4米。墓口长5.2、宽3.4米，墓底长3、宽1.2米。墓深2.6米。坑内四周设一级台阶，两端面宽0.6、两侧面宽0.7米，距墓底高2.2米。坑内填五花土夹红砂石。葬具及人骨架腐烂已尽。随葬的陶鼎、敦、壶等，分布在坑底东部（图三四）。

台阶等宽的墓2座，形制相同。M14，方向170°。墓口暴露，长4.2、宽3.4米，墓底长2.8、宽1.4米。墓深2.8米。坑内四周设置一级台阶。台阶面平，等宽0.46米，距墓底高2.5米。坑内填五花土夹红砂石，葬具及人骨架腐烂无存。随葬的陶鬲、盂、罐、豆等，分布在坑底南部（图三五）。

ＦⅡ型　无。

ＦⅢ型　1座（M4）。方向95°。墓口暴露，长4.8、宽3.9米，墓底长2.9、宽2米。墓深3.1米。坑内四周设台阶，台阶面平整，两端宽0.65、两侧宽0.6米，距墓底高2.9米。坑内填五花土，葬具无存，可见头骨痕迹。无随葬品。

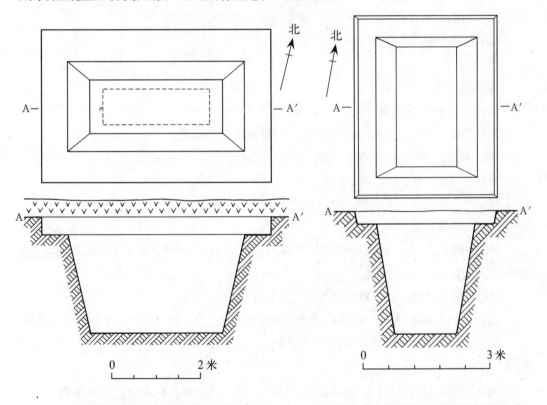

图三四　东周墓ＦⅠ型墓坑图（M82）　　　　图三五　东周墓ＦⅠ型墓坑图（M14）

（四）随葬器物的分布

根据器物的组合形式，随葬器物的分布分为两种类型。一类以陶鬲、盂、罐、豆为主要组合，简称鬲类组合；另一类以陶（铜）鼎、敦、壶为主要组合，简称鼎类组合。凡无鼎或敦出现的组合形式，一律归于前者；出现其中之一的组合关系，则归于后者。

因葬具均腐烂无存，遂根据随葬器物在坑底构成的平面形状，分为曲尺形、横一字形、纵一字形。曲尺形指器物排列在坑底的一端与一侧所组成的平面形状；横一字形指器物排列仅在坑底一端；纵一字形指器物排列仅在坑底一侧。

1. 鬲类组合墓

21座。

（1）随葬器物排列呈曲尺形的墓

2座。均头向南。陶鬲、盂、罐、豆或与铜兵器构成曲尺形，或自身排列构成曲尺形。

M10 陶鬲、罐、豆、盂排列成横一字形，依次由西向东排列；铜兵器戈、剑依次由南向北排列，戈锋、剑首朝南，放置在坑内东侧，与鬲类组合构成曲尺形（图三六）。

M23 陶盂、豆依次由西向东排列，构成横一字形；陶鬲、罐依次由南向北排列；1件铜剑剑首向南，放置在陶罐的西侧。前者与后二者构成曲尺形。

（2）随葬器物排列呈横一字形的墓

12座。

①随葬品为陶鬲、盂、罐、豆（或无豆）的墓

10座，排列顺序不尽一致。

头向南的6座墓，随葬器物由西向东的排列情形分别是：

M9：陶鬲、罐、盂等（图三七）；

M13：陶鬲、豆、盂、罐；

M14：陶鬲、豆、盂、罐、豆（图三八）；

M18：陶鬲、罐、豆、盂；

M22：陶豆2、鬲、罐排列成横一字形，依次由西向东排列；而另1件陶豆和陶盂依次由南向北排列，位于西侧。

M85：陶豆、盂、鬲、罐、豆（图三九）。

头向北的2座墓（M61、M81），随葬器物均为陶豆、盂、罐、鬲，依次由东向西排列。

头向东的1座墓（M57），随葬器物是陶鬲、盂、豆、罐，依次由南向北排列（图四〇）。

头向西的1座墓（M7），随葬器物是陶鬲、豆、盂、罐，依次由北向南排列。

②随葬品为陶鬲、豆、壶的墓

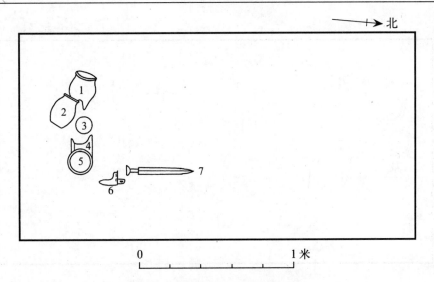

图三六 东周墓 M10 随葬器物分布图
1.陶鬲 2.陶罐 3、4.陶豆 5.陶盂 6.铜戈 7.铜剑

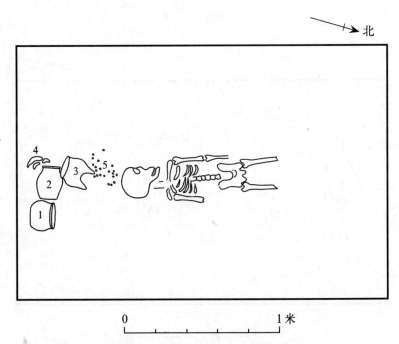

图三七 东周墓 M9 随葬器物分布图
1.陶盂 2.陶罐 3.陶鬲 4.铜璜 5.料珠

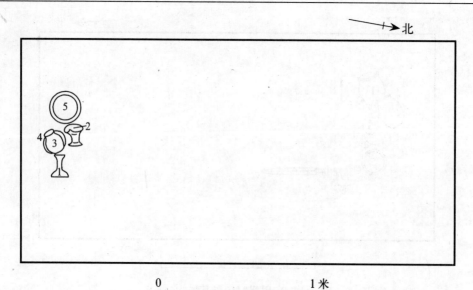

图三八　东周墓 M14 随葬器物分布图
1、2.陶豆　3.陶罐　4.陶盂　5.陶鬲

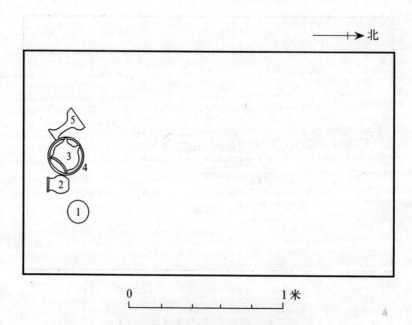

图三九　东周墓 M85 随葬器物分布图
1、5.陶豆　2.陶罐　3.陶鬲　4.陶盂

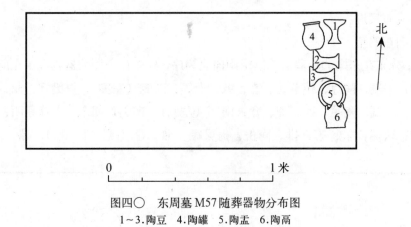

图四〇　东周墓 M57 随葬器物分布图
1~3.陶豆　4.陶罐　5.陶盂　6.陶鬲

1座（M15）。头向东，随葬器物由南向北依次排列的是陶鬲、豆、壶，坑底中部有陶纺轮1件（图四一）。

③随葬品为陶罐的墓

1座（M110）。仅有陶罐、铜带钩。

（3）随葬器物排列呈纵一字形的墓

2座。

头向南的1座墓（M87），随葬器物陶杯、盂、豆、鬲、罐依次由南向北排列成纵一字形，位于东南角熟土台上（图四二）。

头向南（或向北）的1座墓（M31），随葬器物陶罐、盂、豆依次由南向北排列，位于墓坑底部西侧偏南部。

（4）随葬器物呈横一字形排列置于头龛中的墓

5座。其中1座墓（M38）的龛中器物部分下落到坑底。龛中器物的排列顺序由南向北依次为陶鬲、铁剑、陶豆；坑底（龛下）由南向北依次为陶盂、罐、豆。其中，1件陶豆的豆盘和豆柄分别在龛中和坑底。其余4座墓均为头向南，随葬器物在龛中由西向东的排列顺序是：

M2：陶盂、豆、鬲、罐；

M8：陶豆、盂、壶、鬲（图四三）；

M12：陶鬲、盂、罐、豆（图四四）；

M27：陶罐、鬲、盂、豆。

2. 鼎类组合墓

32座。

（1）随葬器物排列成曲尺形的墓

14座。陶礼器在坑底排列成横一字形，铜兵器在坑底排列成纵“一”字形。二者排列相互构成曲尺形。

①头向东的墓

4座。分布在东端的随葬器物以由南向北为序，分布在一侧的器物以由东向西为序。

M19：东端，陶豆、镇墓兽、壶、敦、鼎等；南侧（左侧），提梁罐、鼎、盂等。

M83：东端，陶豆、壶、鼎、盒；南侧（左侧），铜剑首朝东、戈锋朝西、镞朝东。

M69：东端，东起第一排，陶缶、提梁罐、鼎、盘（匜、斗、匕）、鼎；东起第二

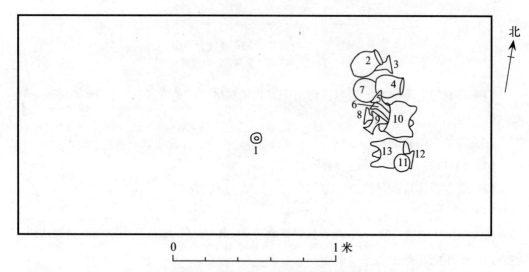

图四一　东周墓 M15 随葬器物分布图

1.陶纺轮　2、4.陶壶　3、5~9、11、12.陶豆　10、13.陶鬲

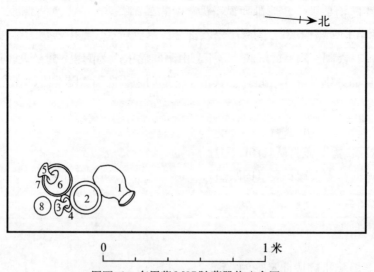

图四二　东周墓 M87 随葬器物分布图

1.陶罐　2.陶鬲　3~6.陶豆　7.陶盂　8.陶杯

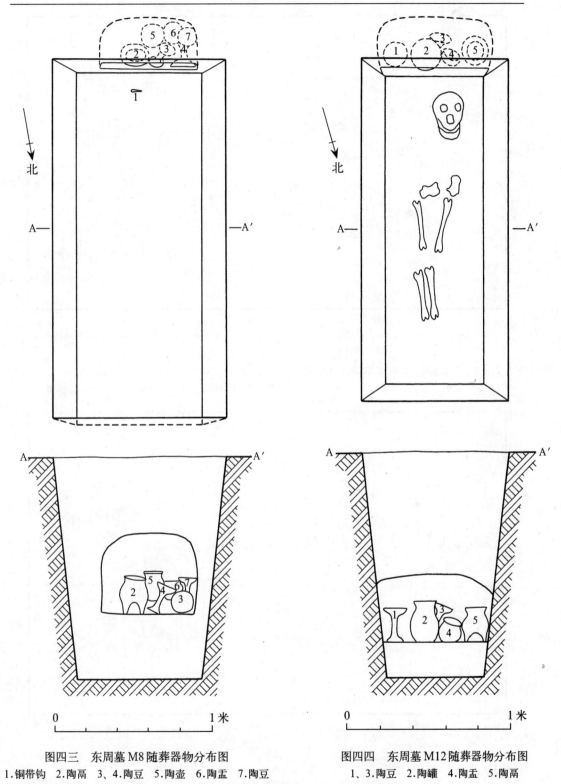

图四三　东周墓M8随葬器物分布图
1.铜带钩　2.陶鬲　3、4.陶豆　5.陶壶　6.陶盂　7.陶豆

图四四　东周墓M12随葬器物分布图
1、3.陶豆　2.陶罐　4.陶盂　5.陶鬲

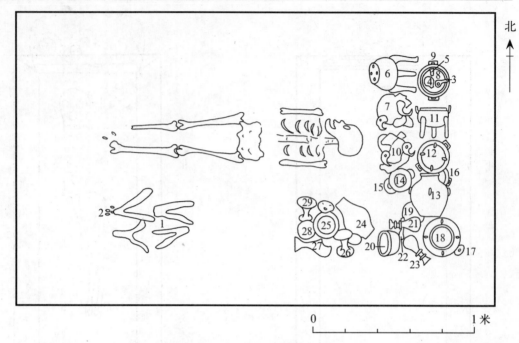

图四五　东周墓M69随葬器物分布图

1.鹿角　2.水晶珠　3.陶斗　4.陶匜　5.陶匕　6.陶盉　7、10.陶敦　8.陶盘　9、11、12、16、20.陶鼎
13、18.陶缶　14、19.陶盒　15、22、26~29.陶豆　17.陶提梁罐　21、23.陶高足壶　24、25.陶壶

图四六　东周墓M1随葬器物分布图

1.骨马镳　2.铜马衔　3.铜镳铤　4、27.陶盒　5、17.陶敦　6、18.陶壶　7、19.陶缶　8.陶斗　9.陶匜　10.陶匕
11.陶盘　12.陶盉　13~15、21.陶豆　16、22~25.陶鼎　20.陶提梁罐　21.陶豆　26.铜戟　28.铜剑　29.铜罍

排，陶高足壶、豆、盒、敦、盂等。南侧中部及西南侧有陶壶、豆及鹿角、水晶珠（图四五）。

M1：东端，东起第一排，陶鼎、盂、缶、敦、盘（匜、斗、匕）；东起第二排，陶鼎、罍、壶、盒、缶、敦、豆、壶。南侧（左侧），戈2，两锋相对，分别在两排首鼎南侧；铜剑，首朝东。南端有铜镞铤、马衔（图四六）。

②头向南的墓

5座。分布在南的器物以由西向东为序，分布在一侧的器物以由南向北为序。

M67：南端，陶盒、鼎、豆、壶；西侧（左侧）：铜剑，首朝南；铜带钩；铜镞朝北（图四七）。

M75：南端，陶盘、鼎、敦、盂、豆、壶；东侧（右侧）：铜剑，首朝南，位于中部（图四八）。

M30：南端，铜敦、鼎、壶、剑（首朝东）；西侧（左侧）：铜戈（图四九）。

M74：南端，陶敦、豆、壶、鼎；东侧（右侧）：铜戈，锋朝东；西侧（左侧）：铜剑，首朝南（图五〇）。

M17：南端，南起第一排：陶鼎、盘、豆、鼎、壶等；南起第二排：陶敦、豆、豆等。西侧（左侧），铜剑，首朝北；铜戈，锋朝西（图五一）。

③头向西的墓

1座(M84)。位于西端的随葬器物以由北往南为序，位于一侧的器物以由西向东为序。

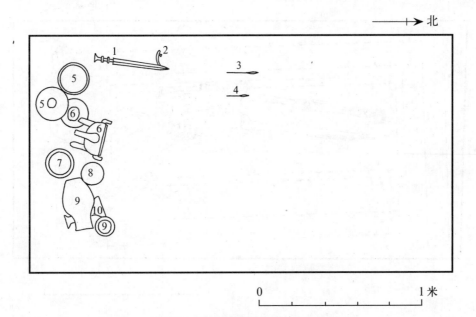

图四七　东周墓M67随葬器物分布图
1.铜剑　2.铜带钩　3、4.铜镞　5.陶盒　6.陶鼎　7、8、10.陶豆　9.陶壶

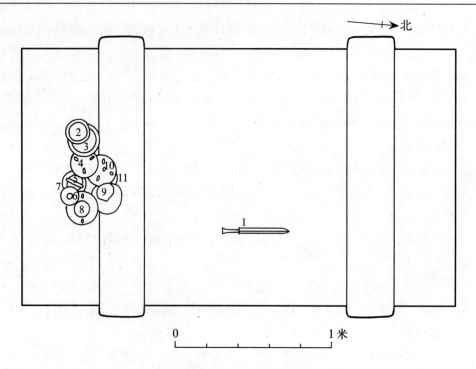

图四八　东周墓M75随葬器物分布图

1.铜剑　2.陶盘　3、4.陶鼎　5.陶盉　6、7.陶豆　8、9.陶壶　10、11.陶敦

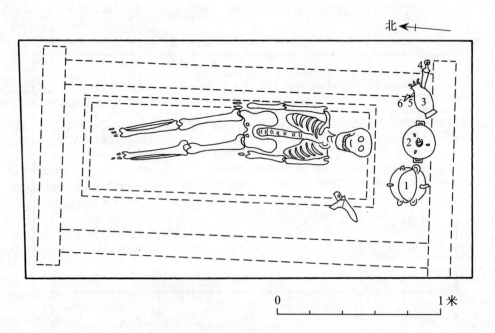

图四九　东周墓M30随葬器物分布图

1.铜敦　2.铜鼎　3.铜壶　4.铜剑　5、6.铜镞　7.铜戈

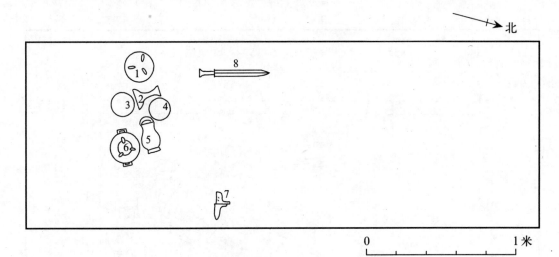

图五〇 东周墓 M74 随葬器物分布图
1.陶敦 2~4.陶豆 5.陶壶 6.陶鼎 7.铜戈 8.铜剑

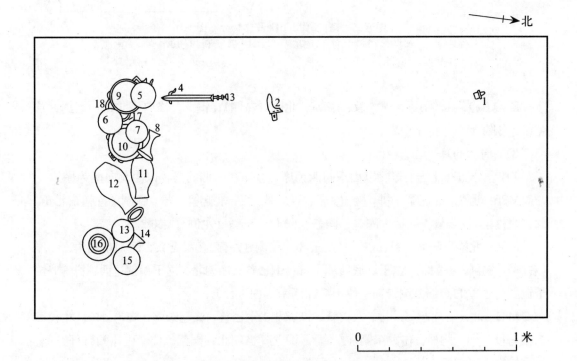

图五一 东周墓 M17 随葬器物分布图
1.铜镡 2.铜戈 3.铜剑 4.铜带钩 5、17.陶敦 6~8、13~15.陶豆 9、10.陶鼎
11、12.陶壶 16.陶罐 18.陶盘

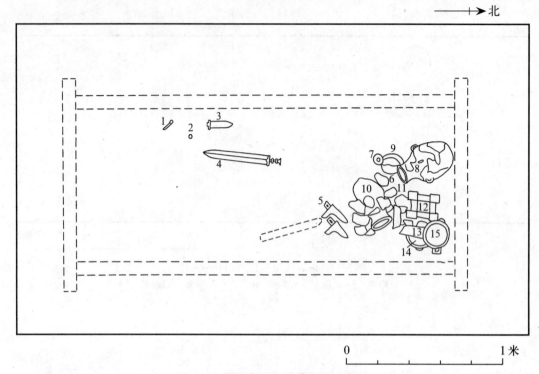

图五二　东周墓M36随葬器物分布图

1.铜带钩　2、6.料珠　3.铜匕首　4.铜剑　5.铜戟　7.玉环　8、10.陶缶　9.陶盘
11.料珠　12、13.陶簠　14、15. 陶鼎

西端（首端），陶豆、鼎、敦、壶等。北侧（左侧），铜戈，锋向西北角；铜剑，首朝东；铜镞朝东，位于中部。

④头向北的墓

4座。分布在北端的器物以由东向西为序，分布在一侧的器物以由北向南为序。

M26：北端，北起第一排，陶盉、敦、豆、鼎、豆；北起第二排，铜剑（首朝东北角，敦、壶之上）、陶敦、铜铃、陶壶、陶壶、陶鼎。东侧（左侧），铜戟。

M36：北端，陶鼎、簠、缶、盘及玉环。东侧（左侧），双戈戟，锋朝东北角。西侧（右侧），铜剑，首朝北，位于坑底西侧中部；铜匕首，锋朝北，位于铜剑之西；料珠，位于铜剑与匕首的南部；铜带钩，位于料珠西南（图五二）。

M41：北端，北起第一排，双戈戟，锋朝北；铜匕首，锋朝东南；陶簠、缶。北起第二排与簠并列，陶鼎、缶。东侧（左侧），铜戈，锋朝北；铜剑，位于肢体腰臀部左侧，系手持之物（图五三）。

M79：北端，陶壶、豆、盉、敦、壶、鼎、盘（匜、斗、匕）等。东侧（左侧），陶鸟（图五四）。

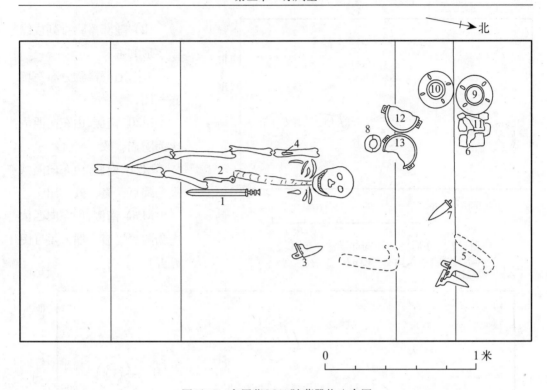

图五三 东周墓 M41 随葬器物分布图

1.铜剑 2.铜削刀 3.铜戈 4.铜带钩 5.铜戟 6、11.陶簋 7.铜匕首 8.玉璧 9、10.陶缶 12、13.陶鼎

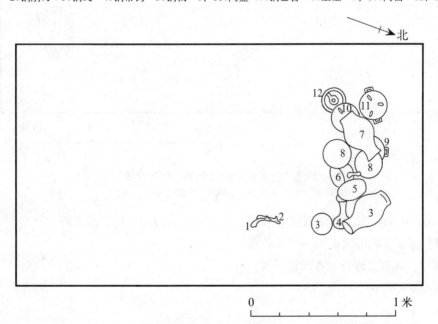

图五四 东周墓 M79 随葬器物分布图

1、2.陶鸟 3、7.陶壶 4、5.陶豆 6.陶盉 8、10.陶敦 9、11.陶鼎 12.陶盘

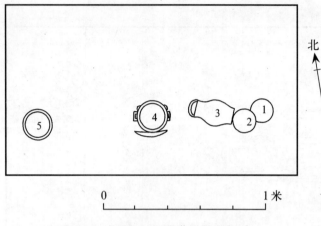

北↑

图五五　东周墓 M58 随葬器物分布图
1、2.陶豆　3.陶壶　4.陶鼎　5.陶盂

（2）随葬器物排列成纵一字形的墓

4座,随葬器物分布在坑底一侧。

M20：南侧,由东向西依次为陶鼎、敦、壶。

M21：南侧,由东向西依次为陶豆、壶、敦、鼎。

M58：南侧,由东向西依次为陶豆、壶、鼎、盂（图五五）。

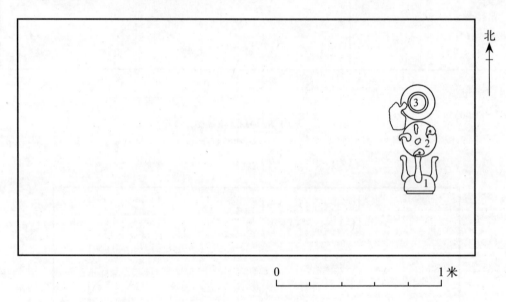

北↑

图五六　东周墓 M71 随葬器物分布图
1.陶鼎　2.陶敦　3.陶壶

M80：东侧,由北向南依次为陶壶、鼎、敦、鼎、高足壶、盘、碗。

（3）随葬器物排列成横一字形的墓

14座,随葬器物分布在坑底一端。

①头向东的墓

7座。

M70：仅头端见陶鼎足1件。

M71：由南向北依次为陶鼎、敦、壶（图五六）。

M68：由南向北依次为陶鼎、豆、壶。

M72：由南向北依次为陶鼎、豆、缶、敦等（图五七）。

M82：由南向北依次为陶壶、豆、敦、鼎（图五八）。

M59：由南向北依次为陶壶、豆、敦、鼎、盘（匜、斗）等。

M90：由三排组成，每排以由南向北为序。东起第一排：陶敦、壶、豆、鼎；东起第

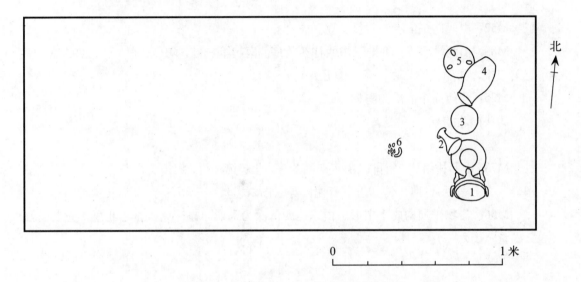

0　　　　　　　　　　　　　　　　1米

图五七　东周墓M72随葬器物分布图
1.陶鼎　2、3.陶豆　4.陶缶　5.陶敦　6.石环

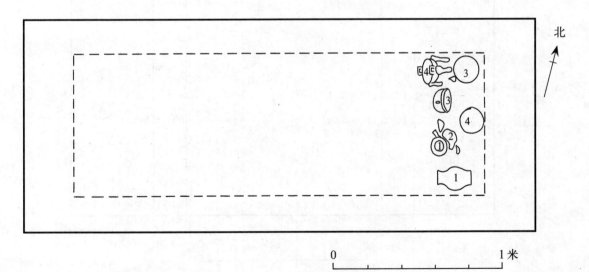

0　　　　　　　　　　　　　　　　1米

图五八　东周墓M82随葬器物分布图
1.陶壶　2.陶豆　3.陶敦　4.陶鼎

二排：陶盉、壶、鼎；东起第三排：陶豆、石环、豆。

②头向南的墓

5座。

M54：由西向东依次为陶豆、敦、鼎、壶。

M32：由二排组成，每排以由西向东为序。南起第一排，陶鼎、敦；东起第二排，鼎、壶。

M52：由西向东依次为陶敦、豆。

M89：由两排组成，每排以由西往东为序。南起第一排，陶壶、鼎、敦、豆、鼎；南起第二排，陶鼎、敦、豆、壶（图五九）。

M25：由西向东依次为陶鼎、敦、壶。

③头向北的墓

2座。

M73：由两排组成，每排以由东向西为序。北起第一排，陶缶、盉、豆；北起第二排：陶壶（壶上一豆）、鼎、缶（缶下有鼎）等（图六○）。

M56：器物排列构成十字形。由东往西依次为陶鼎、壶、豆；壶之北豆，壶之南敦2、盘（图六一）。

2、盘

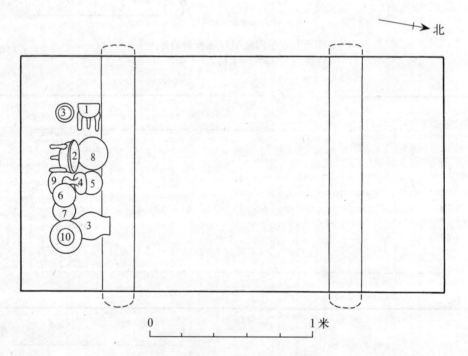

图五九　东周墓 M89 随葬器物分布图
1、2.陶鼎　3.陶壶　4~7.陶豆　8、9.陶敦　10.陶鼎

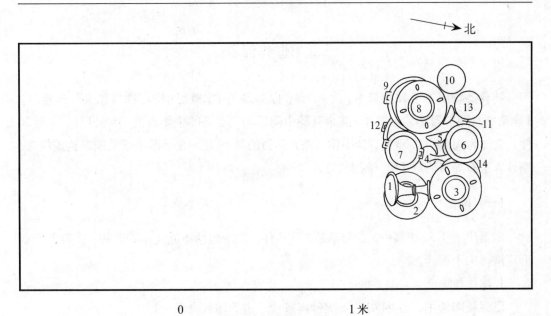

图六〇　东周墓 M73 随葬器物分布图
1、4、5、10、11、13.陶豆　2、14.陶壶　3、8.陶缶　6.陶盉　7、9、12.陶鼎

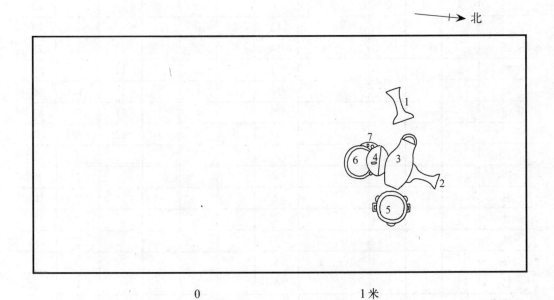

图六一　东周墓 M56 随葬器物分布图
1、2.陶豆　3.陶壶　4、7.陶敦　5.陶鼎　6.陶盘

二　随葬器物

随葬器物出土于53座墓中，共467件。以陶器为主，兼出铜器、铁器和玉石器等。除1座墓所有随葬器物为铜器外，其余墓葬中陶器均为必备的主要器类。少则1件，多至26件。全部为陶器的墓33座，伴出铜（铁）兵器的墓13座，无兵器而仅见铜带钩或料珠、铜铃、玉石等器的墓7座（附表二）。

（一）陶器

陶器出土于52座墓中，器形清楚的393件。其中包括不能复原的器物；少数器物器形莫辨，未予统计。

1. 陶质与陶色

以泥质陶为主，占94.41%；夹砂陶较少，占5.59%（表三）。

表三　东周墓陶质陶色统计表

器类	夹　砂				泥　质						合计
	灰	灰褐	灰黄	褐（红）	灰	灰褐	灰黄	灰黑	红	褐红	
鬲	9	1	5	5							20
盂					11		6	1		2	20
罐					14	5	2				21
鼎	2				23	5	3		11	15	59
敦					13	1	4		11	11	40
壶					20		4	3	11	9	47
豆					55	6	10	3	12	29	115
盒					5					2	7
盂					4				3	2	9
簠					2					2	4
盘					8				1	2	11
匜					3					2	5
斗					3					2	5
匕					4					1	5
提梁罐					2				1		3
高足壶					2					2	4
碗					1						1

续表三

器类	夹砂				泥质						合计
	灰	灰褐	灰黄	褐（红）	灰	灰褐	灰黄	灰黑	红	褐红	
杯					1						1
镇墓兽									1		1
缶					5					6	11
罍					1						1
纺轮								1			1
鸟								2			2
合计	11	1	5	5	177	17	29	10	51	87	393
百分比（%）	2.80	0.25	1.27	1.27	45.04	4.33	7.38	2.54	12.98	22.14	100
	5.59				94.41						

泥质陶中，灰陶最多，褐红、红陶次之，灰黄陶再次之，灰褐陶、灰黑陶最少。泥质灰陶包含了大多器类，泥质灰褐陶见于少量罐、鼎、敦、豆，泥质灰黄陶见于少量盂、罐、鼎、壶、敦、豆，泥质灰黑陶见于鸟、纺轮和极少的盂、壶、豆，泥质红陶主要见于少量鼎、敦、壶、豆等，泥质褐红陶见于部分盂、鼎、敦、壶、盒、豆、盉、簠、盘、匜、斗、匕、高足壶、缶等。红陶大部分质地松软，如M89、M90的鼎、敦、壶等；灰陶少数质地坚硬，如M12鬲、豆；灰陶个别器类呈粉末状，如M36簠、缶；其余各类器物软硬适中。褐红陶和部分灰陶施黑衣，主要见于M1、M15、M17、M21、M26、M36、M54、M56、M69、M71、M73、M74、M75、M80、M84。其中，M69可见涂白。

夹砂陶仅见于鬲。夹砂灰陶最多，夹砂灰黄陶和褐（红）陶次之，夹砂灰褐陶最少。其中，灰陶和灰褐陶内外呈黑色或有烟炱痕迹，约占陶鬲总数的25%，质地一般较硬。

2.制法

陶器以轮制为主，辅以手制、模制、模印和刮削，纽、耳、足与器身或器盖的连接，或粘贴，或以铆钉结合。分述如下。

（1）轮制

除镇墓兽外，其他器物的器身、器盖、盘、柄、座、圈足均为轮制。分为整体、分段轮制两种。

整体轮制。一般器形的轮制部分均为整体轮制，只是少数器形较大或附属部分有所不同。

分段轮制。豆的盘与柄、座，壶的圈足，壶口至肩部、肩部至腹底分两段制作。从M69中的壶观察，壶口至肩部部分，下端结合部位外侧呈斜面；肩部至腹底部分，上端结合部位内侧呈斜面。上段插入下段之中连接而成。

（2）手制

器物的器身与其附件辅以手制而连接，匜通过手制变形而成，斗的流、柄及鼎足的削棱等均经手工加工。

（3）模制

鼎的盖纽、耳、足及壶的铺首等模制而成。

（4）模印

模印主要用于器物表面的纹饰制作，如绳纹、圆圈纹和兽面纹等。

（5）结合方法

主要有粘贴法和铆钉法两种。铆钉法通常与粘贴法交替使用。

粘贴法。圈足、器柄、铺首以及少数盖纽、耳、足、凸弦纹（A型鼎）、圆箍（豆、高足杯）等与器身均直接粘贴而成。凸弦纹经过慢轮修整。

铆钉法。鼎、敦的纽、足、耳等多数与器盖或器身连接的一端呈铆钉状，器盖或器身凿孔，然后将铆钉插入孔中，并在器物内壁将铆钉顶端挤压变形使之固定。

3.纹饰

主要纹饰有弦纹、绳纹、圆圈纹、兽面纹等，现分述如下。

（1）弦纹

可分为凸弦纹和凹弦纹两种。

凸弦纹见于A、B型鼎以及少数盒的盖顶和腹部。

凹弦纹多饰于器物的沿面和肩腹部，饰有凹弦纹的器物有鬲10、盂19、罐17、鼎19、敦22、壶27、豆10、盒5、盏1、缶6件。鬲施于沿面和肩、腹部。除少数仅有弦纹（M27：4、M14：5）外，多与绳纹结合，即构成所谓间断绳纹。盂、罐施于沿面和肩部，少数罐颈部亦可见。B型鼎施于腹部，见于M19、M79、M1、M69、M84，少数腹底可见（M69：11），盖顶极少。敦施于腹部。壶施于颈、肩、腹部。豆施于柄部，仅见于C型I式。盒施于腹部。盏施于肩腹相交处。缶施于肩、腹部。

（2）绳纹

可分为粗、中、细三种。

粗绳纹仅见于B型Ⅲ式鬲中的一件（M15：10），每平方厘米约2.5道。

中绳纹所见器形有鬲、盂、罐，每平方厘米约3道，在绳纹中占支配地位。鬲施于颈、肩、足部，颈部经抹光，腹部多间断，即与凹弦纹配合。盂、罐施于下腹及底。

细绳纹仅见于少数鬲和罐，每平方厘米约4道。

（3）圆圈纹

仅见于M36、M41两墓中鼎足的上端。

（4）兽面纹

见于壶的铺首和少数鼎的足上端。

以上涉及的器类中，少数为素面；未涉及的器类均为素面。

4. 器物型式

器形共有23种。主要有鬲、盂、罐、鼎、敦、壶、豆，其次有簠、缶、盒、盉、盘、匜、斗、匕、高足壶、碗、纺轮、鸟、镇墓兽、杯、提梁罐、罍。

鬲　20件。见于19座墓中，仅1墓2件。器形清楚。其中，18件可复原，2件因陶片太碎，未能复原。根据器口、器足的变化，分三型。

A型　12件。小口，口径小于或等于三足的外切圆，足较高。分三式。

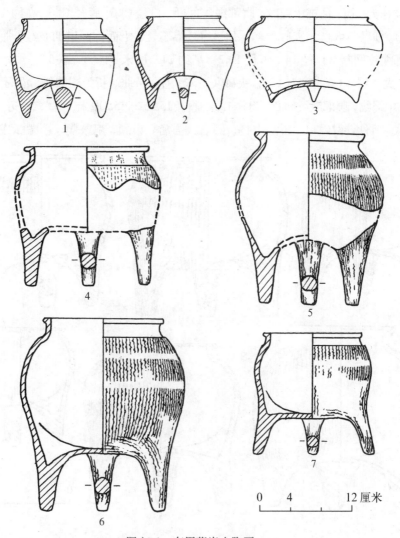

图六二　东周墓出土陶鬲

1.A型Ⅱa式（M14:5）　2.A型Ⅰ式（M27:4）　3.C型（M7:1）　4.A型Ⅱb式（M57:6）
5.A型Ⅱb式（M8:2）　6.A型Ⅱb式（M18:5）　7.A型Ⅱc式（M22:2）

Ⅰ式　1件（标本M27：4）。夹砂灰陶。肩部饰凹弦纹。口微敛，折平沿较窄，尖唇，束颈极短，扁鼓腹，弧裆，锥足。口径9.6、腹径13.4、高11.7厘米（图六二，2；图版二，1）。

Ⅱ式　5件。直口或微侈口，折沿略宽，圆唇，束颈较长，鼓腹略近方形，弧裆或平裆。因足部、纹饰的差异分三亚式。

Ⅱa式　1件（标本M14：5）。夹砂灰陶。锥足内收。肩部饰弦纹。沿面饰一道凹弦纹。口径10.4、腹径13.2、高12.4厘米（图六二，1；图版二，2）。

Ⅱb式　3件。截锥足较高。标本M18：5，夹砂灰陶。腹、足饰中绳纹，腹部绳纹间断。口径15.2、腹径21.2、高24厘米（图六二，6；图版二，4）。标本M57：6，夹砂灰陶。颈部绳纹抹光，腹、足饰中绳纹，腹部绳纹间断。口径15.6、腹径18.6、高约17.6厘米（图六二，4）。标本M8：2，夹砂灰陶。颈、肩分界不显，沿面饰两道凹弦纹。腹、足饰中绳纹，腹部绳纹间断。口径14、腹径19.2、高约21.2厘米（图六二，5）。

Ⅱc式　1件（标本M22：2）。夹砂灰黄陶。柱足外张。折沿略外斜，沿面两道凹弦纹。腹、足饰中绳纹，腹部绳纹间断。口径12.4、腹径15.2、高15.2厘米（图六二，7；图版二，3）。

Ⅲ式　6件。微敛口，折沿上扬，圆唇或方唇，束颈，扁鼓腹，裆微弧或微下垂。沿

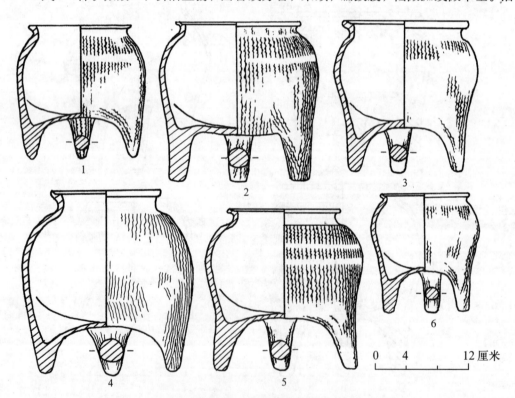

图六三　东周墓出土A型Ⅲ式陶鬲

1.Ⅲa式（M85：3）　2.Ⅲb式（M81：6）　3.Ⅲb式（M9：3）　4.Ⅲb式（M87：2）
5.Ⅲc式（M12：5）　6.Ⅲb式（M23：4）

面饰两道凹弦纹，颈、腹、足饰绳纹。因足部的差异分三亚式。

Ⅲa式　1件（标本M85：3）。夹砂灰黄陶。锥足内收。腹、足饰间断中绳纹。口径13.2、腹径16.4、高16.8厘米（图六三，1；图版三，2）。

Ⅲb式　4件。截锥足内收。标本M81：6，夹砂灰陶。裆微下垂。腹、足饰间断中绳纹，颈部绳纹抹光。口径16、腹径20.4、高20厘米（图六三，2；图版三，4）。标本M9：3，夹砂灰陶。沿面微凹。腹、足饰中绳纹，器表腹底呈黑色（烟炱）。口径16、腹径18.6、高18.8厘米（图六三，3；图版二，6）。标本M23：4，夹砂红陶。腹、足饰中绳纹。口径11.4、腹径13.8、高14.8厘米（图六三，6；图版三，1）。标本M87：2，夹砂褐红陶。胎体厚实而沉重。方唇，束颈，溜肩，腹足呈直线略内收，宽裆上弧，截锥状足粗壮而较矮。沿面饰两道凹弦纹，颈、腹、足饰细绳纹。口径14.4、腹径22、高22.8厘米（图六三，4；图版三，3）。

Ⅲc式　1件（标本M12：5）。夹砂灰陶，质地坚硬。截锥足外张。腹、足饰间断中绳纹。口径14.4、腹径20、高20.4厘米（图六三，5；图版二，5）。

B型　5件。大口，口径大于三足的外切圆，足较高。分三式。

Ⅰ式　1件（标本M61：1）。夹砂灰褐陶。敛口，折平沿，方唇较薄，束颈，肩略宽，腹足呈直线内收，宽裆微弧，锥足。腹最大径约在器高的4/5处。腹足饰细绳纹，腹部绳

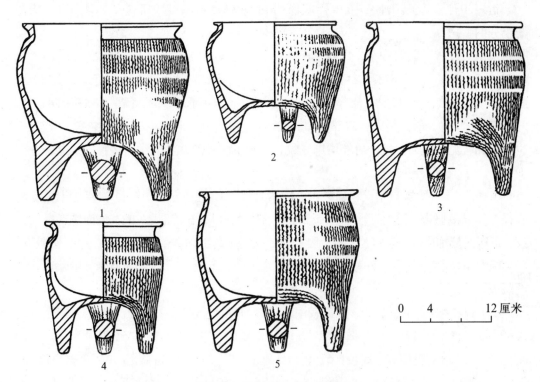

图六四　东周墓出土B型陶鬲

1. Ⅱ式（M15：13）　2. Ⅰ式（M61：1）　3. Ⅱ式（M38：1）　4. Ⅲ式（M10：1）　5. Ⅲ式（M15：10）

纹间断。口径15.8、腹径18、高15厘米（图六四，2；图版三，5）。

Ⅱ式　2件。微侈口，折平沿，尖唇或方唇，束颈，窄肩，鼓腹，弧裆，截锥足内收。腹、足饰中绳纹，腹部绳纹间断，沿面两道凹弦纹。标本M38∶1，夹砂红陶。方唇，宽裆微弧。口径20.4、腹径21.2、高20.4厘米（图六四，3；图版三，6）。标本M15∶13，夹砂灰黄陶。尖唇，窄裆上弧，三足略向内聚。器表局部残存黑色。口径20.8、腹径22.4、高22厘米（图六四，1；图版四，3）。

Ⅲ式　2件。以沿面向外翻卷为主要特征。标本M15∶10，夹砂灰陶。敛口，沿向外翻，圆唇，无颈，腹微鼓，裆微下垂，截锥状足略向内收。沿面饰两道凹弦纹，腹、足饰粗绳纹，腹部绳纹间断。器壁内外皆呈黑色。口径20.8、腹径20.8、高20厘米（图六四，5；图版四，1）。标本M10∶1，夹砂灰褐陶。侈口，沿面向外翻卷，方唇，束颈，窄肩，微鼓腹，弧裆，截锥状足较高。腹、足饰中绳纹，腹部绳纹间断。器壁内外皆呈黑色。口径15.2、腹径15.2、高16.4厘米（图六四，4；图版四，2）。

C型　1件（标本M7∶1）。夹砂红陶。敛口，口径大于三足的外切圆。折平沿极窄，尖唇，短颈，广肩，扁鼓腹，腹足呈直线内收，平裆，锥状足极矮。素面。复原口径13、腹径17.6、高约10.8厘米（图六二，3）。

盂　20件。见于20座墓中。2件器物（M8∶6、M23∶3）破碎严重，不能复原；18件器物分两型。

A型　11件。器形较小，口径小于腹径。分三式。

Ⅰ式　1件（标本M27∶2）。泥质灰陶。直口，折沿略外斜，尖唇，短颈，广肩，扁鼓腹，平底。素面。口径8、腹径15.8、底径8.4、高9.4厘米（图六五，1；图版四，4）。

Ⅱ式　7件。器口增大，肩部变窄。微侈口，折平沿，圆唇，束颈，窄肩，微凹底。少数沿面可见两道凹弦纹，肩部均饰弦纹，个别下腹局部饰中绳纹。按腹部的差异分两亚式。

Ⅱa式　3件。器口增大，扁鼓腹。标本M18∶2，泥质灰陶。口径14.4、腹径15.6、底径5.6、高9厘米（图六五，5；图版四，6）。标本M22∶6，泥质灰陶。沿面饰两道凹弦纹，下腹局部饰中绳纹。口径15.2、腹径16、底径7.2、高9.2厘米（图六五，6；图版五，5）。标本M14∶4，泥质灰黄陶。口径14、腹径15.8、底径7.2、高10.2厘米（图六五，8；图版五，1）。

Ⅱb式　4件。下腹加长，腹部较深。标本M61∶3，泥质灰黑陶。窄沿。口径13.2、腹径15.4、底径6、高10.8厘米（图六五，2；图版四，5）。标本M7∶5，泥质灰陶。沿面略宽。口径13.6、腹径16、底径5.6、高11.4厘米（图六五，4；图版五，4）。标本M2∶5，泥质褐红陶。局部残存黑衣。口径13.8、底径8.4、高11厘米（图六五，3；图版五，3）。标本M13∶5，泥质灰黄陶。沿面饰两道凹弦纹。口径14.8、腹径16.4、底径7.6、高11.2

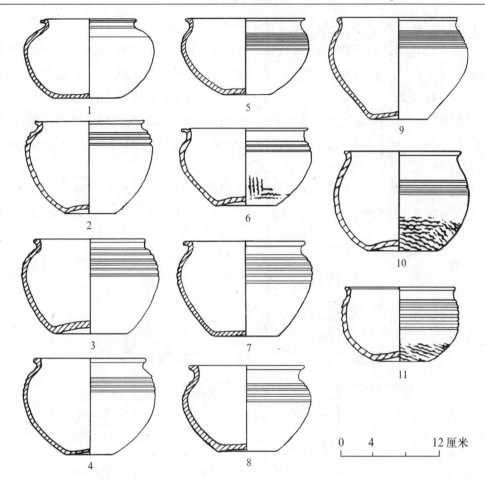

图六五 东周墓出土 A 型陶盂

1. Ⅰ式 (M27：2) 2. Ⅱb式 (M61：3) 3. Ⅱb式 (M2：5) 4. Ⅱb式 (M7：5) 5. Ⅱa式 (M18：2)
6. Ⅱa式 (M22：6) 7. Ⅱb式 (M13：5) 8. Ⅱa式 (M14：4) 9. Ⅲ式 (M31：2) 10. Ⅲ式 (M57：5)
11. Ⅲ式 (M10：5)

厘米（图六五，7；图版五，2）。

Ⅲ式 3件。皆泥质灰陶。腹部内收，腹径下移。微侈口，圆唇，溜肩，底微凹。皆上腹饰弦纹。标本 M31：2，微卷沿，束颈，鼓腹，下腹急剧内收。局部残存黑衣。口径15、腹径17、底径6.8、高12厘米（图六五，9；图版五，6）。标本 M57：5，折平沿较窄，无颈。沿面两道凹弦纹，下腹及底饰中绳纹。口径14.2、腹径16.6、底径8.4、高11.8厘米（图六五，10；图版六，2）。标本 M10：5，局部残存黑衣。折沿上扬。沿面两道凹弦纹，下腹及底饰中绳纹。口径13.6、腹径14.4、底径6.4、高8.8厘米（图六五，11；图版六，1）。

B型 7件。器形比 A 型大。微侈口或敛口，个别折沿上扬，一般折平沿，束颈，鼓腹，底上凹。肩部饰弦纹，下腹及底多饰中绳纹。分三式。

Ⅰ式　3件。口径小于腹径，扁鼓腹。口微侈，折平沿，圆唇，肩略宽，下腹呈弧线内收，底上凹。沿面两道凹弦纹，下腹及底饰中绳纹。标本 M38：2，泥质灰黄陶。口径21.4、腹径22、底径8.4、高14.6厘米（图六六，1；图版六，4）。标本 M12：4，泥质褐红陶。底残。局部残存黑衣。口径19.6、腹径21.6、残高12.4厘米（图六六，2；图版六，6）。标本 M9：1，泥质灰黄陶。底残。口径17、腹径19.4、残高14厘米（图六六，6；图版六，3）。

Ⅱ式　3件。口径大于腹径，深腹微鼓。口微侈，折平沿，方唇或尖唇，束颈，窄肩，腹微鼓，下腹呈弧线内收，底上凹。沿面两道凹弦纹，上腹饰弦纹。标本 M58：5，泥质

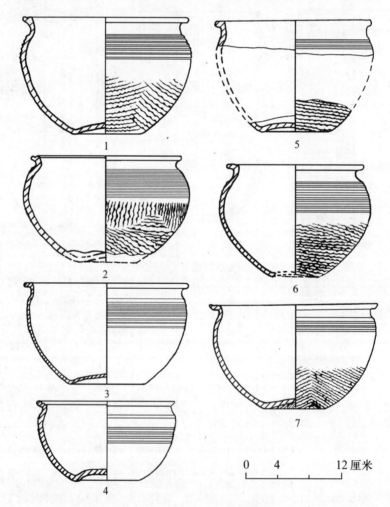

图六六　东周墓出土 B 型陶盂
1. Ⅰ式 (M38：2)　2. Ⅰ式 (M12：4)　3. Ⅱ式 (M58：5)　4. Ⅲ式 (M81：4)
5. Ⅱ式 (M87：7)　6. Ⅰ式 (M9：1)　7. Ⅱ式 (M85：4)

灰陶。口径21.6、腹径20.8、底径9.6、高12.6厘米（图六六，3；图版六，5）。标本M85：
4，泥质灰黄陶。尖唇。下腹及底饰中绳纹。口径21.4、腹径20.8、底径8、高13.2厘米（图
六六，7；图版七，2）。标本M87：7，泥质灰陶。下腹内收，器壁内外施黑衣。已残。口
径20、底径8.6厘米（图六六，5）。

　　Ⅲ式　1件（标本M81：4）。泥质灰黄陶。敛口，尖唇，折沿上扬。束颈，扁鼓腹，
下腹呈弧线内收，底上凹。口径等于腹径。沿面两道凹弦纹，上腹饰弦纹。口径18.2、腹
径18.2、底径8.6、高10厘米（图六六，4；图版七，1）。

　　罐　21件。见于20座墓中，仅1墓2件。4件器物破碎严重，不能复原；余17件器
物分五型。

　　A型　8件。下腹及底无绳纹，颈部呈弧线。分三式。

　　Ⅰ式　3件。均泥质灰陶。微侈口，折平沿，尖唇或圆唇，弧颈，扁鼓腹，窄肩折棱，
微凹底。标本M85：2，圆唇。素面。口径10.8、腹径14.4、底径7.6、高14.4厘米（图六

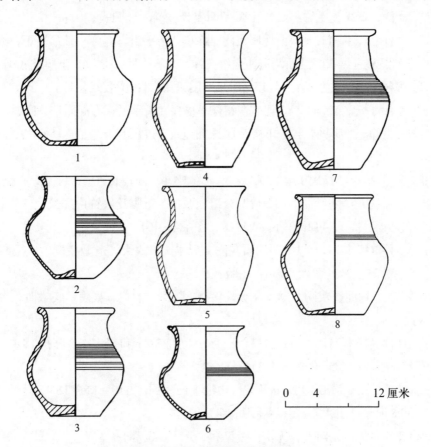

图六七　东周墓出土A型陶罐
1. Ⅰ式（M85：2）　2. Ⅰ式（M27：5）　3. Ⅱ式（M14：3）　4. Ⅱ式（M9：2）
5. Ⅱ式（M23：3）　6. Ⅰ式（M38：3）　7. Ⅲ式（M10：2）　8. Ⅲ式（M7：6）

七，1；图版七，5）。标本M27：5，施黑衣。沿面略外斜，尖唇。沿面、肩部饰弦纹。口径9.8、腹径12.8、底径4.8、高12.8厘米（图六七，2；图版七，3）。标本M38：3，尖唇。沿面、肩部饰凹弦纹。口径9.8、腹径12.2、底径4.4、高12厘米（图六七，6；图版七，4）。

Ⅱ式　3件。弧颈较长，溜肩，深腹略呈直线内收。标本M14：3，泥质灰黄陶。折平沿，圆唇。肩部饰弦纹。口径9.6、腹径12.4、底径6.2、高13.6厘米（图六七，3；图版七，6）。标本M9：2，泥质灰陶。折平沿，圆唇。肩部饰弦纹。口径11.2、腹径13.6、底径7.2、高17.2厘米（图六七，4；图版八，1）。标本M23：3，泥质灰褐陶。折平沿，圆唇，凹底略大。素面。口径10.6、腹径12.2、底径4.6、高14.8厘米（图六七，5）。

Ⅲ式　2件。颈部上细下粗，斜直，深腹略呈直线内收。沿面两道凹弦纹，肩部饰弦纹。标本M10：2，泥质灰陶。折沿上扬，尖唇。口径11.2、腹径14.4、底径7.2、高17.6厘米（图六七，7；图版八，2）。标本M7：6，泥质灰褐陶。折平沿，圆唇。口径10、腹径13.6、底径7.5、高15厘米（图六七，8；图版八，3）。

B型　4件。下腹及底饰绳纹，由弧颈而变为直颈。分四式。

Ⅰ式　1件（标本M22：1）。泥质灰陶。侈口，折平沿，圆唇，弧颈较短，圆肩，圆鼓腹，底上凹。施有黑衣。沿面两道凹弦纹，颈、肩、上腹饰弦纹，下腹及底饰中绳纹。口径11.2、腹径14.4、底径6.4、高15.2厘米（图六八，1；图版八，4）。

Ⅱ式　1件（标本M61：2）。泥质灰褐陶。侈口，折平沿，沿面微凹，圆唇。弧颈近直，溜肩，扁鼓腹。上腹饰弦纹，下腹及底饰细绳纹。口径11.6、腹径15.6、底径6.8、高17.6厘米（图六八，2）。

Ⅲ式　1件（标本M31：1）。泥质灰陶。形体略小。颈较长且直，圆肩，球腹。侈口，折沿略向上扬，方唇，底微凹。颈、肩饰分组凹弦纹，下腹及底饰中绳纹。口径10.4、腹径13.6、底径6.6、高17.4厘米（图六八，3；图版八，6）。

Ⅳ式　1件（标本M17：16）。泥质灰陶。形体比Ⅲ式大，造型相似。口径14、腹径16、底径8、高23厘米（图六八，4；图版八，5）。

C型　2件。均泥质灰陶。形体高大。侈口，弧颈，溜肩，鼓腹，底微凹。肩部饰弦纹。分两式。

Ⅰ式　1件（标本M18：3）。侈口，卷沿，圆唇较厚。口径17.6、腹径18.4、底径9、高30.2厘米（图六八，6；图版九，3）。

Ⅱ式　1件（标本M87：1）。折平沿，边缘上凸一周。方唇。口径18.4、腹径20.4、底径10、高30.8厘米（图六八，5；图版九，4）。

D型　2件。侈口，圆唇，无沿。分两式。

Ⅰ式　1件（标本M2：1）。泥质灰褐陶。喇叭口，弧颈，窄肩，鼓腹，下腹呈直线内收。肩部饰凹弦纹。口径13.2、腹径12.4、底径7、高16.4厘米（图六八，7；图版九，1）。

　　Ⅱ式　1件（标本M57：4）。泥质灰陶。侈口，溜肩，鼓腹下垂，底上凹。颈部凸出一周。腹、底饰细绳纹，腹部绳纹间断。口径11.8、腹径14.6、底径6.4、高16.3厘米（图六八，9；图版九，2）。

　　E型　1件（标本M7：7）。泥质灰褐陶。矮领，直口，圆唇，广肩，鼓腹，下腹呈弧线内收。肩部饰凹弦纹。口径9.2、腹径15.2、底径6.4、高11.8厘米（图六八，8；图版九，5）。

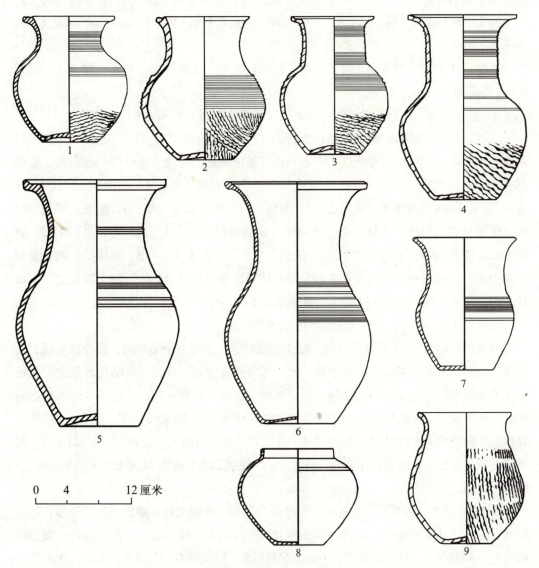

0　4　12厘米

图六八　东周墓出土陶罐

1.B型Ⅰ式（M22：1）　2.B型Ⅱ式（M61：2）　3.B型Ⅲ式（M31：1）　4.B型Ⅳ式（M17：16）　5.C型Ⅱ式（M87：1）　6.C型Ⅰ式（M18：3）　7.D型Ⅰ式（M2：1）　8.E型（M7：7）　9.D型Ⅱ式（M57：4）

鼎　59件。出土于30座墓中。墓中使用陶鼎的数量不等。5鼎墓2座，3鼎墓3座，2鼎墓15座，1鼎墓10座。10座墓中的鼎因破损严重未能复原，18座墓中的40件鼎参与型式划分（占有鼎墓的60%）。根据鼎耳、器口等方面的差别，将其分为三型。三型鼎同时出现在2座墓中（M1、M69），其中A、B两型各2件，C型1件。A、B两型的区别：首先是一为方耳，一为圆耳；其次，器身表面近口部前者有凸棱，后者没有凸棱；再次，足上端前者多有纹饰，后者反之。C型为小口鼎，特征显著。据此，鼎在墓中的数量与组合关系则有：（1）A型鼎1件；（2）A型鼎2件；（3）B型鼎1件；（4）B型鼎2件；（5）A型鼎2件配C型鼎1件；（6）A、B型鼎各2件配C型鼎1件。同墓所出同型陶鼎，大小基本一致。

A型　19件。方耳贯穿于各式之中；近口部凸棱，少数不显，至末式或消失，混同B型。据器腹和足分三亚型。

Aa型　11件。腹壁较直或器口向外张，圆形实心足。分两式。

Ⅰ式　5件。深腹较直。弧顶，弧折沿，中部桥纽或衔环，周围三纽略呈曲尺形。深腹直壁，圜底。两耳微弯外侈，蹄足外撇。盖顶两周凸弦纹，近口部一周凸棱，足上端指压成鸡冠状。标本M59∶4，泥质灰黄陶。凸棱模糊，足、耳、纽附贴。口径22.4、腹径22.4、通高25.6厘米（图六九，2；图版一〇，2）。标本M82∶4，泥质灰褐陶。纽残。腹部一周凸弦纹，并与凸棱之间构成一周凹带纹。足、耳、纽附贴。口径13.2、腹径13.2、通高18.4厘米（图六九，3；图版一〇，1）。标本M73∶9，泥质褐红陶。腹部一周凸弦纹，腹底相交处一周凹弦纹。足、耳与器身铆钉结合，纽附贴于器盖之上。口径26.4、腹径26.4、通高33.6厘米（图六九，1）。

Ⅱ式　6件。据纽、足的细微差别，分两亚式。

Ⅱa式　4件。器盖弧顶，折沿，盖顶中部桥纽，周围三个菱形纽。器身腹略浅，壁微弧，圜底。耳弯曲外侈，蹄足外撇。足、耳与器身铆钉结合，纽附贴在器盖之上。足上端有指压窝纹。近口部一周凸棱，盖顶两周凸弦纹，腹部一周凸弦纹，并与凸棱之间构成一周凹带纹，腹底相交处一周凹弦纹。标本M69∶16，泥质褐红陶，施黑衣，局部残存涂白。腹壁略直。口径20、腹径20.4、通高27.2厘米（图六九，4）。标本M1∶24，泥质褐红陶，施黑衣，局部残存涂白。口径26.4、腹径26.6、通高24厘米（图六九，6；图版一〇，4）。

Ⅱb式　2件。微弧顶，弧折沿，附近曲尺形纽。浅腹弧壁，圜底。直耳外侈，蹄足较直。足、耳附贴于器身。盖顶两周凸弦纹，近口部无凸棱，腹部一周凸弦纹，腹、底相交处一周凹弦纹，足上端素面。凸弦纹局部脱落。标本M80∶3，泥质灰褐陶。口径27.2、腹径27.6、通高28厘米（图六九，5；图版一〇，3）。

Ab型　4件。椭圆形或削棱实心足。分三式。

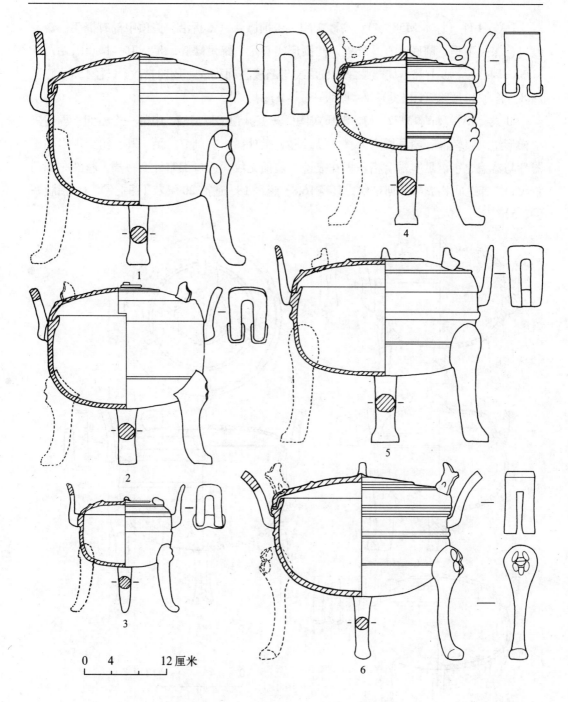

0　4　12厘米

图六九　东周墓出土 Aa 型陶鼎
1. I 式 (M73:9)　2. I 式 (M59:4)　3. I 式 (M82:4)　4. II a 式 (M69:16)　5. II b 式 (M80:3)
6. II a 式 (M1:24)

　　Ⅰ式　1件（标本 M58：4）。夹砂灰陶。盖顶微弧，弧折沿。盖顶中部有握手。器身敛口，深腹下垂，圜底。直耳外侈。椭圆形实心足，蹄足矮胖。足、耳、握手附贴。近口部一周凸棱，腹上部一周凸弦纹。凸弦纹与凸棱之间构成一周凹带纹。口径15.6、腹径19.8、通高20厘米（图七〇，2；图版一〇，6）。

　　Ⅱ式　1件（标本 M72：1）。泥质灰陶。器盖弧顶，弧折沿，中部一个桥纽，周围三个梯形纽。腹较深，窄耳微弯外侈，足较矮，微外撇，有削痕。足、耳、纽分别附贴于器身与器盖之上。足上端有指压捏抹痕迹。盖顶无纹，近口部略外凸一周，腹部一周凸弦纹，二者之间构成一周凹带纹。口径16.8、腹径18、通高20厘米（图七〇，1；图版一〇，5）。

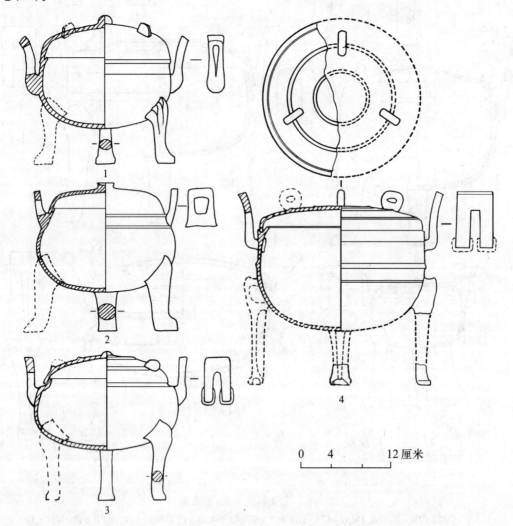

0　　4　　　　12厘米

图七〇　东周墓出土 A 型陶鼎
1.Ab型Ⅱ式（M72：1）　2.Ab型Ⅰ式（M58：4）　3.Ab型Ⅲ式（M83：1）　4.Ac型（M36：15）

Ⅲ式　2件。泥质灰褐陶。弧顶弧折沿，中部一个、周围三个半圆纽。浅腹扁鼓，圆底。直耳微侈，四棱足较矮而直。足、耳、纽分别附贴于器身与器盖之上。盖顶两周凸弦纹，近口部无凸棱，腹部一周弦纹，足上端指压纹饰模糊不清。M83∶1，口径17.2、腹径20、通高19.6厘米（图七〇，3；图版一一，1）。

Ac型　4件。足内侧刻槽，上端内空，下端内侧指压窝状，其余特征略与Aa型Ⅰ式鼎相当。标本M36∶15，泥质灰陶施黑衣。盖顶微弧，折沿，中部一个、周围三个环纽。深腹直壁，圆底。耳微弯外侈，蹄足已残。足、耳附贴于器身之上。盖顶两周凸弦纹，外缘一周凹弦纹，近口部一周凸棱，腹部一周凸弦纹。口径22.5、腹径23.2、高约26厘米（图七〇，4）。M41∶13，泥质灰陶。整器不能复原，残片特征与M36∶15相似。足上端饰圆圈纹。

B型　17件。出土于9座墓中，除1座墓1件外，余均1座墓2件。每2件形制大小基本相同。圆耳贯穿于各式之中，近口部无凸棱。按实心足形状的不同分两亚型。

Ba型　12件。圆形实心足。分三式。

Ⅰ式　6件。器盖弧顶，弧折沿。中部一纽，周围三纽，均呈圆形。器身浅腹较直，圆底。两耳微曲外侈。足较直，上端素面。足、耳与器身铆钉结合，纽附贴于器盖之上。盖顶饰凸弦纹或凹弦纹，腹部饰凸弦纹、凹弦纹。标本M79∶11，泥质灰陶。盖顶一周凸弦纹。器身腹部一周凸弦纹，腹底相交处一周凹弦纹。口径17.6、腹径19、通高20.6厘米（图七一，3；图版一一，5）。标本M19∶11，泥质红陶。足残。盖顶两周凹弦纹，腹部一周凸弦纹，其下两周凹弦纹。口径17.2、腹径17.2、高约16厘米（图七一，2）。标本M25∶2，泥质红陶。盖顶中部一纽、周围三纽均呈圆形，盖顶两周凸弦纹，腹部一周凸弦纹，腹底相交处一周凹弦纹。口径17.6、腹径18.8、通高22.8厘米（图七一，1）。

Ⅱ式　4件。盖顶较平，弧折沿，盖顶中部一桥纽，周围三圆纽。浅腹弧壁，圆底。耳弯曲，足较直。足、耳与器身铆钉结合，纽附贴于器盖之上。盖顶两周凸弦纹，腹部一周凸弦纹，腹底相交处一周凹弦纹。标本M69∶11，泥质褐红陶施黑衣，涂白残存。器形略小，耳外侈。腹底可见弦纹。口径19.2、腹径20.2、通高24厘米（图七一，5；图版一一，2）。标本M1∶23，泥质褐红陶施黑衣，涂白残存。器形略大，耳向内聚。口径24.8、腹径25.6、通高27.2厘米（图七一，4；图版一一，4）。

Ⅲ式　2件。盖顶较平，弧折沿，中部一桥纽，周围三圆纽。深腹微弧，圆底。耳弯曲外侈，足较直且高。足、耳与器身铆钉结合，纽附贴于器盖之上。盖顶一周凸弦纹，腹部一周凸弦纹，腹底相交处一周凹弦纹。标本M75∶3，泥质褐红陶施黑衣。口径17.6、腹径18.4、通高23.5厘米（图七一，6；图版一一，3）。

Bb型　5件。削棱实心足。分两式。

Ⅰ式　4件。弧顶盖，敛口，浅腹外鼓，圆底。盖顶中部一纽、周围三纽，均呈圆形。

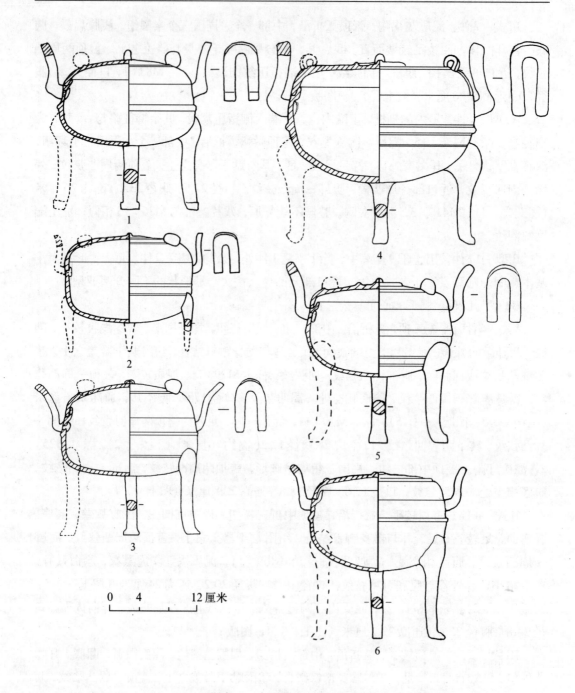

0　　4　　　　12厘米

图七一　东周墓出土 Ba 型陶鼎

1. I 式（M25：2）　2. I 式（M19：11）　3. I 式（M79：11）　4. II 式（M1：23）　5. II 式（M69：11）
6. III式（M75：3）

器身浅腹弧壁，圜底。耳弯曲外侈。六棱足较直。足、耳与器身铆钉结合，纽附贴于器盖之上。标本M84∶6，泥质褐红陶施黑衣。器盖弧折沿。盖顶两周凸弦纹，腹部一周凸弦纹，腹、底相交处一周凹弦纹，足上端有兽面纹轮廓线。口径19.6、腹径19.8、通高22.8厘米（图七二，1；图版一一，6）。标本M17∶9，泥质褐红陶施黑衣。盖顶一周凸弦

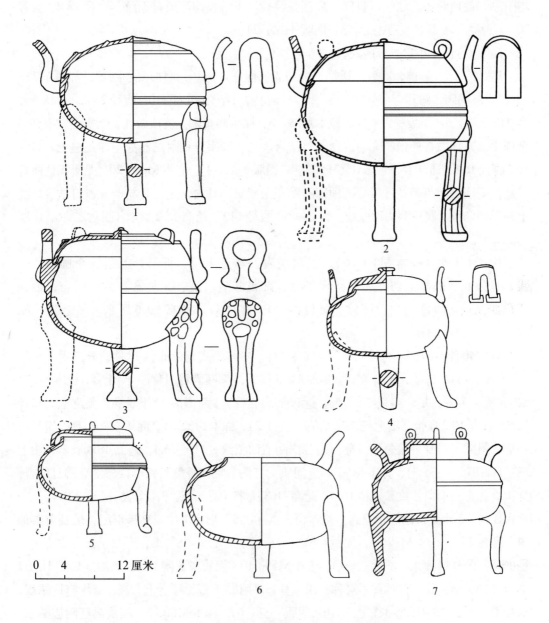

图七二　东周墓出土陶鼎

1.Bb型Ⅰ式（M84∶6）　2.Bb型Ⅰ式（M17∶9）　3.Bb型Ⅱ式（M67∶6）　4.C型Ⅰ式（M59∶
8）　5.C型Ⅰ式（M69∶20）　6.C型Ⅰ式（M73∶7）　7.C型Ⅱ式（M1∶16）

纹，腹部一周凸弦纹，腹底相交处一周凹弦纹。足上端有兽面纹轮廓线。口径21.2、腹径23、通高27.6厘米（图七二，2；图版一二，1）。

II式　1件（标本M67：6）。泥质灰陶。器盖平顶，弧折沿，中部一衔环（已失）桥纽，周围三圆纽。敛口，弧腹，圜底。环耳直立。七棱蹄足矮胖，微向外撇。足、耳、纽均附贴。盖顶两周凸弦纹，腹部一周凸弦纹，足上端模印浮雕兽面纹。口径18.4、腹径20.4、通高23.2厘米（图七二，3；图版一二，2）。

C型　4件。小口。分两式。

I式　3件。敛口，圆唇，矮领，扁鼓腹，圜底。两耳，圆形实心蹄足。标本M73：7，泥质灰褐陶。圆耳弯曲外侈。足、耳与器身铆钉结合。口径10、腹径20.8、高19.5厘米（图七二，6；图版一二，5）。标本M59：8，泥质灰黄陶。盖顶微弧，弧折沿，中部一个握手。方耳微弯外侈。耳与器身铆钉结合。足、握手分别附贴器身与器盖之上。口径10、腹径16.8、通高18.8厘米（图七二，4；图版一二，4）。标本M69：20，泥质褐红陶施黑衣。盖顶略向下凹，弧折沿，顶部附贴三个圆纽。耳失，足、耳与器身铆钉结合。盖上一周凹弦纹，腹部两周凹弦纹。口径9.6、腹径14.8、通高15.2厘米（图七二，5；图版一二，3）。

II式　1件（标本M1：16）。泥质灰陶。器盖平顶，折沿，盖顶三个圆纽。口残，扁鼓腹，底微上凹，环耳微弯外侈，蹄足较直。足、耳与器身铆钉结合。盖顶两周凹弦纹，腹部一周凸弦纹。盖口径9.1、腹径18、通高19.6厘米（图七二，7；图版一二，6）。

敦　40件。6座墓各1件，17座墓各2件。参与型式划分的敦28件，分三式。

I式　4件。口径大于身高，呈扁球形。1件近口部两乳钉对称，4件无耳。标本M82：3，泥质灰黄陶。足、纽呈"S"形，近口部两乳钉对称，均附贴于器身、盖之上。口径12.8、通高19.2厘米（图七三，2；图版一三，2）。标本M52：1，泥质灰陶。足、纽呈单钩形，附贴于器身、盖之上。身、盖各饰两道凹弦纹。口径16.4、通高18.4厘米（图七三，1；图版一三，3）。标本M56：4，泥质褐红陶。足、纽呈双钩形，与器身铆钉结合。身、盖各有一周凹弦纹。口径16.4、通高18.8厘米（图七三，3；图版一三，1）。

II式　5件。口径等于身高，呈球形。其中"S"形足1件，鸟喙形纽、足及兽首形纽、足各2件。标本M72：5，泥质灰陶。扁纽已残，足呈"S"形，附贴于器身之上。口径13.6、高约14厘米（图七三，4）。标本M59：10，泥质灰黄陶。纽、足均呈鸟喙形。口部微外凸，身、盖各有两盲耳对称。纽、耳、足附贴于盖、身之上。盖、身均有凹弦纹。口径18、通高26.4厘米（图七三，6；图版一三，6）。标本M80：5，泥质褐红陶施黑衣。纽、足呈兽首形。纽、耳、足附贴于器盖、器身之上。口径18.4、通高30.4厘米（图七三，5；图版一三，4）。

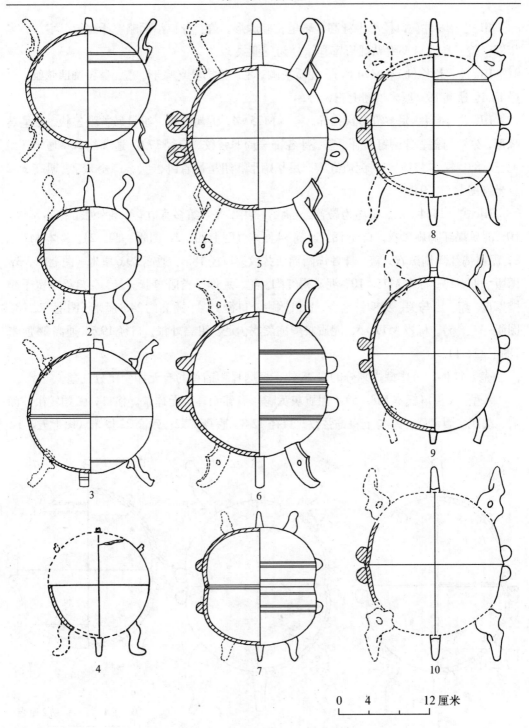

图七三　东周墓出土陶敦

1.Ⅰ式（M52：1）　2.Ⅰ式（M82：3）　3.Ⅰ式（M56：4）　4.Ⅱ式（M72：5）　5.Ⅱ式（M80：5）　6.Ⅱ式（M59：10）　7.Ⅲa式（M74：1）　8.Ⅲb式（M25：4）　9.Ⅲb式（M19：4）　10.Ⅲc式（M75：10）

Ⅲ式　19件。口径小于身高，略呈长椭球形。盖、身口沿面略宽于壁厚。纽、足多相同，盖、身近口部附贴圆形盲耳。分为三亚式。

Ⅲa式　1件（标本M74：1）。泥质灰陶。足、纽均呈鸟喙形。盖、身各饰凹弦纹。口径14.4、通高19.2厘米（图七三，7）。

Ⅲb式　4件。足、纽形状相异。标本M25：4，泥质红陶。纽呈昂首卧兽状，足呈鸟喙形，分别与盖、身铆钉结合。盖、身各饰一周凹弦纹。口径17.6、通高约26.8厘米（图七三，8）。标本M19：4，泥质红陶。足呈蹄形，纽呈昂首卧兽状。口径17.2、通高25.2厘米（图七三，9）。

Ⅲc式　14件。足、纽均为昂首卧兽状。其中，足、纽多直立，少数外张。标本M69：10，泥质褐红陶施黑衣。口径18、通高34厘米（图七四，2；图版一四，2）。标本M79：8，泥质褐红陶施黑衣。盖、身各饰两周凹弦纹。口径18.8、通高29.6厘米（图七四，3；图版一四，1）。标本M75：10，泥质褐红陶。纽、足作昂首卧兽状。盖、身口沿略宽于腹壁厚度。纽、足与盖、身铆钉结合，盲耳附贴。口径18.4、通高约24.8厘米（图七三，10；图版一三，5）。标本M17：5，泥质灰陶施黑衣。足、纽略外张。口径19.6、通高34厘米（图七四，1）。

壶　47件。可作型式划分的壶28件。根据耳和铺首的有无和变化分三型。

A型　1件（标本M8：5）。泥质灰黄陶。肩部无耳、无铺首。侈口，弧颈较粗，溜肩，圜底。圈足残。颈与上腹饰弦纹。口径12.8、腹径17.2、残高22厘米（图七五，1；

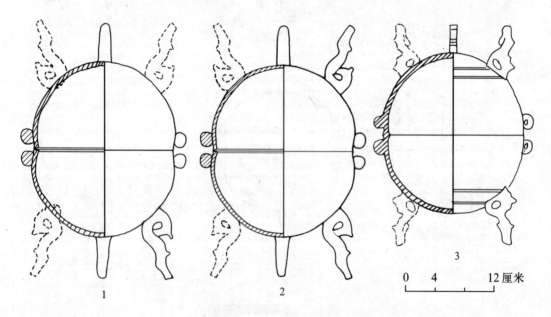

图七四　东周墓出土陶敦
1.Ⅲc式（M17：5）　2.Ⅲc式（M69：10）　3.Ⅲc式（M79：8）

图版一四，3)。

B型 8件。双耳无铺首。3件无盖，5件有盖。有盖器中，1件盖中部一纽，4件盖周三纽。无盖器中，M15中出土的2件大小相异。分四式。

I式 3件。子口盖，顶微弧，中部一个无孔扁半圆形纽或周边三个半圆形纽。侈口，短颈，圆肩，鼓腹，底上凹，矮圈足外撇。肩部两耳穿孔。肩、腹饰弦纹。标本M58：3，泥质灰陶。口径9.4、腹径18.4、圈足径8.8、通高27.2厘米（图七五，2；图版一四，4)。

II式 1件（标本M68：2)。泥质灰黑陶。无盖。微侈口，较直颈，溜肩，扁鼓腹，圜底，内敛状圈足较高。肩部两耳穿孔。颈、肩、腹饰弦纹。口径10、腹径18、圈足径11.2、高26.2厘米（图七五，3)。

III式 2件。无盖。侈口，短颈，溜肩，鼓腹，平底，圈足略外撇。肩部两耳穿孔。颈、肩、腹饰弦纹。标本M15：4，泥质灰陶。近口部一道凹弦纹，肩、腹四组凹弦纹，每组两周。口径9.6、腹径16.8、圈足径10.4、高24厘米（图七五，5；图版一四，5)。标本M15：2，泥质灰陶施黑衣。口径10.4、腹径19.2、圈足径12、高28厘米（图七五，4；图版一四，6)。

IV式 2件。盖顶扁菱形纽，肩部两盲纽对称。侈口，弧颈较细，溜肩，球腹，圜底，圈足较高且直。腹部饰弦纹。标本M59：11，泥质灰黄陶。口径10.4、腹径20、圈足径12.8、通高35.2厘米（图七六，3；图版一五，4)。

C型 19件。铺首衔环。分两式。

I式 7件。盖顶三矮纽。根据圈足的高矮分两亚式。

Ia式 4件。圈足较矮。弧顶盖，三纽，无子口。侈口，弧颈较细，溜肩，鼓腹，平底。肩、腹饰弦纹。标本M83：5，泥质灰陶。盖顶扁半圆形纽。口径11.2、腹径17.2、圈足径8.5、通高29.2厘米（图七五，6)。标本M17：12，泥质灰陶施黑衣。无盖。口径9.6、腹径22、圈足径12.4、高32.4厘米（图七五，7；图版一六，1)。

Ib式 3件。圈足较高。弧顶盖，三纽，无子口。侈口，弧颈粗而短，溜肩，扁鼓腹或椭球腹，平底或圜底，高圈足外撇。颈、腹饰弦纹。标本M67：9，泥质灰陶施黑衣。盖顶半圆形纽。口径12、腹径20.8、圈足径14.4、通高33.4厘米（图七五，8；图版一五，3)。标本M25：5，泥质红陶。盖顶扁菱形纽。口径11.2、腹径18、圈足径13.6、通高34.4厘米（图七五，9；图版一六，2)。

II式 12件。盖顶三凤尾形高纽。根据颈部的变化分两亚式。

IIa式 4件。颈部细而短。弧顶盖，子口。侈口，弧颈，广肩，鼓腹，圜底，圈足较高略外撇。肩部两个兽面铺首衔环。颈、腹饰弦纹。标本M1：18，泥质灰陶施黑衣。口径12.4、腹径26.8、圈足径13.6、通高50厘米（图七六，1；图版一五，2)。标本M79：3，泥质灰陶。器形略小，底近平。口径10.4、腹径21.2、圈足径11.2、通高40.8厘米（图

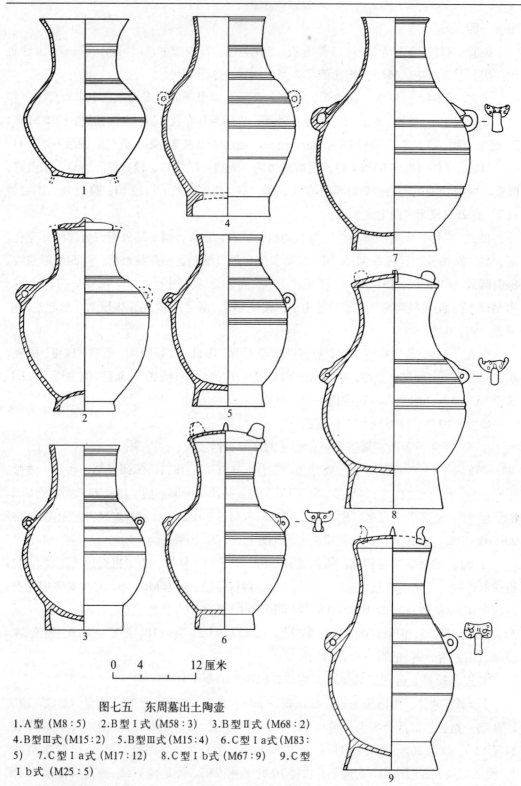

0　　4　　　　12厘米

图七五　东周墓出土陶壶
1.A型 (M8∶5)　2.B型Ⅰ式 (M58∶3)　3.B型Ⅱ式 (M68∶2)
4.B型Ⅲ式 (M15∶2)　5.B型Ⅲ式 (M15∶4)　6.C型Ⅰa式 (M83∶
5)　7.C型Ⅰa式 (M17∶12)　8.C型Ⅰb式 (M67∶9)　9.C型
Ⅰb式 (M25∶5)

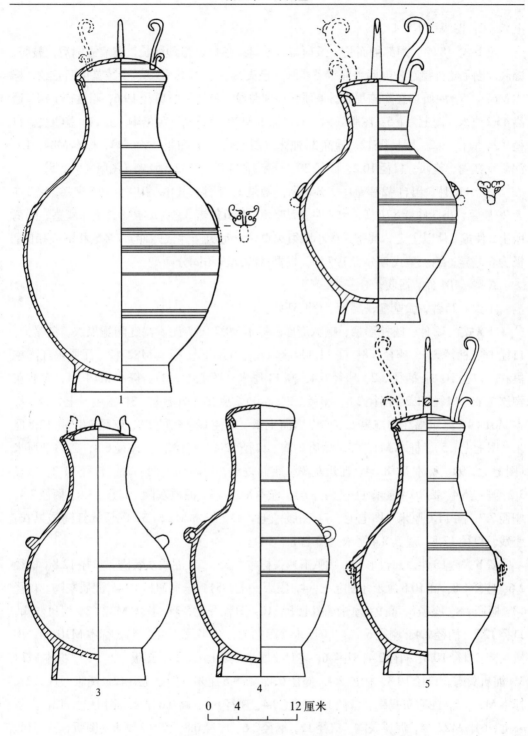

0　　4　　　　12厘米

图七六　东周墓出土陶壶
1.C型Ⅱa式（M1：18）　2.C型Ⅱa式（M79：3）　3.B型Ⅳ式（M59：11）
4.C型Ⅱb式（M20：7）　5.C型Ⅱb式（M69：25）

七六，2；图版一五，1）。

Ⅱb式　8件。颈部细而长。弧顶盖，子口。侈口，弧颈细长，溜肩或圆肩，鼓腹，圜底，圈足略外撇。肩部两兽面铺首衔环（已失）。颈、腹饰弦纹，少数盖顶凹弦纹。标本M69：25，泥质褐红陶施黑衣。盖顶两周凹弦纹。口径10、腹径19.6、圈足径12.4、通高45.2厘米（图七六，5；图版一六，3）。标本M20：7，泥质灰黑陶。圆肩。盖纽失。口径9.2、腹径19.2、圈足径12、通高36厘米（图七六，4；图版一六，4）。标本M84：10，泥质褐红陶。盖残。口径10.2、腹径20、圈足径11.8、高32.8厘米（图版一六，5）。

豆　115件。出自42座墓中，各墓所出数量1～8件。其中，出1件者5座墓，出2件者20座墓，出3件者8座墓，出4件者5座墓，出6件者3座墓，出8件者1座墓。同墓所出2件或2件以上者，其型式大小以组为单位（每组两件或四件），多数相同或相似；极少有差异。纳入型式划分者107件。根据盘的深浅不同分两型。

A型　101件。浅腹。分三式。

Ⅰ式　25件。弧壁盘，矮柄。分两亚式。

Ⅰa式　12件。圆柱形柄，喇叭形座。标本M87：5，泥质褐红陶施黑衣。盘略大。口径14、柄径3.6、座径6.8、高11.8厘米（图七七，1）。标本M82：2，泥质褐红陶施黑衣。口径10.8、柄径3.2、座径6.4、高11厘米（图七七，2）。标本M14：1，泥质灰陶施黑衣。口径11.2、柄径2.8、座径7.2、高11.2厘米（图七七，3；图版一七，1）。标本M61：4，泥质褐红陶施黑衣。座面微向上弧。口径12、柄径2.8、座径7.8、高12.8厘米（图七七，5）。标本M13：3，泥质灰陶。口径12.4、柄径2.4、座径6.8、高11.2厘米（图七七，9）。标本M18：4，泥质灰陶。座面较平，座内侧上凹一周。口径11.2、柄径3.2、座径6.4、高10.4厘米（图七七，6）。标本M15：9，泥质灰陶。口径13.6、柄径2.4、座径7.2、高11.6厘米（图七七，7；图版一七，2）。标本M22：3，泥质褐红陶施黑衣。座残。口径12.8、残高8.4厘米（图七七，14）。

Ⅰb式　13件。圆台形柄，喇叭形座。标本M85：5，泥质灰黄陶。口径12.8、柄径2.6、座径6.8、高10.8厘米（图七七，4；图版一七，5）。标本M17：14，泥质灰陶。口径13、柄径2.8、座径8、高9.6厘米（图七七，10；图版一七，3）。标本M27：3，泥质灰陶。口径12.8、柄径2.4、座径6、高9.6厘米（图七七，8；图版一七，4）。标本M10：4，泥质灰陶。口径10.8、柄径2.4、座径6、高11.2厘米（图七七，11；图版一八，3）。标本M2：3，泥质灰陶。口径10.8、柄径2.4、座径6.4、高9.6厘米（图七七，12；图版一八，2）。标本M22：5，泥质灰褐陶。口径12、柄径2.4、座径6.4、高9.6厘米（图七七，13；图版一七，6）。M22：4，泥质灰陶。口径12、柄径2.6、座径6.8、高9.2厘米（图版一八，1）。

Ⅱ式　41件。弧壁盘，高柄。分两亚式。

Ⅱa式　16件。大座。

图七七　东周墓出土 A 型陶豆

1. Ⅰa式（M87：5）　2. Ⅰa式（M82：2）　3. Ⅰa式（M14：1）　4. Ⅰb式（M85：5）　5. Ⅰa式（M61：4）　6.
Ⅰa式（M18：4）　7. Ⅰa式（M15：9）　8. Ⅰb式（M27：3）　9. Ⅰa式（M13：3）　10. Ⅰb式（M17：14）　11.
Ⅰb式（M10：4）　12. Ⅰb式（M2：3）　13. Ⅰb式（M22：5）　14. Ⅰa式（M22：3）　15. Ⅱb式（M74：2）
16. Ⅱa式（M38：5）　17. Ⅱb式（M72：3）　18. Ⅱa式（M7：3）

　　5件座呈覆盘状。标本M7：3，泥质灰陶。口径13.6、柄径2.8、座径9.2、高14.8厘米（图七七，18；图版一八，6）。标本M38：5，泥质灰陶。口径12.8、柄径2.8、座径9.6、高20.8厘米（图七七，16；图版一八，4）。

　　11件座呈喇叭形。标本M8：7，泥质灰陶。口径11.6、柄径2、座径9、高14.4厘米（图七八，8；图版一八，5）。标本M74：4，泥质褐红陶施黑衣。口径13.2、柄径2.8、座径9.2、高16厘米（图七八，7；图版一九，4）。标本M31：3，泥质灰陶。口径11.2、柄

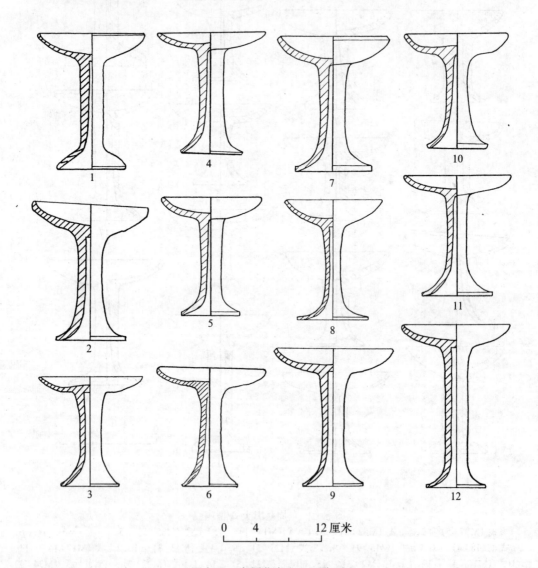

0　　　4　　　　　　12厘米

图七八　东周墓出土 A 型陶豆

1. Ⅱb式（M56：2）　2. Ⅱb式（M12：3）　3. Ⅱb式（M57：1）　4. Ⅱb式（M59：12）　5. Ⅱb式（M15：8）
6. Ⅱb式（M57：3）　7. Ⅱa式（M74：4）　8. Ⅱa式（M8：7）　9. Ⅱb式（M73：5）　10. Ⅱb式（M68：1）
11. Ⅱa式（M73：10）　12. Ⅱb式（M15：6）

径2.8、座径9.2、高18厘米（图七九，11；图版一九，6）。标本M83∶7，泥质褐红陶施黑衣。盘、座均残。柄径3.2、残高19.2厘米（图七九，3）。标本M73∶10，泥质灰陶。口径12.8、柄径2.4、座径8.4、高14.4厘米（图七八，11）。标本M7∶4，泥质灰陶。口径13.6、柄径2.8、座径8.4、高16.8厘米（图版一九，5）。

Ⅱb式　25件。小座。本式同墓中，有的高矮成组随葬，如M15。

5件座呈覆盘状。标本M74∶2，泥质灰褐陶。口径12、柄径3.2、座径7.2、高16.4厘米（图七七，15；图版一九，2）。标本M56∶2，泥质灰陶。口径13.2、柄径2.8、座径8.8、高16厘米（图七八，1；图版一九，1）。标本M72∶3，泥质灰褐陶。口径12.8、柄径2.8、座径8.4、高15.6厘米（图七七，17；图版二〇，6）。

20件座呈喇叭形。标本M15∶6，泥质灰陶。口径12.9、柄径2.8、座径7.2、高19.6厘米（图七八，12；图版一九，3）。标本M57∶3，泥质灰黑陶。口径14.2、柄径2.7、座径6.8、高14厘米（图七八，6；图版二〇，1）。标本M59∶12，泥质灰陶。口径12.8、柄径2.8、座径7.6、高14.4厘米（图七八，4；图版二〇，2）。标本M15∶8，泥质灰陶。口径12、柄径2.4、座径7.2、高14厘米（图七八，5；图版二〇，3）。标本M68∶1，泥质灰黑陶。口径12.4、柄径2.4、座径6.8、高13.6厘米（图七八，10；图版二〇，4）。标本M73∶5，泥质褐红陶施黑衣。口径14、柄径2.2、座径7.2、高16.4厘米（图七八，9）。标本M57∶1，泥质灰黄陶。柄微束。口径12.8、柄径2.4、座径7.2、高13.2厘米（图七八，3）。标本M12∶3，泥质灰陶，陶质较硬。口径14.4、柄径3、座径8.7、高16厘米（图七八，2；图版二〇，5）。

Ⅲ式　35件。折壁盘，高柄。分两亚式。

Ⅲa式　25件。盘壁弧折或折棱，柱状空心柄，或微束，喇叭形座多较大。柄上一道圆箍，部分盘外壁饰凹弦纹。本式同墓中，有的高矮成组出土，如M69。

8件盘壁折棱、柄较细。标本M69∶15，泥质褐红陶施黑衣。口径13.6、柄径2.4、座径9.4、高15.8厘米（图七九，2；图版二一，6）。标本M1∶13，泥质灰陶。盘外壁饰凹弦纹。口径11.6、柄径2、座径9.6、高17.2厘米（图七九，10；图版二一，4）。

17件柄较粗。标本M84∶5，泥质褐红陶施黑衣。折壁盘，盘内壁呈弧线，外壁一道凹弦纹，柄微束。口径14.2、柄径2.8、座径9.6、高19.6厘米（图八〇，2；图版二一，2）。标本M79∶4，泥质褐红陶施黑衣。折壁盘，盘内底平。口径12.8、柄径2.6、座径9.6、高21.2厘米（图八〇，5；图版二一，3）。标本M19∶8，泥质红陶。盘壁弧折，座略小。口径13、柄径2.8、座径8、高16.4厘米（图八〇，4；图版二一，1）。标本M75∶6，泥质褐红陶施黑衣。盘壁弧折。口径14、柄径3.2、座径9.2、高16.8厘米（图七九，4；图版二一，5）。标本M54∶1，泥质褐红陶施黑衣。盘壁折棱，饰凹弦纹。口径14.4、柄径2.8、座径10.4、高16厘米（图七九，1；图版二二，1）。标本M69∶27，泥质褐红陶施黑衣。盘残。柄径2.8、座径11.6、残高12厘米（图七九，8）。标本M73：1，泥质灰陶施黑衣。盘残。柄径2.8、座径9.2、残高12厘米（图七九，5）。标本M17：6，泥质褐红陶施黑衣。折壁盘，盘内壁呈弧线，外壁一周凹弦纹。口径13.2、柄径2.8、座径10.4、高18厘米（图八○，1；图版二二，2）。

Ⅲb式　10件。柄上饰弦纹。个别墓中器形相同，但仅个别器物局部可见弦纹，似因磨损而消失。标本M67：7，泥质灰陶。折壁盘。柄上弦纹已不可见。口径14、柄径2.8、座径10.2、高16.8厘米（图七九，7）。标本M81：3，泥质灰陶。盘内底平，柄上三

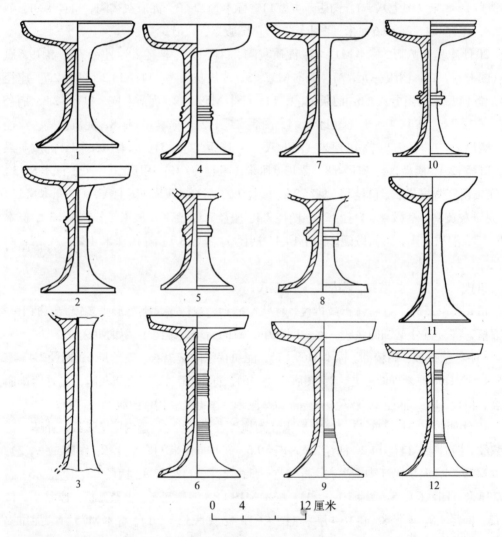

图七九　东周墓出土A型陶豆

1.Ⅲa式（M54：1）　2.Ⅲa式（M69：15）　3.Ⅱa式（M83：7）　4.Ⅲa式（M75：6）　5.Ⅲa式（M73：1）
6.Ⅲb式（M81：3）　7.Ⅲa式（M67：7）　8.Ⅲa式（M69：27）　9.Ⅲb式（M67：8）　10.Ⅲa式（M1：13）
11.Ⅱa式（M31：3）　12.Ⅲb式（M52：2）

组弦纹。口径12.8、柄径2.8、座径10.8、高20.4厘米（图七九，6；图版二二，4）。标本M52：2，泥质灰陶。盘内底平，柄上两组凹弦纹。口径12.8、柄径2、底径9.2、高16.8厘米（图七九，12；图版二二，5）。标本M67：8，泥质灰黑陶。盘内底微弧，柄微束，较细，仅见下部一组凹弦纹。口径13.2、柄径2.4、座径10、高19.2厘米（图七九，9；图版二二，3）。

B型　6件。深腹矮柄。分两式。

Ⅰ式　4件。深腹盘较大，腹壁较薄，柄较细，喇叭形座。分两亚式。

Ⅰa式　2件。盘略大。标本M58：1，泥质灰褐陶。口径17.6、柄径2.8、座径9.2、高12.8厘米（图八〇，7；图版二三，1）。

Ⅰb式　2件。盘略小，柄略高。标本M87：6，泥质灰褐陶。喇叭形座已残。口径13.6、柄径2.8、残高14厘米（图八〇，6）。

Ⅱ式　2件。深腹盘更大，胎壁厚实，柄较粗，喇叭形座。标本M15：7，泥质灰陶。盘壁上饰弦纹。口径20、柄径4、座径12.8、高16.8厘米（图八〇，3；图版二二，6）。

簋　4件。出土2座墓中，每墓2件。仅一墓器形清楚。标本M36：13，泥质灰陶。长方形盒状，盖、身形制相同。口外侈，壁略弧，微垂底。盖、身分别有四个矩形纽（足）。模制。口径22.4、通高20厘米（图八〇，8；图版二四，5）。另2件为泥质褐红陶，器形不清。

缶　11件。出土6座墓中。除1墓1件外，其余各墓均2件。盖顶和肩部均有四纽，近口部向外一周凸棱，子口在器身，盖呈折壁盘状。分四式。

Ⅰ式　1件（M72：4）。泥质灰陶。器形较小。颈粗短，溜肩，微鼓腹，平底，圈足外撇。盖呈弧顶，附贴四个菱形扁纽。肩部四个菱形扁纽。口径8.8、腹径15.6、圈足径8、通高26厘米（图八一，1；图版二三，3）。

Ⅱ式　2件。颈较直，广肩，腹扁鼓，平底，矮圈足略外撇。标本M73：3，泥质褐红陶施黑衣。盖、圈足残。肩部附贴四个半圆形纽，颈、肩饰凹弦纹。口径10、腹径29.6、圈足径15.6、残高33.6厘米（图八一，3；图版二三，5）。

Ⅲ式　4件。弧颈，圆肩，鼓腹较长，平底或圜底，矮圈足较直。肩部附贴四个环纽，颈、肩饰凹弦纹。标本M36：10，泥质灰陶。盖残。平底。口径10、腹径20.8、圈足径11.8、高31厘米（图八一，2；图版二三，4）。标本M41：9，泥质褐红陶。器腹已残。圜底。口径10、圈足径12厘米（图八一，4）。

Ⅳ式　4件。弧颈，球腹，圜底，圈足较高呈内敛状。标本M1：19，泥质灰陶施黑衣。折壁平顶盖，附贴四个环纽，肩部附贴环纽。盖顶两周凹弦纹，颈、肩、腹饰凹弦纹，颈、腹中部涂白。口径12.8、腹径28.4、圈足径13.6、通高41.6厘米（图八一，6；图版二三，2）。标本M69：18，泥质褐红陶施黑衣。盖残。肩部附贴圆形盲纽。颈、肩、腹

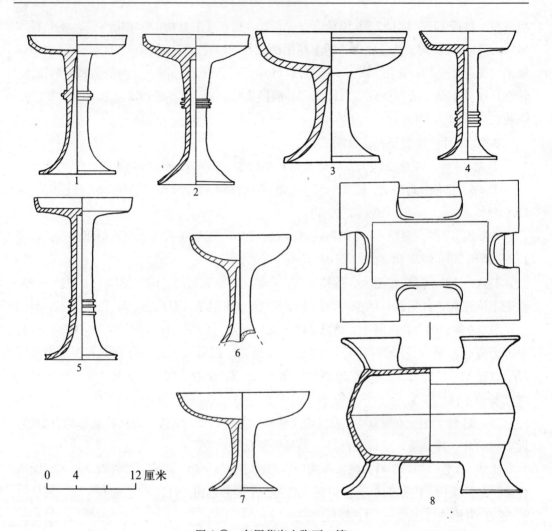

图八〇　东周墓出土陶豆、簋

1.A 型Ⅲa 式豆 (M17：6)　　2.A 型Ⅲa 式豆 (M84：5)　　3.B 型Ⅱ式豆 (M15：7)　　4.A 型Ⅲa 式豆 (M19：8)
5.A 型Ⅲa 式豆 (M79：4)　　6.B 型Ⅰb 式豆 (M87：6)　　7.B 型Ⅰa 式豆(M58：1)　　8.簋 (M36：13)

饰凹弦纹，颈、腹中部涂白。口径10.8、腹径23.6、圈足径13.2、高29.3厘米（图八一，5）。

　　盒　7件。出自5座墓。除1墓1件外，其余各墓2件。部分施黑衣。多素面，少数盖顶、器身饰凹弦纹或凸弦纹。由盖和器身两部分构成。分两型。

　　A型　3件。盖顶中部一个握手。分两式。

　　Ⅰ式　1件（标本 M67：5）。泥质灰陶。弧顶盖，与器身子母口相合。器身敛口，上腹微鼓，下腹呈弧线内收，圜底，矮圈足。近口部一周凹弦纹。口径21.6、腹径22.4、圈足径13.6、通高19.2厘米（图八二，1；图版二四，2）。

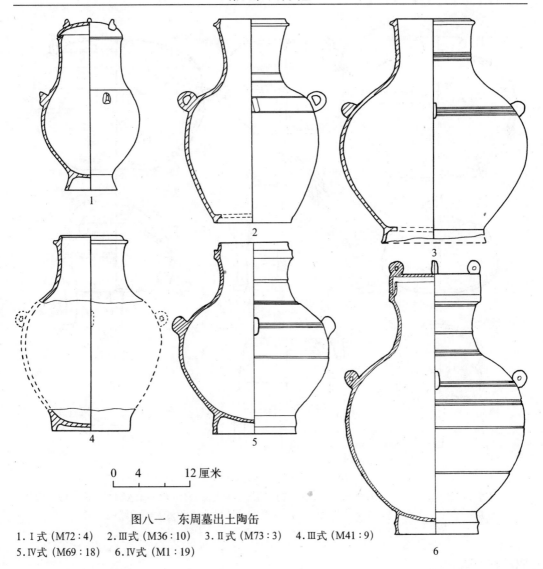

0　　4　　　　12厘米

图八一　东周墓出土陶缶

1. I 式（M72：4）　2. Ⅲ式（M36：10）　3. Ⅱ式（M73：3）　4. Ⅲ式（M41：9）
5. Ⅳ式（M69：18）　6. Ⅳ式（M1：19）

　　Ⅱ式　2件。无圈足。标本M69：14，泥质褐红陶施黑衣。弧顶盖，与器身子母口相合。器身敛口，扁鼓腹，腹底相交处弧折，圜底。口径14、腹径16.6、通高12.4厘米（图八二，4；图版二四，1）。

　　B型　4件。盖顶三个环纽或半圆形盲纽，器身两侧各有两个环纽或半圆形纽。分两式。

　　I式　2件。有圈足。标本M83：2，泥质灰陶。弧顶盖，与器身子母口相合。顶部三个半圆形盲纽。器身敛口，上腹壁较直，下腹呈弧线内收，圜底，矮圈足。近口部两侧各有两个半圆形盲纽。口径14.6、腹径17、圈足径9.6、通高12.8厘米（图八二，2；图

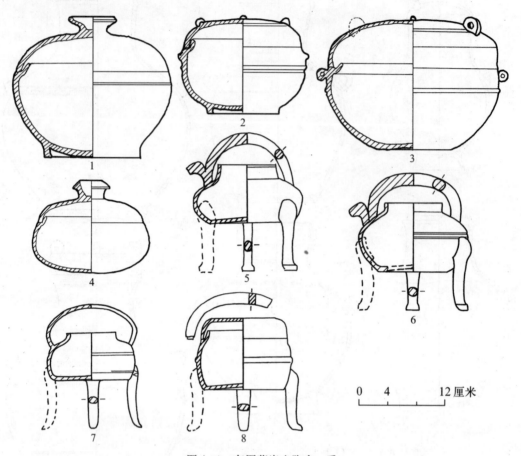

图八二　东周墓出土陶盒、盉

1. A 型 I 式盒（M67：5）　2. B 型 I 式盒（M83：2）　3. B 型 II 式盒（M1：4）　4. A 型 II 式盒（M69：14）
5. I 式盉（M1：12）　6. I 式盉（M69：6）　7. I 式盉（M19：13）　8. II 式盉（M79：6）

版二四，4）。

II 式　2 件。无圈足。标本 M1：4，泥质灰陶施黑衣。弧顶盖，与器身子母口相合。顶部三个环组。器身敛口，腹微鼓，底微凹。近口部两侧各有两个环组。盖顶、腹部各有一周凸弦纹。口径 19.2、腹径 23.8、底径 8、通高 18 厘米（图八二，3；图版二四，3）。

盉　9 件。每座墓 1 件。多数可辨认其局部陶片，器形清楚的仅 4 件。分两式。

I 式　3 件。扁鼓腹，平底或微凹底。口微敛，扁鼓腹，鸟首流，圆形提梁，三蹄足微弯。腹部或有凹弦纹。标本 M1：12，泥质灰陶。底微凹。口径 8、腹径 15.2、通高 18.8 厘米（图八二，5；图版二五，1）。标本 M69：6，泥质灰陶。底微凹。腹部有凹弦纹。口径 8、腹径 15.2、通高 18.4 厘米（图八二，6）。标本 M19：13，泥质红陶。平底。流残。口径 6.8、腹径 12.4、底径 14.4、通高 16.8 厘米（图八二，7）。

Ⅱ式　1件（标本M79：6）。泥质灰陶施黑衣。平顶盖。器身，敛口，深腹微鼓，底微凹。扁形提梁，流、提梁残，三蹄足较直。腹部一周凸弦纹。口径9.6、腹径13.6、高（不计提梁）15.2厘米（图八二，8）。

盘　11件。每座墓1件。可参与型式划分的7件，分三式。

Ⅰ式　3件。侈口，折沿较窄，似有若无，浅腹，圜底或微凹。标本M56：6，泥质灰陶。圜底。口径14.4、高3.2厘米（图八三，1；图版二六，1）。标本M36：9，泥质灰陶。圜底。口径13.6、高2.8厘米（图八三，2；图版二六，2）。标本M59：5，泥质灰陶。底微凹。口径15.8、底径8、高2.4厘米（图八三，3；图版二六，3）。

Ⅱ式　2件。侈口，折沿较宽，腹壁内折，平底或微凹底。标本M1：11，泥质灰陶。底微凹。口径16.8、底径10.4、高2.8厘米（图八三，4；图版二六，5）。标本M69：8，泥质灰陶施黑衣。平底。口径14、底径6.4、高2.4厘米（图八三，5；图版二六，6）。

Ⅲ式　2件。折沿略宽，侈口或微敛，腹壁斜收，底微上凹。标本M75：2，泥质褐

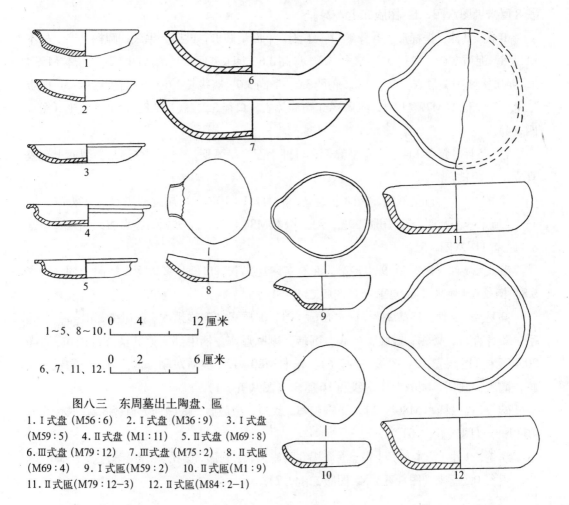

```
0    4       12厘米
1~5、8~10. └─┴───┴───┘

0    2     6厘米
6、7、11、12. └─┴───┴───┘
```

图八三　东周墓出土陶盘、匜
1. Ⅰ式盘（M56：6）　2. Ⅰ式盘（M36：9）　3. Ⅰ式盘（M59：5）　4. Ⅱ式盘（M1：11）　5. Ⅱ式盘（M69：8）6. Ⅲ式盘（M79：12）　7. Ⅲ式盘（M75：2）　8. Ⅱ式匜（M69：4）　9. Ⅰ式匜（M59：2）　10. Ⅱ式匜（M1：9）11. Ⅱ式匜（M79：12-3）　12. Ⅱ式匜（M84：2-1）

红陶施黑衣。口径13.2、底径6.8、高2.5厘米（图八三，7）。标本M79：12，泥质灰陶施黑衣。口径12.2、底径5.4、高2.8厘米（图八三，6；图版二六，4）。

匜 5件。每座墓1件。分两式。

Ⅰ式 1件（标本M59：2）。泥质灰陶。流外侈较长。口微敛，弧壁，平底。口径11.2、底径6、高4.4厘米（图八三，9；图版二七，1）。

Ⅱ式 4件。流微向外侈，较短。敛口，扁鼓腹，平底。标本M84：2-1，泥质褐红陶施黑衣。口径9、底径7、高3.4厘米（图八三，12；图版二六，9）。标本M1：9，泥质灰陶施黑衣。口径10.4、底径7.2、高3.6厘米（图八三，10；图版二六，8）。标本 M69：4，泥质灰陶施黑衣。口径11.2、底径4.4、高3.6厘米（图八三，8；图版二六，10）。标本M79：12-3，泥质灰陶。复原口径9、底径7、高3.2厘米（图八三，11；图版二六，7）。

斗 5件。每座墓1件。器形清楚的4件。分两式。

Ⅰ式 1件（标本M59：3）。泥质灰陶。烟斗形，椭圆形口，圆柄较长。身高2.8、柄长8厘米（图八四，1；图版二七，2）。

Ⅱ式 3件。提桶形。器身敛口，小流，平面呈圆形，鼓腹，平底。圆柄外弯。标本M1：8，泥质灰陶。口径3.6、底径3.2、身高3.6、柄长4厘米（图八四，2）。标本M69：3，泥质褐红陶施黑衣。口径3.6、底径3.6、身高3.6、柄残长3.6厘米（图八四，3；图版二七，3）。标本M79：12-1，泥质褐红陶施黑衣。口径3.2、底径2.8、身高3厘米（图八四，4）。

匕 5件。每墓1件。器身呈箕形，口部平面多呈弧形，个别呈多边形。圆柄上翘或直立。分两式。

Ⅰ式 4件。口呈弧线，柄向上直立。标本M1：10，泥质灰陶施黑衣。口宽7.6、柄长4.4厘米（图八四，7；图版二七，5）。标本M84：2-2，泥质灰陶施黑衣。柄残。口宽8.8厘米（图八四，5）。

Ⅱ式 1件（标本M79：12-2）。泥质灰陶施黑衣。口部呈多边形，柄向上翘。口宽6.8、柄长6.4厘米（图八四，6；图版二七，4）。

高足壶 4件。每墓2件。标本M69：21，泥质褐红陶施黑衣。盖微弧，中部一个握手。器身直口，矮领，鼓腹，尖底。圆柄，喇叭形座。柄中部一道圆箍。口径6、通高20.4厘米（图八五，2；图版二四，6）。标本M80：12，泥质灰陶。盖、口、座均残。鼓腹，圜底，圆柄，喇叭形座。残高16厘米（图八五，1）。

碗 1件（标本M80：11）。泥质灰陶。敛口，微鼓腹，底微凹。口径8.2、底径5.6、高4厘米（图八五，10）。

纺轮 1件（标本M15：1）。泥质褐红陶施黑衣。圆形，穿孔，中部起棱。直径3.6、厚1.9、孔径0.8厘米（图八五，5；图版二七，7）。

　　鸟　2件。出自1座墓，造型相同。标本M79：1，泥质褐红陶施黑衣。昂首展翅飞翔状。尖喙内勾，双目外突，高冠弧形，长颈，丰羽，扁尾。手塑。腹底有一个圆形斜孔。身长10厘米（图八五，6；图版二五，5）。标本M79：2，尾残。残长10.4厘米（图八五，7；图版二五，4）。

　　杯　1件（标本M87：8）。泥质灰陶。口微敛，腹呈直线内收，小平底。口径11.2、底径4.2、高14厘米（图八五，4；图版二七，6）。

　　提梁罐　3件。出自3座墓中，分两型。

　　A型　1件（标本M19：9）。泥质红陶。敛口，矮领，广肩，鼓腹，下腹呈直线内收，底微凹。扁形提梁，与器身铆钉结合。腹部两周凹弦纹。口径7.6、腹径13.2、底径7.2、

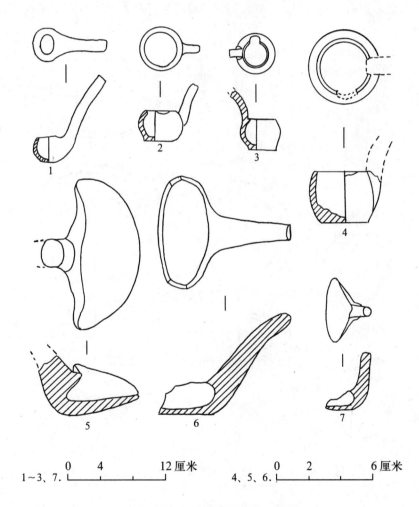

图八四　东周墓出土陶斗、匕

1. I式斗（M59：3）　2. II式斗（M1：8）　3. II式斗（M69：3）　4. II式斗（M79：12-1）　5. I式匕
（M84：2-2）　6. II式匕（M79：12-2）　7. I式匕（M1：10）

通高15.6厘米（图八五，9；图版二五，3）。

　　B型　2件。折肩，弧壁内收。标本M1:20，泥质灰陶施黑衣。直口，矮领，折肩，扁鼓腹，下腹呈弧线内收，底上凹。肩部两圆孔对称，提梁已残。肩腹相交处饰弦纹。口径9、腹径19.2、底径8、高10.4厘米（图八五，8；图版二五，2）。

　　罍　1件（标本M1:29）。泥质灰陶。仅见器物的局部构件。呈钩形，两端有泥钉（图八五，3）。

　　镇墓兽　1件（标本M19:5）。泥质红陶。由仿鹿角、器身、器座三部分组成。两支仿鹿角插于器身之上。器身上部兽面形，口吐长舌，顶端两孔；下部为方柱。方柱上三道方形凸带纹，下端插入器座的方孔中。座呈正方形盒状。顶部作正四棱台形，中间一个方孔。内空，素面。座高11.2、边长22.4、通高97.2厘米（图八六；图版二五，6）。

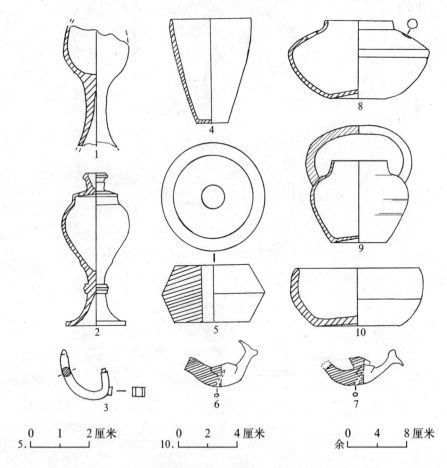

图八五　东周墓出土陶器

1.高足壶（M80:12）　2.高足壶（M69:21）　3.罍（M1:29）　4.杯（M87:8）　5.纺轮（M15:1）　6.鸟（M79:1）　7.鸟（M79:2）　8.B型提梁罐（M1:20）　9.A型提梁罐（M19:9）　10.碗（M80:11）

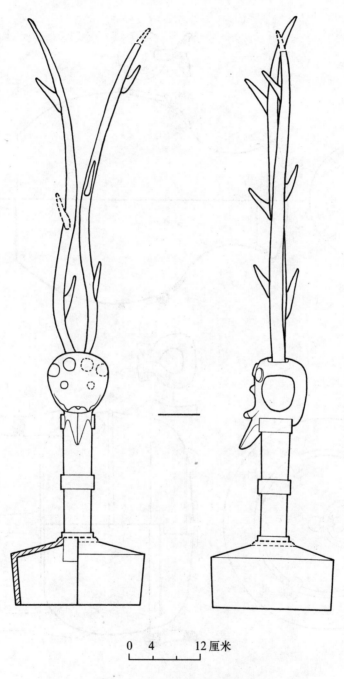

0　4　　　12厘米

图八六　东周墓出土陶镇墓兽
(M19∶5)

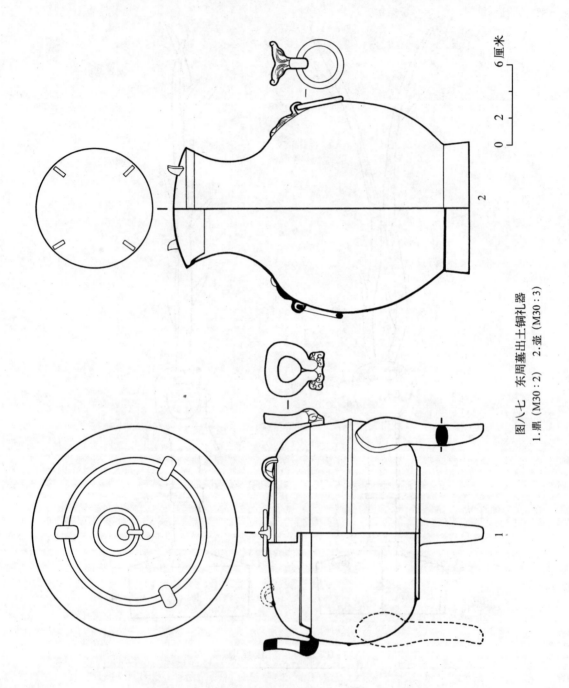

图八七　东周墓出土铜礼器

1.鼎（M30：2）　2.壶（M30：3）

（二）铜器

出土的铜器共51件（含戈镦、骨马镳），见于13座墓中。按其用途分为礼器、兵器、车马器和其他杂器。

1. 礼器

3件。出土于1座墓中（M30）。

鼎　1件（标本M30：2）。弧顶盖，中部一纽衔环。敛口，扁鼓腹，平底。口部两环耳对称，器底三铁足微弯。盖顶、器身、器底各有一周凸弦纹，耳下端饰云纹。口径16、腹径17.2、底径10、通高17.2厘米（图八七，1；图版二八，1）。

敦　1件（标本M30：1）。盖、身形状相同，对扣呈略扁椭球形。纽足作昂首卧兽状，耳近圆形。足、纽饰卷云纹、云纹。口径16.4、通高19.9厘米（图八八；图版二八，2）。

壶　1件（标本M30：3）。弧顶盖，顶部四个菱形纽。侈口，粗颈

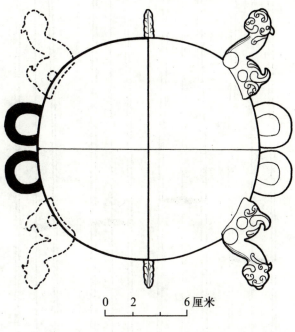

0　2　　　6厘米

图八八　东周墓出土铜敦
（M30：1）

内束，广肩，鼓腹，平底，圈足略外撇。兽面铺首衔环。口径9.2、腹径16、圈足径10、通高22.6厘米（图八七，2；图版二八，3）。

2. 兵器

35件（含镦），出土于13座墓中。

剑　13件。有的刃部局部略有残损。分两型（表四）。

A型　8件。平首，圆茎内空，首端粗于格端，无箍，菱形窄格，除1件隆脊外，均为棱脊，后锷较宽，前锷收狭。分四式。

I式　1件（标本M23：6）。圆茎两侧起棱，身短而窄，棱脊，无从。刃残，身长24.8、通长33.2厘米（图八九，6；图版二九，1）。

II式　4件。平首，圆茎两侧多起棱，首端粗于格端。菱形窄格，身长较窄，棱脊较薄，斜从微凹，前锷收狭。多绿锈，个别局部呈铁锈色。标本M26：2，身长35.6、长45厘米（图版二九，3）。标本M10：7，身长36.7、通长44.6厘米（图八九，5；图版二九，4）。

III式　2件。平首，圆茎较粗壮，两侧起棱，首端粗于格端，菱形较窄格，长腊较宽，

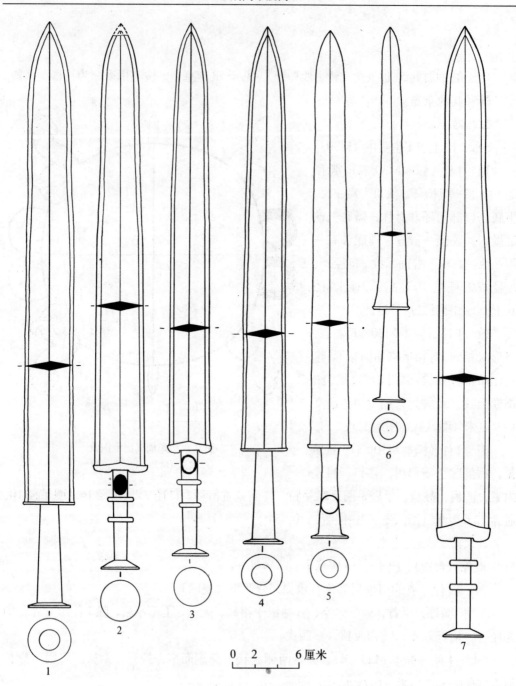

图八九　东周墓出土铜剑

1.A型Ⅳ式 (M1∶28)　 2.B型Ⅱ式 (M41∶1)　 3.B型Ⅰ式 (M67∶1)　 4.A型Ⅲ式 (M74∶8)
5.A型Ⅱ式 (M10∶7)　 6.A型Ⅰ式 (M23∶6)　 7.B型Ⅲ式 (M36∶4)

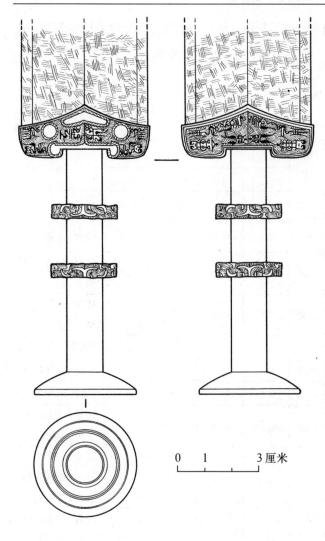

图九〇　东周墓出土 B 型Ⅲ式铜剑局部（M36：4）

隆脊或棱脊，斜从微凹，前锷收狭。标本 M30：4，隆脊，通体绿锈。身长 31.2、通长 40 厘米（图版二九，2）。标本 M74：8，棱脊，无锈，青紫色。经鉴定，铜、锡、铅的比例为 25.42：59.23：15.36，含有少量铁、硅、磷等杂质。身长 37.4、通长 45.4 厘米（图八九，4；图版二九，6）。

Ⅳ式　1件（标本 M1：28）。平首，圆茎粗壮，无棱，首端粗于格端，窄格，身长而宽，棱脊起棱，斜从微凹，前锷收狭。有光泽，断为三截，局部有绿锈。经鉴定，心部铜、锡、铅比例为 68.9：24.95：6.35，不含其他杂质；表层成分铜、锡、铅、硅、铁的比例为 18.85：71.05：0：6.73：3.37，含有铁和硅杂质。身长 42.3、通长 51.4 厘米（图八九，1）。

B型　5件。喇叭形首，凹字形宽格，茎上有两道圆箍，棱脊，斜从微凹，前锷收狭。分三式。

Ⅰ式　1件（标本 M67：1）。喇叭形首，茎首端细于格端。首端截面呈圆形，格端截面略呈椭圆形。凹字形格略窄，身窄而长，前锷收狭。多绿锈。身长 37.5、通长 46.8 厘米（图八九，3；图版二九，8）。

Ⅱ式　2件。喇叭形首，椭圆形茎上有两道圆箍，首端细于格端，格宽不等，身宽而长。标本 M41：1，茎上残存丝裹痕迹。无锈，呈绿色，有光泽。前锋残。身残长 38.2、残长 46.4 厘米（图八九，2；图版三〇，1）。

Ⅲ式　2件。喇叭形首，椭圆形茎上有两道圆箍，首端细于格端，凹字形宽格，腊宽而长。标本 M36：4，身饰暗细线纹，圆箍上以斜线纹为地饰曲线纹，格的两面均以细线为地饰鸟虫书阳文。一面中心线两旁分别为"戉州句"、"王州句"，读为"戉（越）王州句"；另一面中心线两旁分别为"自乍（作）用僉（剑）"。空白处填圆纹或凹字形纹。首内饰七道同心圆纹。无锈，有光泽。断为三截。身长44.9、通长53.7厘米（图八九，7；图九〇；彩版一，1；图版三〇，2~5）。

表四　东周墓出土铜剑登记表　　　　　　（单位：厘米）

器号	型式	通长	首径	茎径	格宽	身				备注
						长	脊厚	后锷宽	前锷宽	
M23：6	A I	33.2	3	1.62	0.2	24.8	0.5	2.8	1.8	棱脊
M10：7	A II	44.6	3.4	2	0.2	36.7	0.6	3.2	2.6	棱脊。通体绿锈
M26：2	A II	45	3.2	1.8	0.4	35.6	0.6	3.5	2.8	棱脊。局部呈铁锈色
M75：1	A II	42.4	3.2	2	0.4	33	0.4	3.2	3.6	棱脊。茎上无棱，通体绿锈（图版二九，5）
M83：9	A II	47	3.3	1.8	0.4	36.2	0.5	3.5	2.8	棱脊。通体绿锈
M30：4	A III	40	3.1	1.8	0.26	31.2	0.7	4	3.3	隆脊。通体绿锈
M74：8	A III	45.4	3.6	2	0.2	37.4	0.8	3.7	3.2	棱脊。无锈，身呈冰裂状纹
M1：28	A IV	51.4	3.8	2.3	0.2	42.3	0.8	4.23	3.86	棱脊。断为三截，局部有绿锈，腊饰细线纹
M67：1	B I	46.8	3.4	1.46	1	37.5	0.7	3.6	3.3	棱脊。锋残，圆茎两侧近消失，通体多绿锈
M41：1	B II	46.4（残）	3.6	1.4	0.9	38.2（残）	0.8	4.4	3.6	棱脊。锋残，茎上残存丝裹痕迹。无锈，呈绿色，有光泽
M84：2	B II	41.8	3.4	1.2	1.2	3.3	0.6	3.7	3	棱脊。通体绿锈
M17：3	B III	40.4	3.6	1.3	1.64	31	0.62	3.9	3	棱脊（图版二九，7）
M36：4	B III	53.7	3.7	1.38	2	44.9	0.82	4.6	3.6	棱脊。断为三截，无锈，有光泽

戈 7件。分四式（表五）。

Ⅰ式 2件。宽援近三角形上扬，前锋钝圆，平脊，长胡，阑侧三穿。内长方形，一穿，尾部下角或有曲尺形小缺口。穿呈长方形。标本M84∶3，内尾部上角无曲尺形小缺口。有下齿。援长11.6、胡长5.4、内长6.4厘米（图九一，1；图版三一，2）。标本M74∶7，内尾部下角作曲尺形小缺口。援长11.3、胡长6.2、内长7.7厘米（图九一，2；图版三一，1）。

Ⅱ式 1件（标本M10∶6）。略窄援，两刃平行上扬，前锋略尖，隆脊较厚，阑侧四穿，长胡，有下齿，长方形内一穿，尾部下角作曲尺形小缺口，穿呈长方形。援长11.8、胡长5.7、内长7.5厘米（图九一，3；图版三一，4）。

Ⅲ式 2件。其中1件含镦。较窄援上扬，两刃近平行，近锋端较宽，棱脊，阑侧三穿或四穿，长胡，有下齿，长方形内一穿，尾部下角作曲尺形小缺口。穿均呈长方形。标本M17∶2，四穿。援长12.8、胡长5、内长8.1厘米。附铜镦（M17∶1），椭圆筒形，上粗下细，中间有带状凸棱。上部近凸棱处，一小孔对穿两侧。长7.8、上端径2.6、下端径1.6、凸棱高出0.6厘米（图九一，4；图版二八，6；图版三一，6）。

表五 东周墓出土铜戈登记表 （单位：厘米）

器号	型式	援			胡长	内		阑			备注
		长	宽	厚		长	宽	宽	上齿长	下齿长	
M74∶7	Ⅰ	11.3	2.9	0.6	6.2	7.7	2.7	0.8		1.4	平脊
M84∶3	Ⅰ	11.6	3	0.4	5.4	6.4	3	0.4		1	平脊
M10∶6	Ⅱ	11.8	2.64	0.4	5.7	7.5	2.8	0.7		1.6	隆脊
M17∶2	Ⅲ	12.8	2.7	0.4	5	8.1	2.7	0.6		0.9	棱脊
M83∶10	Ⅲ	11.8	2.5	0.5	6.8	7.8	2.8	0.8		1.2	棱脊
M41∶3	Ⅳ	12.8	2.6	0.3	6.8	7.4	2.8	0.8		1	平脊
M30∶7	Ⅳ	12.7	2.7	0.24	6	6.8	0.6	0.6		0.9	棱脊

Ⅳ式 2件。窄援上扬，两刃内收。平脊或棱脊。棱脊较厚，平脊较薄，近锋处较宽。阑侧三穿。长胡，长方形内一穿。标本M30∶7，棱脊。援长12.7、胡长6、内长6.8厘米（图九一，5；图版三一，5）。标本M41∶3，平脊。援长12.8、胡长6.8、内长7.4厘米（图

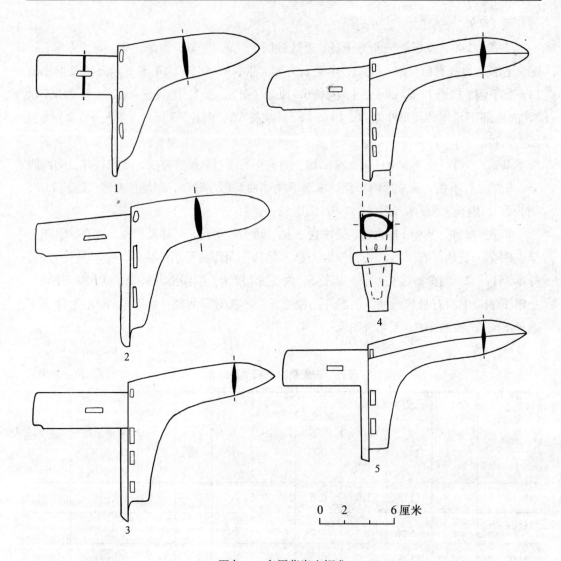

图九一　东周墓出土铜戈

1. I 式（M84:3）　2. I 式（M74:7）　3. II 式（M10:6）　4. III式（镈M17:1、戈 M17:2）

5. IV式（M30:7）

版三一，3）

戟　4件。分两型（表六）。

A型　1件（标本 M26:1）。由一戈一矛组成。戈，窄援微上扬，近锋处略宽，隆脊，长胡，阑侧一穿，有上、下齿，长方形内上翘，一穿，内上有血槽。穿呈长方形。矛，骹呈圆锥形，两侧有刃。戈，援长 15.4、胡长 8.8、内长 10.8 厘米；矛，两刃残存。残长 9.2、最大径 1 厘米（图九二，1；图版三三，8）。

　　B型　3件。均由双戈组成。出土时，双戈在同一位置，上下排列，两援方向一致。在M41中，戈、戟同出，位置互异，可见，戟除戈、矛合体型外，双戈合体型也应是戟的另一种形态。分两式。

　　I式　1件（标本M36：5）。双戈相当于前述戈的Ⅱ式。但在上者隆脊较厚，内尾部下角作曲尺形小缺口，内下侧微上凹；在下者平脊较薄。阑侧三穿，内上一穿，均呈长方形。上：援长12、胡长5.9、内长7.6厘米；下：援长11.7、胡长7、内长6.6厘米（图九二，2；图版三二，2）。

　　Ⅱ式　2件。1件为实用器。标本M1：26，窄援向下弯曲，如镰刀形，隆脊较厚，近锋处略宽，长胡，阑侧三穿。在上者，长方形内，尾部下角作曲尺形小缺口，一穿；在下者，内短无穿。穿呈长方形。上：援上16.4、胡长5.4、内长9.4厘米；下：援长16.4、胡长5.4、内长1.8厘米（图九三，1；图版三二，1）。另一件为明器。标本M41：5，相当于上述戈Ⅳ式。但在上者尾部下角无曲尺形小缺口，在下者内极短。双戈薄如铁皮，阑侧仅两穿，穿呈长方形。上：援长16、胡长5.7、内长8厘米；下：援长16、胡长5.6、内残长1厘米（图九三，2；图版三二，3）。

表六　东周墓出土铜戟登记表　　　　　　　　（单位：厘米）

器号	型式	部位	援			胡长	内		阑		
			长	宽	厚		长	宽	宽	上齿长	下齿长
M26：1	A	戈	15.4	2.1	0.4	8.8	10.8	2.3	0.5	1	0.2
		矛	残长9.2								
M36：5	BI	上	12	2	0.44	5.9	7.6	2.8	0.6		1.4
		下	11.7	2.8	0.3	7	6.6	3.2	0.6		0.8
M1：26	BⅡ	上	16.4	2.2	0.4	5.4	9.4	1.8	0.6		1.3
		下	16.4	2.3	0.4	5.4	1.8	1.9	0.7		1.3
M41：5	BⅡ	上	16	2.6	0.1	5.7	8	2.4	0.6		0.7
		下	16	2.8	0.1	5.6	1	2.2	0.6		0.8

　　匕首　2件。明器。形制相同。身短近三角形，棱脊与从以凸棱线表示，窄格，长方形扁茎。形体极薄。标本M36：3，通长16、身长13.2、身宽3.6、格宽0.4、茎长2.4、宽

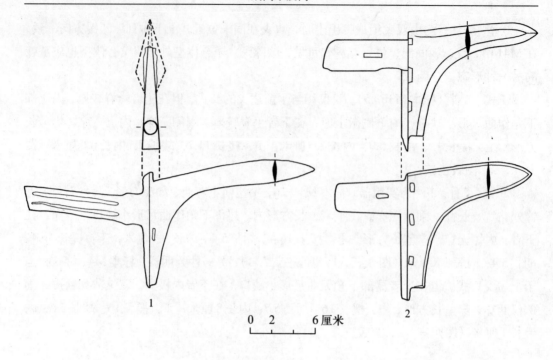

图九二　东周墓出土铜戟
1.A 型（M26∶1）　2.B 型 I 式（M36∶5）

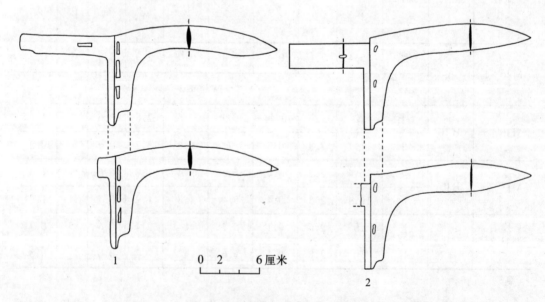

图九三　东周墓出土 B 型 II 式铜戟
1.M1∶26　2.M41∶5

0.9厘米（图九四，7）。标本M41：7，通长15.7、身长12.6、身宽3.6、格宽0.4、茎长2.8、宽0.9厘米（图版三三，9）。

镞 8件（含铤1件）。分两型（表七）。

A型 7件。三棱，有铤或无铤。分三式。

Ⅰ式 2件。三刃内聚，叶较宽，圆关内空，较长，无铤。标本M30：5，通长4.2、叶长2.8、叶宽1.2、关长1.4、关直径0.8厘米（图九四，5；图版三三，7）。标本M84：1，通长4.8、叶长3、叶宽1.2、关长1.8、关直径0.9厘米（图版三三，2）。

Ⅱ式 1件（标本M67：3）。圆关较细，三棱铤较长，末梢作尖状。通长16.4、叶长3.4、叶宽0.9、关长1、关直径0.6、铤长12厘米（图九四，1；图版三三，4）。

Ⅲ式 4件。分三亚式。

Ⅲa式 1件（标本M67：4）。三棱关，多棱铤较短。通长9.9、叶长3.3、叶宽0.9、关长0.9、关边宽0.8、铤长5.7厘米（图九四，3；图版三三，3）。

Ⅲb式 2件。三棱关，三棱铤。标本M30：6，通长6.1、叶长4.2、叶宽0.9、关长0.3、关边宽0.5、铤长1.6厘米（图九四，6；图版三三，6）。

Ⅲc式 1件（标本M83：11）。圆关，圆铤三棱。通长8.8、叶长4.6、叶宽0.9、关长0.4、关直径0.7、铤长3.8厘米（图九四，4；图版三三，1）。

B型 1件（标本M83：12）。三叶较长，圆关较短，三棱铤。残长11.3、叶长6、关长0.4、关直径0.6、铤长4.9厘米（图九四，2；图版三三，5）。

3. 车马器（含骨马镳）

5件。出土于3座墓中。

表七 东周墓出土铜镞登记表　　（单位：厘米）

器号	型式	通长	叶		关		铤长	备注
			长	宽	长	径（宽）		
M30：5	AⅠ	4.2	2.8	1.2	1.4	0.8		圆关内空，无铤无尾
M84：1	AⅠ	4.8	3	1.2	1.8	0.9		圆关内空，无铤无尾
M67：3	AⅡ	16.4	3.4	0.9	1	0.6	12	圆关，三棱铤
M67：4	AⅢa	9.9	3.3	0.9	0.9	0.8	5.7	三棱关，多棱铤
M30：6	AⅢb	6.1	4.2	0.9	0.3	0.5	1.6	三棱关，三棱铤
M1：3	AⅢb						8.9	三棱铤
M83：11	AⅢc	8.8	4.6	0.9	0.4	0.7	3.8	圆关，圆铤起三棱
M83：12	B	残11.3	6	残	0.4	0.6	4.9	叶长关短，三棱铤

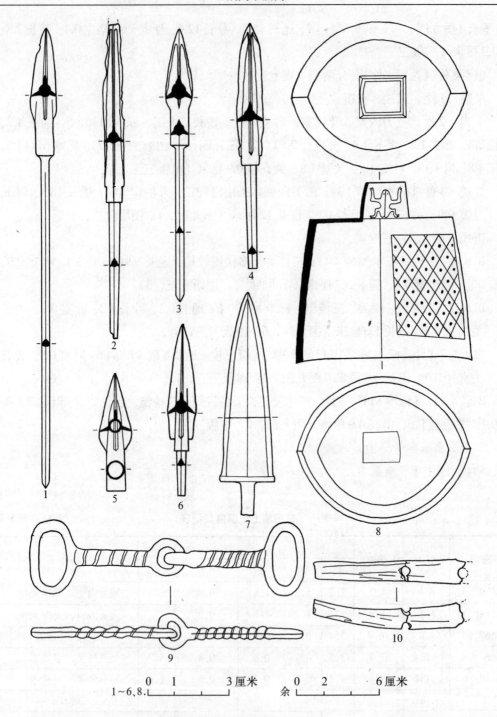

图九四　东周墓出土器物

1.A型Ⅱ式铜镞（M67：3）　2.B型铜镞（M83：12）　3.A型Ⅲa式铜镞（M67：4）　4.A型Ⅲc式铜镞（M83：11）
5.A型Ⅰ式铜镞（M30：5）　6.A型Ⅲb式铜镞（M30：6）　7.铜匕首（M36：3）　8.铜铎（M26：4）　9.铜马衔
（M1：2①）　10.骨马镳（M1：1）

马衔 2件。由两段绳索状圆杆组成，圆杆一端为小圆环，另一端为大圆环。两段圆杆一端的小环相套，连接为一体。标本M1：2①，通长20厘米（图九四，9；图版二八，4）。

骨马镳 1件（标本M1：1）。弯曲状，有两孔。一端略细，另一端略粗；截面呈圆形。已残。残长11、最大径1.8厘米（图九四，10）。

铎 1件（标本M26：4）。椭圆筒形。凹弧口略宽，平底略窄。底部一个方形空心短柄，与身部贯通。柄部两面各铸一个蛙纹，身部铸四组内填点纹的斜方络纹。通高6.3、阔6.4厘米（图九四，8；图版二八，5）。

铃 1件（标本M59：9）。椭圆筒形，形体较小。凹弧口略宽，平顶略窄。顶部一个半圆形纽。身部饰绳纹。通高2.2、阔1.8厘米（图九五，4）。

4. 其他

8件。出自8座墓中。

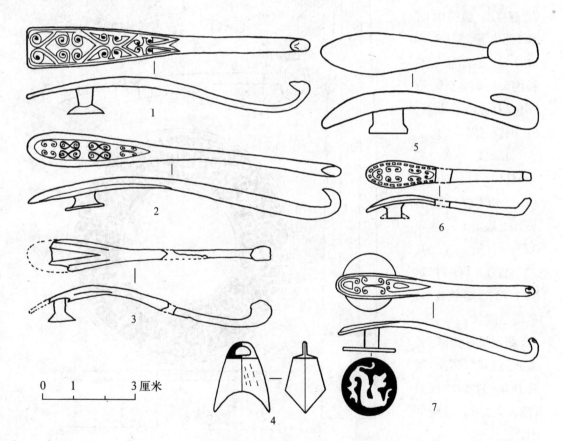

图九五 东周墓出土铜铃、带钩
1. I式带钩（M67：2） 2. II a式带钩（M17：4） 3. II b式带钩（M8：1） 4. 铃（M59：9）
5. II c式带钩（M110：1） 6. II b式带钩（M41：4） 7. II b式带钩（M36：1）

带钩　6件。保存较完整的4件，严重锈蚀并残断的2件。分两式。

Ⅰ式　1件（标本M67:2）。腹部近方形。背部一个圆纽，颈部长条形，钩部作鸭嘴形。正面饰云纹。通长9.1、腹宽1.3、腹厚0.2厘米（图九五，1；图版三四，3）。

Ⅱ式　5件，其中1件锈蚀残断。腹部琵琶形。背面一个圆纽，颈部长条形，钩部鸭嘴形。饰云纹或三角形纹。分三亚式。

Ⅱa式　1件（标本M17:4）。形体较大。腹部饰云纹。通长10.1、腹宽1、腹厚0.3厘米（图九五，2；图版三四，4）。

Ⅱb式　3件，其中2件严重锈蚀并残断。形体较小。腹部琵琶形，背面一个圆纽，颈部长条形，钩部鸭嘴形。标本M36:1，腹部饰云纹，纽饰龙形阴纹。长6.5、腹宽0.8、腹厚0.2厘米（图九五，7；图版三四，1、2）。标本M8:1，腹部饰三角纹。残长7、腹宽1、腹厚0.3厘米（图九五，3）。标本M41:4，腹部饰云纹。长约5.4、腹宽0.9、腹厚0.2厘米（图九五，6；图版三四，5）。

Ⅱc式　1件（标本M110:1）。形体较小，但较肥胖。素面。长7.1、腹宽1.3、腹厚0.5厘米（图九五，5）。

削刀　1件（标本M41:2）。呈条状弧形，前端呈尖状。厚背薄刃，截面呈三角形。长条柄，椭圆形环首。通长18.4、刀宽0.7厘米（图九六，3；图版三四，6）。

璜　1件（标本M9:4）。弧形，较薄，

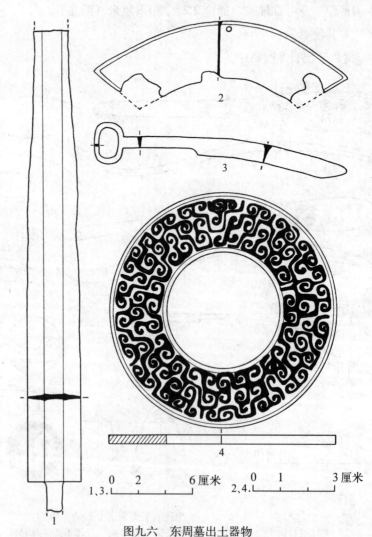

图九六　东周墓出土器物

1.铁剑（M38:6）　2.铜璜（M9:4）　3.铜削刀（M41:2）　4.玉璧（M41:8）

上部一孔。两面外缘有轮廓。长9.2厘米（图九六，2）。

（三）铁器

仅见于1座墓中。

铁剑　1件（标本M38：6）。长身，凹脊（血槽），前锷收狭，扁茎，无首。严重锈蚀而残断。通长（残）34、身宽4、茎残长2、宽1.2厘米（图九六，1）。

（四）其他

27件。出自于4座墓中。

玉璧　1件（标本M41：8）。褐灰色。圆形。两面内外缘各有一弦纹，其间浮雕云纹。内径4.1、外径8.4、厚0.4厘米（图九六，4；图版三四，7）。

玉环　1件（标本M36：7）。白色泛绿，透明。圆形，中间穿孔。外径3.2、内径1.7、厚0.5厘米（图九七，1；图版三四，11）。

石环　2件，其中1件为残片（M72：6）。标本M90：6，白色褐斑。圆形，中间穿孔。外径3、内径1.1、厚0.3厘米（图九七，2）。

水晶珠　4件。白色，算珠形。形状、大小相同。标本M69：2①，外径1、孔径0.25、高0.8厘米（图九七，3；图版三四，9）。

料珠　18件，其中4件已破碎。出自2座墓中。算珠形。分四型。

A型　1件（标本M36：11①）。绿色为地，12个蜻蜓眼凸出。每个蜻蜓眼外缘两圈白色。外径1.4、孔径0.4、高1厘米（图九七，4；彩版八，1；图版三四，10）。

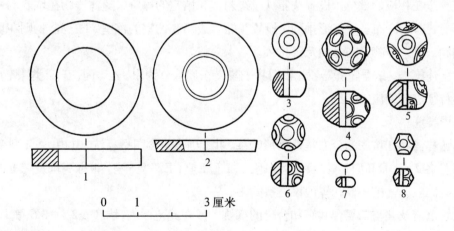

图九七　东周墓出土器物

1.玉环（M36：7）　2.石环（M90：6）　3.水晶珠（M69：2①）　4.A型料珠（M36：11①）　5.B型料珠（M9：5①）　6.B型料珠（M9：5②）　7.D型料珠（M9：5⑤）　8.C型料珠（M9：5③）

B 型　2件。8个蜻蜓眼凸出。每个蜻蜓眼外缘一圈白色。标本 M9：5①，外径1.2、孔径0.25、高0.9厘米（图九七，5；彩版八，1；图版三四，8）。标本 M9：5②，外径0.9、孔径0.3、高0.7厘米（图九七，6；彩版八，1；图版三四，8）。

C 型　2件。绿色为底，6个蜻蜓眼。蜻蜓眼均已脱落，呈白色。形状、大小相同。标本 M9：5③，外径0.6、孔径0.2、高0.5厘米（图九七，8；彩版八，1；图版三四，8）。标本 M9：5④（彩版八，1；图版三四，8）。

D 型　9件。绿色，无蜻蜓眼。形状、大小相同。标本 M9：5⑤，外径0.5、孔径0.2、高0.3厘米（图九七，7；彩版八，1；图版三四，8）。

鹿角　1件（M69：1）。清理时可辨其形。但因腐朽而破碎，不能复原。

三　墓葬分类

墓葬分类的实质是揭示墓主之间的等级、身份及其经济状况，具体分析的材料包括墓坑与葬具的规模、随葬物品的数量与质量。而子陵岗东周墓多数墓坑被破坏，葬具均已腐烂，给墓葬分类带来一定的难度。这里拟以下列标准进行分类。

墓葬规模以坑底的大小为准。墓口多被破坏，程度不一，致使其原始大小失去了同一对比尺度。坑底未被破坏，保存了原始状况，据此可以建立墓与墓之间的同一对比尺度。

葬具的构成以随葬物品在坑底分布的形状为依据。随葬物品在坑底分布所构成的形状反映椁室的设置状况。由头箱、边箱和棺室所组成的椁室，当棺椁腐烂后，其保存下来的器物应在相应的部位。设置头箱（或边箱）和棺室的椁室，随葬器物在坑底的一端（或一侧），器物分布呈一字形排列；设置头箱、边箱和棺室的椁室，随葬器物则在坑底的一端和一侧，器物分布呈曲尺形排列。

按上述标准，结合随葬器物，我们将子陵岗东周墓分为甲、乙、丙、丁四类（表八），并对其特征进行相应的归纳。

1. 甲类墓

即随葬器物在坑底的分布呈曲尺形的墓，共16座，包含四型墓坑。其中，AⅡ型4座，CⅠ、Ⅱ型各2座，DⅡ型2座，DⅢ型1座，EⅠ型2座，EⅡ型3座。根据墓坑及随葬器物判断，它们应为一棺一椁，椁内设三室的墓。

设置墓道及其与二层台共存和台阶的墓坑一般在此范围内。坑底长2.5～3.6、宽1.2～1.9米。其中，底长3～3.6米的墓占50%，A 型墓坑（无任何设置的竖穴墓）占25%，C 型墓坑（即设二层台）占25%，D 型墓（即设置墓道）占18.7%，E 型墓（即二层台与墓道并设）占31.3%。

表八　东周墓墓葬分类与墓型、组合关系对照表

墓型	甲类墓（曲尺形）		乙类墓				丙类墓（鬲类组合）	丁类墓（无器物）
			横一字形		纵一字形			
	鼎类组合	鬲类组合	鼎类组合	鬲类组合	鼎类组合	鬲类组合		
AI			M52、M56、M72	M13、M15、M81				M6，M29、M34，M37
AII	M19、M75、M83	M23	M25、M32、M54、M68、M70	M7、M22、M85	M21、M58	M31、M87		M5，M35
AIII				M9	M20、M80	M31		M40
BI							M2、M8、M12、M27、M38	
CI	M74	M10		M18、M57、M61、M110				M28
CII	M17、M79		M89、M90					
DI			M71、M73					
DII	M36、M67							
DIII	M1							
EI	M26、M30							
EII	M41、M84、M69							
FI			M82、M59	M14				
FIII								M4
合计	14	2	14	12	4	2	5	9

　　器物组合以陶器为主，个别墓均为铜器。一般兼出铜兵器。不出铜兵器的墓，或出陶镇墓兽，或出陶鸟，或出铜铃，具有区别于其他各类墓的特征。

　　陶器组合鼎类、鬲类并存。但前者占绝对优势，高达87.5%，后者仅占12.5%。鼎类组合中，1座墓鼎、盒、壶（M67）1套；2座墓鼎、敦、壶和鼎、盒、缶各两套

（M1、M69），另有1件小口鼎（C型）和盘、匜、斗、匕等。鬲类组合均为鬲、盂、罐各1件，另有豆1～2件。

铜器组合（M30）为鼎、敦、壶各1件。

鼎类组合76.9%同出兵器——剑、戈、戟、镞、匕首，少数墓甚至有车马器构件（M1）。23.1%没有兵器的墓，或有陶镇墓兽（M19），或有陶鸟（M79），或有铜铃（M59）。

鬲类组合同出兵器。

2. 乙类墓

即随葬器物在坑底的分布呈"一"字形的墓，共32座，包含四型墓坑。其中，AI型6座，AⅡ型11座，AⅢ型4座，CI型4座，CⅡ型2座，DI型2座，FI型3座。根据墓坑和随葬器物判断，它们是一棺一椁，椁内设两室的墓，或者是具有椁室意义的墓。

以口大底小、斜直壁的墓坑（A型）为主，其次是设有二层台的墓坑（C型），设有墓道、台阶的墓（D型、F型）极少。前二者所占的比例依次为65.6%和18.8%，后者的总和占15.6%。坑底长1.8～3.6、宽0.5～2.2米。其中，长3～3.6、宽1.2～2.2米的墓坑5座，占15.6%；长2～2.1、宽0.5～0.8米的墓坑2座，占6.3%；其余均为长1.9～2.9、宽1～1.72米的墓坑，占78.1%。

随葬器物在坑底的分布均呈一字形。置于一端者为横一字形，即设有头箱；置于一侧者为纵一字形，即设有边箱。前者为主，占81.3%，后者占18.8%。

随葬器物呈横一字形分布的墓共26座。以陶器为主，少数可见铜带钩（M110），或料器（M9），无兵器和铜礼器。陶器组合鬲类与鼎类并存。前者占43.8%，后者占56.3%。鬲类组合以鬲、盂、罐、豆为主，个别墓（M110）仅罐1件，或省盂、罐而代之以壶（M15）。鼎类组合以两套鼎、敦、壶为主，个别墓不出敦而代之以盂（M58），均配有数量不等的豆。前者或有盂、盘、匜、斗、匕。

随葬器物呈纵一字形分布的，见于6座墓。以陶器为主，无兵器和铜礼器。

3. 丙类墓

即随葬器物呈横"一"字形排列置于头龛中的墓，共5座。均为BI型墓坑。根据墓坑和随葬器物判断，它们均为单棺墓。

墓坑底长1.8～2.16、宽0.6～0.84米。随葬器物除随身佩带的铜带钩外，其余均放置在头龛中。以陶器为主，仅1墓中有铜带钩（M8），另一墓中有铁剑（M38）。陶器组合为鬲、盂、罐、豆，个别墓以壶代罐（M8）。

4. 丁类墓

即无随葬器物的墓，共9座，包含三型墓坑。AI型4座，AⅡ型2座，AⅢ型、CI型、FⅢ型各1座。以口大底小、斜直壁的墓坑（A型）为主，占77.8%，设台阶和二层台的墓坑很少，仅占22.2%，坑底长1.36～2.9、宽0.32～1.7米。其中，长1.36、宽0.32米的墓坑1座（M28），长1.68~1.9、宽0.54~0.96米的墓坑5座，长2.5~2.9、宽1.6~2米的墓坑3座。

除1座墓（M37）可见零碎的陶片外，其余均一无所有。

四　分期与年代

本报告收录的62座东周墓，除出土越王州句剑的1座墓（M36）提供了墓葬年代上限之外，其余墓葬均无可以依据的纪年材料，而且墓葬之间没有打破关系。因此，对这批墓葬进行分期，只有通过墓坑与器物的类型及其组合关系的变化，并结合邻近及其他地区的同期研究成果，才能做出相应的判断。

陶器是对这批墓葬进行分期的主要依据。这批墓葬普遍保存较差，葬具及人骨架腐烂已尽，保存下来的随葬品虽有金属器、陶器和少量玉石器，但金属器仅限于少数墓。铜礼器罕见，铜兵器也只见于13座墓（表九）；只有陶器数量大，包含了多数墓葬。

表九　东周墓铜兵器组合表

器号	剑	戈	镞	戟	匕首
M23	1				
M10	1	1			
M26	1			1（戈、矛）	
M75	1				
M83	1	1	2		
M30	1	1	2		
M74	1	1			
M1	1		1	1（双戈）	
M67	1		2		
M41	1	1		1（双戈）	1
M84	1	1	1		
M17	1	1			
M36	1			1（双戈）	1

出土陶器的墓52座，参与分期的墓44座，未纳入分期的墓将根据相关特征归入各期中。

以墓葬出土陶器的组合而言，可划分为鬲类组合和鼎类组合。鬲类组合以鬲、盂、罐、豆为完整的组合形式，鼎类组合以鼎、敦（簋、盒）、壶（缶）、豆为主要组合形式。不完整或兼而有之的组合，凡出现鼎或敦的组合归并于后者；反之，归并于前者。这里拟将鬲类组合墓和鼎类组合墓分别排定序列，进行分期。然后将二者贯通，纳入统一的期别。

(一) 鬲类墓的组合序列

21座墓。其中，1座墓因陶器太碎，未纳入组合序列。

1. 主要组合关系

可分为6组：

①鬲、盂、罐、豆

见于16座墓。这是鬲类组合的完整形式。其中，鬲、盂、罐一般每墓各1件，配豆1～4件。但少数墓中有2件罐，或增加1件杯。

②鬲、盂、罐

见于1座墓（M9）。各1件，无豆。

③鬲、盂、壶、豆

见于1座墓（M8）。前三者各1件，配豆3件。

④盂、罐、豆

见于1座墓（M31）。各1件。

⑤鬲、豆、壶

见于1座墓（M15）。鬲、壶各2件；豆8件，分4组。每组2件，形制大小相同。

⑥罐

1件，见于1座墓（M110）。

2. 组合序列

以上组合关系，其组合序列，如表一〇。

表一〇　东周墓鬲类组合序列表

序列	墓型	鬲	盂	罐	豆	壶	墓号
1	BⅠ	AⅠ	AⅠ	AⅠ	AⅠa、AⅠb		M27
2	BⅠ	✓	AⅡb	DⅠ	AⅠb		M2
3	FⅠ	AⅡa	AⅡa	AⅡ	AⅠa、AⅠb		M14
4	AⅠ	✓	AⅡb	✓	AⅠa、AⅠb		M13
5	AⅡ	AⅡc	AⅡa	BⅠ	AⅠa、AⅠb		M22
6	CⅠ	AⅡb	AⅡa	CⅠ	AⅠa		M18
7	CⅠ	BⅠ	AⅡb	BⅡ	AⅠa		M61
8	AⅡ	AⅢb	✓	AⅡ	✓		M23
9	BⅠ	BⅡ	BⅠ	AⅠ	AⅡa		M38
10	CⅠ	BⅢ	AⅢ	AⅢ	AⅠb		M10

续表一〇

序列	墓型	鬲	盂	罐	豆	壶	墓号
11	BⅠ	AⅡb	✓		AⅡa	A	M8
12	CⅠ	AⅡb	AⅢ	DⅡ	AⅡb		M57
13	BⅠ	AⅢc	BⅠ	✓	AⅡb		M12
14	AⅢ	AⅢb	BⅠ	AⅡ			M9
15	AⅡ	AⅢa	BⅡ	AⅠ	AⅠb		M85
16	AⅡ	AⅢb	BⅡ	CⅡ	AⅠa、BⅠb		M87
17	AⅡ	C	AⅡb	AⅢ、E	AⅡa		M7
18	AⅢ		AⅢ	BⅢ	AⅡa		M31
19	AⅠ	AⅢb	BⅢ	✓	AⅢb		M81
20	AⅠ	BⅡ、BⅢ			AⅠa、AⅡb、BⅡ	BⅢ	M15

注:"✓"表示有此类器物存在但无法分型式者。下同。

3.归纳分组

根据墓型和器物型式及其组合的变化情况可分为三组:

第一组(序列1):墓坑BⅠ型,鬲A型Ⅰ式,盂A型Ⅰ式,罐A型Ⅰ式,豆A型Ⅰa式、A型Ⅰb式。

第二组(序列2~6):墓坑AⅠ型、BⅠ型、CⅠ型、FⅠ型,鬲A型Ⅱa式、A型Ⅱb式、A型Ⅱc式,盂A型Ⅱa式、A型Ⅱb式,罐A型Ⅱ式、B型Ⅰ式、C型Ⅰ式、D型Ⅰ式,豆A型Ⅰa式、A型Ⅰb式。其中,保留了墓坑BⅠ型和豆A型Ⅰa式、A型Ⅰb式,其他均为新增器型。

第三组(序列7~20):墓坑AⅠ型、AⅡ型、AⅢ型、BⅠ型、CⅠ型,鬲A型Ⅱb式、A型Ⅲa式、A型Ⅲb式、A型Ⅲc式、B型Ⅰ式、B型Ⅱ式、B型Ⅲ式、C型,盂A型Ⅱb式、A型Ⅲ式、B型Ⅰ式、B型Ⅱ式、B型Ⅲ式,罐A型Ⅰ式、A型Ⅱ式、A型Ⅲ式、B型Ⅱ式、B型Ⅲ式、C型Ⅱ式、D型Ⅱ式、E型,豆A型Ⅰa式、A型Ⅰb式、A型Ⅱa式、A型Ⅱb式、A型Ⅲb式、B型Ⅰb式、B型Ⅱ式,壶A型、B型Ⅲ式。其中,墓坑AⅠ型、BⅠ型、CⅠ型,鬲A型Ⅱb式,盂A型Ⅱb式、B型Ⅰ式,罐A型Ⅱ式,豆A型Ⅰa式、A型Ⅰb式见于第二组,罐A型Ⅰ式,豆A型Ⅰa式、A型Ⅰb式见于第一组,延续时间较长,其他均为新增器型。

(二)鼎类墓的组合序列

鼎类组合墓以陶礼器为依据。主要器物组合关系清楚的墓31座,列入组合序列的墓24座。其中,8座墓未纳入组合序列。因陶器太碎,多不能复原的7座墓和均为铜器的1

座墓，将另行讨论。

1. 主要组合关系

可分为10组：

①鼎、敦、壶

见于19座墓。其中，鼎3件，敦、壶各2件的墓1座，鼎、敦、壶各2件的墓12座，鼎、敦、壶各1件的墓5座，鼎1、敦2、壶1件的墓1座，多配豆1～6件；少数墓另配有罐或盉、盘、匜、斗、匕，或碗、高足壶。

②鼎、敦、壶、盒、缶

见于2座墓。鼎5件，其余各器为2件。配豆4件或6件，盉、盘、匜、斗、匕等各1件。此类为复合组合，即有鼎、敦、壶和鼎、盒、壶两套组合。

③鼎、簠、缶

见于2座墓，各2件。其中1座墓可见有盘。

④鼎、盒、壶

见于2座墓。各1件或2件，配豆2件或3件。

⑤鼎、敦、缶

见于1座墓（M72）。各1件，配豆2件。

⑥鼎、缶、壶

见于1座墓（M73）。鼎3件，缶、壶各2件，配豆6件，盉1件等。

⑦鼎、豆、壶

见于1座墓（M68）。鼎、壶各1件，豆2件。

⑧鼎、豆、壶、盂

见于1座墓（M58）。豆2件，其余各1件。

⑨敦、豆

见于2座墓。敦1件，豆3件。其中1墓（M56）另配壶、盘各1件，豆仅2件。

⑩鼎

见于1座墓（M70）。1件。

2. 组合序列

以上各组，其主要器物的组合序列，如表一一。

3. 归纳分组

根据墓型和器物形式及其组合的变化情况可分为二组：

第一组（序列1～14）：墓坑AⅠ型、AⅡ型、CⅠ型、CⅡ型、DⅠ型、DⅡ型、EⅡ型、FⅠ型，鼎Aa型Ⅰ式、Aa型Ⅱb式、Ab型Ⅰ式、Ab型Ⅱ式、Bb型Ⅰ式、C型Ⅰ式，敦Ⅰ式、Ⅱ式、Ⅲa式、Ⅲc式，壶B型Ⅰ式、B型Ⅱ式、B型Ⅳ式、C型Ⅰa式，豆A型

Ⅰa式、A型Ⅱb式、B型Ⅰa式、A型Ⅲa式、A型Ⅲb式，缶Ⅰ式、Ⅱ式、Ⅲ式，盂B型Ⅱ式，罐B型Ⅳ式。

表一一　东周墓鼎类组合序列表

序列	墓型	鼎	敦	壶	缶	豆	盂	盒	罐	墓号
1	FⅠ	AaⅠ	Ⅰ		BⅠ	AⅠa				M82
2	AⅡ	AbⅠ			BⅠ	BⅠa	BⅡ			M58
3	AⅠ	✓	Ⅰ		BⅠ	AⅡb				M56
4	AⅠ	AbⅡ	Ⅱ		Ⅰ	AⅡb				M72
5	AⅡ	✓	?		BⅡ	AⅡb				M68
6	FⅠ	AaⅠ、CⅠ	Ⅱ		BⅣ	AⅡb				M59
7	AⅢ	AaⅡb	Ⅱ		✓					M80
8	CⅡ	✓	✓		✓	AⅡb				M89
9	AⅠ		Ⅰ			AⅢb				M52
10	DⅠ	AaⅠ、CⅠ		✓	Ⅱ	AⅡa、AⅡb、AⅢa				M73
11	DⅡ	Ac			Ⅲ					M36
12	EⅡ	Ac		·	Ⅲ					M41
13	CⅠ	✓	Ⅲa	✓		AⅡa、AⅡb				M74
14	CⅡ	BbⅠ	Ⅲc	CⅠa		AⅠb、AⅢa			BⅣ	M17
15	EⅡ	BbⅠ	Ⅲc	CⅡb		AⅢa				M84
16	DⅡ	BbⅡ		CⅠb		AⅢb		AⅠ		M67
17	AⅡ	AbⅢ		CⅠa		AⅡa		BⅠ		M83
18	AⅡ	BaⅠ	Ⅲb	✓		AⅢa				M19
19	AⅡ	BaⅠ	Ⅲb	CⅠb						M25
20	CⅡ	BaⅠ	Ⅲc	CⅡa		AⅢa				M79
21	EⅡ	AaⅡa、BaⅡ、CⅠ	Ⅲc	CⅡb	Ⅳ	AⅢa		AⅡ		M69
22	DⅢ	AaⅡa、BaⅡ、CⅡ	Ⅲc	CⅡa	Ⅳ	AⅢa		BⅡ		M1
23	AⅢ	✓	Ⅲc	CⅡb						M20
24	AⅡ	BaⅢ	Ⅲc	CⅡb		AⅢa				M75

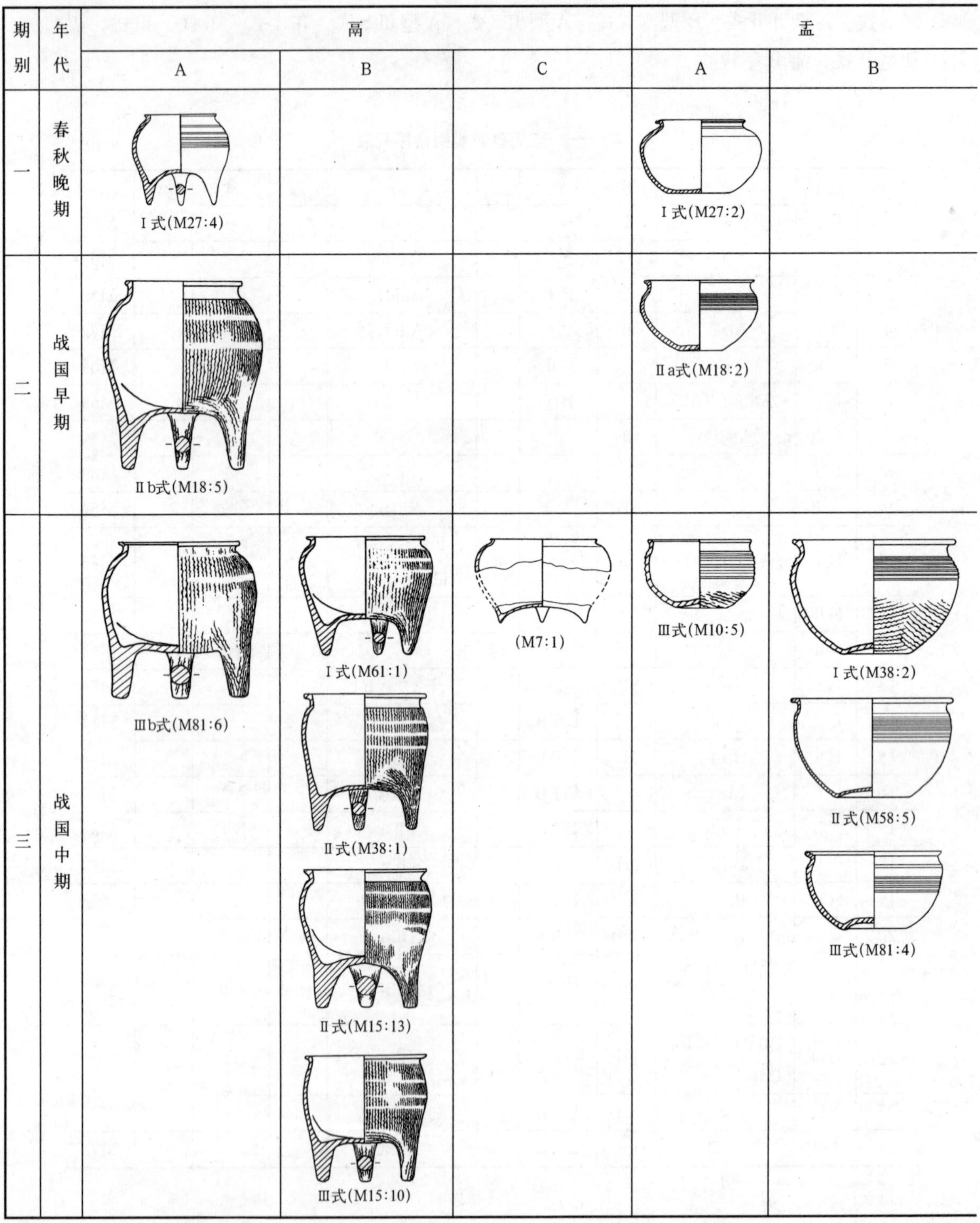

期别	年代	高			盂	
		A	B	C	A	B
一	春秋晚期	I式(M27:4)			I式(M27:2)	
二	战国早期	IIb式(M18:5)			IIa式(M18:2)	
三	战国中期	IIIb式(M81:6)	I式(M61:1) II式(M38:1) II式(M15:13) III式(M15:10)	(M7:1)	III式(M10:5)	I式(M38:2) II式(M58:5) III式(M81:4)

图九八　东周墓主要

罐					豆	
A	B	C	D	E	A	B

陶器分期图（一）

期别	年代	鼎					
		Aa	Ab	Ac	Ba	Bb	C
三	战国中期	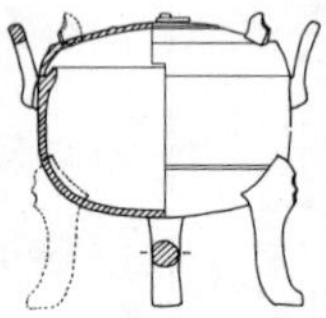 Ⅰ式(M59:4) 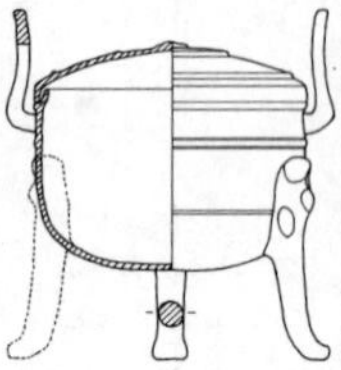　Ⅰ式(M73:9)	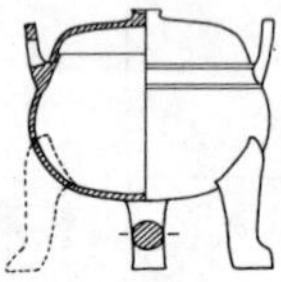 Ⅰ式(M58:4) 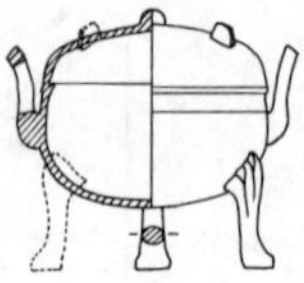　Ⅱ式(M72:1)	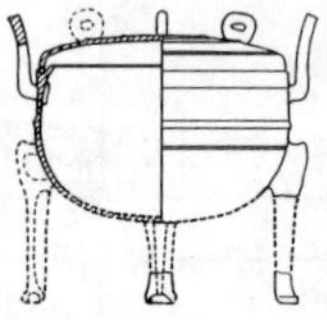 (M36:15)		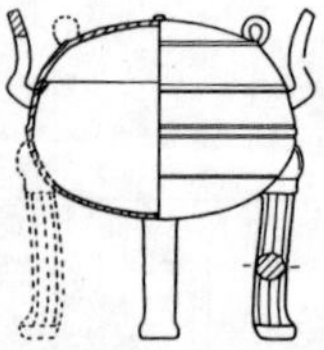 Ⅰ式(M17:9)	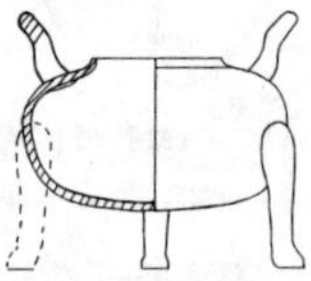 Ⅰ式(M73:7)
四	战国晚期前段	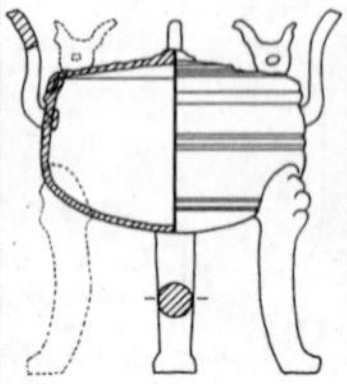 Ⅱa式(M69:16)	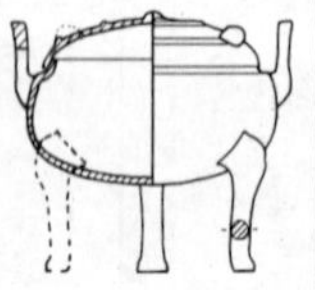 Ⅲ式(M83:1)		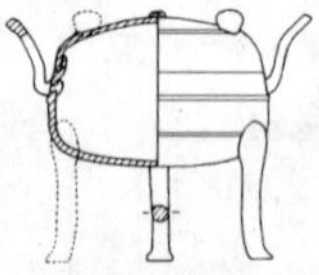 Ⅰ式(M79:11) 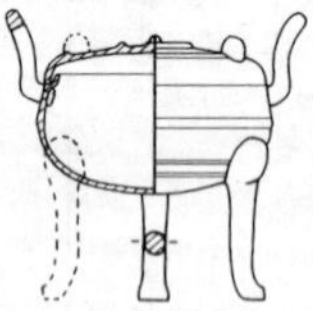　Ⅱ式(M69:11) 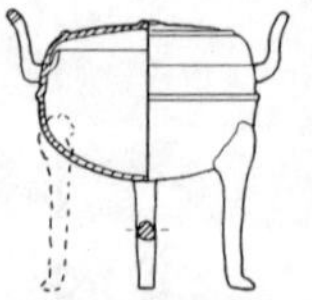　Ⅲ式(M75:3)	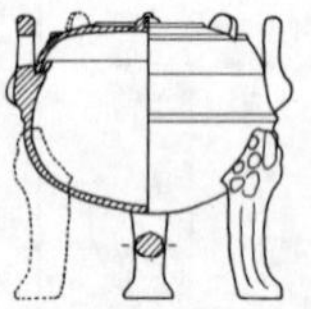 Ⅱ式(M67:6)	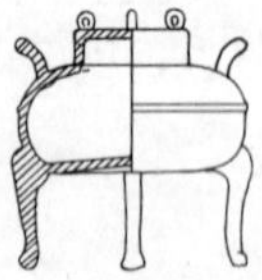 Ⅱ式(M1:16)

图九九　东周墓主要

| 敦 | 壶 | | | 豆 |
	A	B	C	A
I 式(M82:3) II 式(M59:10)	(M8:5)	I 式(M58:3) II 式(M68:2) III式(M15:4) IV式(M59:11)		I a式 (M82:2)　　II a式 　　　　　(M7:3) II b式 (M59:12)　　IIIb式 　　　　　(M81:3)
IIIb式(M25:4) IIIc式(M69:10)			I a式 (M83:5)　　I b式 　　　　　(M67:9) II a式 (M1:18) II b式 (M69:25)	IIIa式(M84:5)

陶器分期图（二）

第二组（序列15~24）：墓坑AⅡ型、AⅢ型、CⅡ型、DⅡ型、DⅢ型、EⅡ型，鼎Aa型Ⅱa式、Ab型Ⅲ式、Ba型Ⅰ式、Ba型Ⅱ式、Ba型Ⅲ式、Bb型Ⅰ式、Bb型Ⅱ式、C型Ⅰ式、C型Ⅱ式，敦Ⅲb式、Ⅲc式，壶C型Ⅰa式、C型Ⅰb式、C型Ⅱa式、C型Ⅱb式，豆A型Ⅱa式、A型Ⅲa式、A型Ⅲb式，缶Ⅳ式，盒A型Ⅰ式、A型Ⅱ式、B型Ⅰ式、B型Ⅱ式。

（三）两类组合之间的关系

两类组合中，鬲、鼎、敦不共存，更不存在两类组合的共存现象。但豆是两类组合中的主要器形之一，盂、罐、壶在两组合中均有所反映，它们成为连接两类组合横向关系的桥梁，构成了承袭关系、对应关系和演变关系。

在鬲类组合中，豆A型Ⅰa式、A型Ⅰb式，流行于第一、二组，直至第三组尚未消失；豆A型Ⅱa式、A型Ⅱb式流行于第三组；豆A型Ⅲb式见于第三组。而在鼎类组合中，豆A型Ⅰa式第一组仅有所反映；豆A型Ⅱa式、A型Ⅱb式流行于第一组；豆A型Ⅲb式始见于第一组。可见，鬲类组合第三组和鼎类组合第一组同时流行豆A型Ⅰa式、A型Ⅱb式，豆A型Ⅲb式使鬲类组合第三组与鼎类组合第一组有了直接的对应关系。

在鼎类组合中，壶B型Ⅰ式、B型Ⅱ式、B型Ⅳ式出现于第一组。而在鬲类组合中，壶B型Ⅲ式见于第三组。这种相互交错的演变关系，说明鬲类组合第三组与鼎类组合第一组相当。

在鬲类组合中，盂B型Ⅱ式、罐B型Ⅲ式均见于第三组；而在鼎类组合中，盂B型Ⅱ式、罐B型Ⅳ式见于第一组。它们的对应与演变关系，也进一步说明鬲类组合第三组与鼎类组合第一组相当。

表一二　东周墓陶器组合关系对应表

鬲类组合	鼎类组合
第一组	
第二组	
第三组	第一组
	第二组

由此可知，两类组合的对应关系，列为表一二：

（四）期别与年代

1.列入分期的墓

由上述两类组合的对应关系，子陵岗东周墓可分为四期（图九八至一〇〇）。

第一期（即鬲类组合第一组）：1座（M27）。设置头龛，鬲类组合完整。鬲与江陵陕家湾M1所出陶鬲[1]具有共同的特征，如器形较小，无绳纹、鼓腹、锥足、弧裆；但亦有明显的区别，如平折窄沿，肩、裆较宽。其锥足风格见于江陵雨台山M39[2]。罐具有当阳赵家湖JM206所出陶罐的特征，平底、饰弦纹的盂

---

[1] 郭德维：《楚系墓葬研究》148页，湖北教育出版社，1995年。
[2] 荆州地区博物馆：《江陵雨台山楚墓》，文物出版社，1984年。以下涉及的雨台山楚墓均见该书。

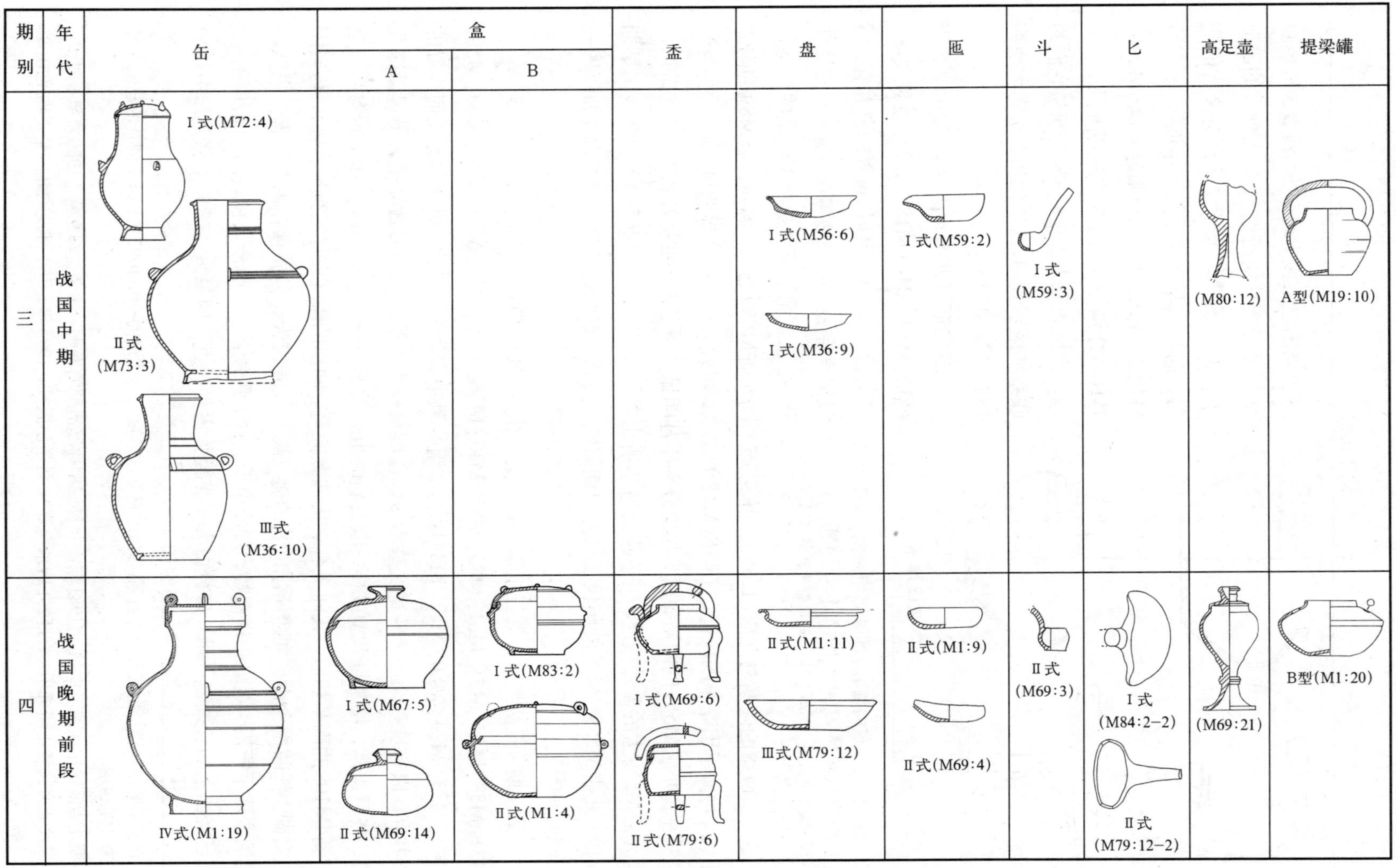

图一〇〇　东周墓主要陶器分期图（三）

期别	年代	缶	盒		盂	盘	匜	斗	匕	高足壶	提梁罐
			A	B							
三	战国中期	I式(M72:4) II式(M73:3) III式(M36:10)				I式(M56:6) II式(M36:9)	I式(M59:2)	I式(M59:3)		(M80:12)	A型(M19:10)
四	战国晚期前段	IV式(M1:19)	I式(M67:5) II式(M69:14)	I式(M83:2) II式(M1:4)	I式(M69:6) II式(M79:6)	II式(M1:11) III式(M79:12)	II式(M1:9) II式(M69:4)	II式(M69:3)	I式(M84:2-2) II式(M79:12-2)	(M69:21)	B型(M1:20)

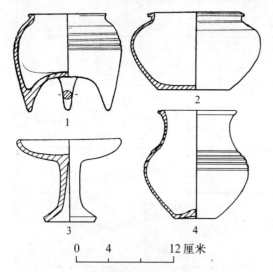

图一〇一　东周墓第一期陶器组合图（M27）
1.A型Ⅰ式鬲（M27：4）　2.A型Ⅰ式盂（M27：2）
3.A型Ⅰb式豆（M27：3）　4.A型Ⅰ式罐（M27：5）

见于当阳赵家湖JM144③。浅盘、矮柄豆见于秭归柳林溪遗址④。以上列举的器形中，柳林溪遗址属于"东周楚文化的陶器，时代可早到春秋早、中期"，陕家湾M1到达春秋早期，当阳赵家湖JM206、JM144分别在春秋中期和晚期早段，江陵雨台山M39属于春秋晚期，本期与它们的联系和区别表明，其年代相当于春秋晚期（图一〇一）。

第二期（即鬲类组合第二组）：5座（M2、M13、M14、M18、M22）。设置头龛、二层台、台阶和无任何设置的墓并存，鬲类组合完整。M22的陶鬲，宽裆、三足外张，在赵家湖楚墓中是早期陶鬲的形态特征之一。M18的陶鬲与九店M265的相似；而鬲同九店M559的鬲、盂同九店M89的陶盂相比，均显示出略早的特征。子陵岗M18的陶鬲，颈较长，与肩分界明显，足呈秃尖状，裆较平；九店M559的陶鬲短颈，与肩分界不甚明显，裆上弧，足呈柱状⑤；子陵岗M18与九店M559盂的器形接近，但子陵岗M18所出并无绳纹。九店M265的年代在战国早期前段，九店M559、M89的年代在战国中期前段。因此，本期的年代约当战国早期（图一〇二、一〇三）。

第三期（即鬲类组合第三组鼎类组合第一组）：28座（M7～M10、M12、M15、M23、M31、M38、M57、M61、M81、M85、M87、M17、M36、M41、M52、M56、M58、M68、M59、M72、M73、M74、M80、M82、M89）。鬲类组合墓中，设置头龛、二层台和无任何设置的墓并存。以窄坑墓为主，较宽坑墓不多，宽坑墓极少。鬲类组合多数完整，出现以壶代罐，省豆或鬲，增加罐E型或杯，以及新的组合关系——鬲、豆、壶。M87的陶鬲与赵家湖JM109的陶鬲相似，其间或有文化渊源关系。同出的罐（或称长颈壶、罐），与当阳赵家湖、江陵雨台山、九店所出的长颈壶（罐）差异较大，但亦存在承袭因素。喇叭口已演变成平折沿，边缘一周凸棱，口径小于腹径，弧颈甚短，腹最大径较高。而江陵、当阳已经出土的长颈壶（罐）口径由大于腹径到逐步接近，腹最大径渐向上移，颈由长到

③宜昌地区博物馆、北京大学考古系：《当阳赵家湖楚墓》，文物出版社，1992年。以下涉及的赵家湖楚墓均见该书。
④湖北省博物馆江陵工作站：《1981年湖北秭归柳林溪遗址的发掘》，《考古与文物》1986年第6期。
⑤湖北省文物考古研究所：《江陵九店东周墓》，科学出版社，1995年。以下涉及的九店楚墓均见该书。

短。从这一演变趋势中,可以找到子陵岗M87所出陶罐的母型。当阳赵家湖JM199、JM145和九店M276等所出长颈壶(罐),即为平折沿,但边缘没有凸棱,颈腹差异甚大,其时代不晚于战国中期早段。以此推论,子陵岗M87的具体年代在战国中期晚段。M57所出陶鬲与九店M153(战国中期晚段)相似,M57罐的造型特征见于河Ⅱ J54[6];M38所出陶

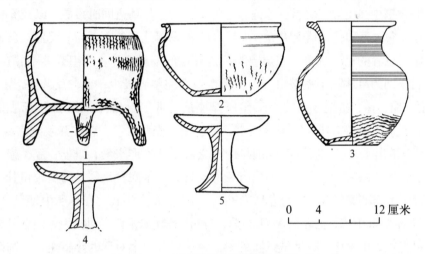

图一〇二　东周墓第二期陶器组合图(M22)
1.A型Ⅱc式鬲(M22:2)　　2.A型Ⅱa式盂(M22:6)　　3.B型Ⅰ式罐(M22:1)
4.A型Ⅰa式豆(M22:3)　　5.A型Ⅰb式豆(M22:5)

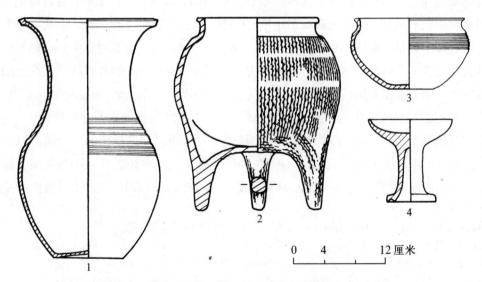

图一〇三　东周墓第二期陶器组合图(M18)
1.C型Ⅰ式罐(M18:3)　　2.A型Ⅱb式鬲(M18:5)　　3.A型Ⅱa式盂(M18:2)　　4.A型Ⅰa式豆(M18:4)

⑥王光浩:《楚文化源流新证》426页,武汉大学出版社,1988年。

鬲与雨台山M183所出陶鬲接近，M38所出陶盂与新桥遗址中AⅣb盂（Y4：6）[⑦]相似；M7所出陶鬲与信阳二号墓所出矮足鬲[⑧]相似，但肩两侧没有乳钉；M7所出陶罐E型与九店M496所出小罐Ⅰ式相似。由此可知，本期鬲类组合的年代在战国中期（图一〇四至一一二）。

鼎类组合墓中，设置二层台、墓道、台阶，二层台与墓道同时设置，以及无任何设置的墓并存。窄坑墓和较宽坑墓并重。设置台阶和设置墓道的墓并重，设置二层台的墓略多，无任何设置的墓占优势，二层台与墓道并设的墓极少。多种组合关系并存。鼎、敦、壶、豆分别为单件和不完整组合占多数，组合完整者极少；鼎、豆、壶、盂，鼎、敦、缶、豆，鼎、簠、缶组合完整者仅有1～2座墓。鼎、敦、壶、豆组合中出现盘、匜、斗、匕，个别墓中保留有罐。以组合而言，鼎、豆、壶、盂组合曾在江陵纪南城[⑨]、临澧太山庙[⑩]一带出土，已知时代在战国早中期之际。从器形来看，以鼎、豆、壶、盂为组合的M58，鼎与陕家湾M2所出陶鼎有相似之处，只是底稍平缓，蹄足较粗壮，向外张。刘彬徽先生将陕家湾M2定为春秋晚期[⑪]，郭德维先生将其定在春秋中期[⑫]。M58壶与九店M71异型Ⅲ相仿，但九店M71的鼎，"整器矮胖。无盖，颈粗短，颈壁外斜，腹中部一段斜直壁，小平底，圈足呈弧状外斜。腹上部有两个对称的小盲纽，身饰凹弦纹4周（四期七段）"，时当战国晚期晚段。盂与新桥遗址H8出土的盂A型Ⅳ式几乎完全一致，时当战国中期晚段至战国晚期早段[⑬]。子陵岗M58的器物组合形式、器形特征与陕家湾M2、新桥遗址H8、九店M71的联系和区别表明，其时代不可能早到春秋时期，也不可能晚到战国晚期，而宜定在战国中期。以鼎、敦、缶为组合的M72，据现有研究状况，组合似乎较早，而器形相对较晚。鼎、敦、缶和鼎、敦、壶的组合关系，郭德维先生认为，前者早于后者。"鼎、敦、壶中的壶，常为铺首壶。……铺首壶的出现在战国早期以后……铺首壶出现以前……壶与缶的区别确实不大，称鼎、敦、缶也未尝不可"[⑭]。子陵岗M72的敦口径等于腹径，缶的造型风格与子陵岗M58圈足外撇的壶相同，但鼎却与九店M45的鼎接近。九店M45的年代在战国晚期，子陵岗M72的年代似与子陵岗M58相当，而不至于迟至战国晚期。以鼎、簠、缶为组合的子陵岗M36的年代约当战国中期晚段。鼎与九店M608的鼎接近（战国中期晚段），簠与九店M279的簠相似（战国中期晚

⑦湖北省文物考古研究所：《纪南城新桥遗址》，《考古学报》1995年第4期。

⑧河南省文物研究所：《信阳楚墓》，文物出版社，1986年。

⑨郭德维：《楚系墓葬研究》139页，湖北教育出版社，1995年。

⑩郭伟民：《湖南楚墓分区探索》，《楚文化研究论集》（第四集），河南人民出版社，1994年。

⑪刘彬徽：《纪南城1965年井、窑、楚墓发掘简报》，《楚都纪南城考古资料汇编》，1980年。

⑫郭德维：《楚系墓葬研究》147页，湖北教育出版社，1995年。

⑬同⑦。

⑭郭德维：《楚系墓葬研究》220页，湖北教育出版社，1995年。

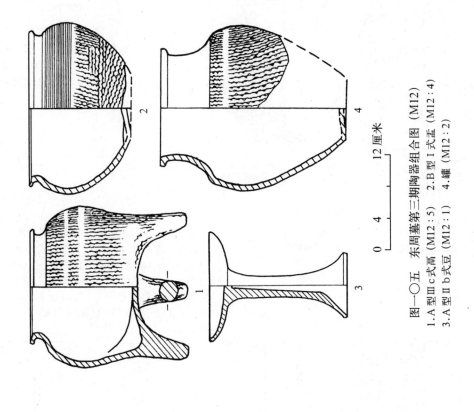

图一○五 东周墓第三期陶器组合图（M12）
1.A型Ⅲc式高（M12：5） 2.B型Ⅰ式盂（M12：4）
3.A型Ⅱb式豆（M12：1） 4.罐（M12：2）

图一○四 东周墓第三期陶器组合图（M10）
1.B型Ⅲ式高（M10：1） 2.A型Ⅲ式罐（M10：2）
3.A型Ⅰb式豆（M10：4） 4.A型Ⅲ式盂（M10：5）

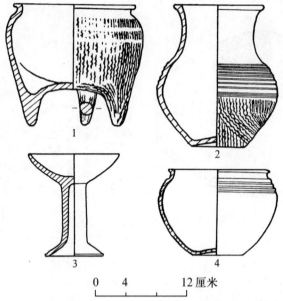

图一○六　东周墓第三期陶器组合图（M61）
1.B型Ⅰ式鬲（M61：1）　2.B型Ⅱ式罐（M61：2）
3.A型Ⅰa式豆（M61：4）　4.A型Ⅱb式盂（M61：3）

图一○七　东周墓第三期陶器组合图（M15）
1.B型Ⅲ式鬲（M15：10）　2.B型Ⅱ式鬲（M15：13）
3.B型Ⅲ式壶（M15：2）　4.B型Ⅲ式壶（M15：4 ）
5.A型Ⅱb式豆（M15：6）　6.A型Ⅰa式豆（M15：9）
7.A型Ⅱb式豆（M15：12）　8.A型Ⅱb式豆（M15：8）
9.B型Ⅱ式豆（M15：7）（纺轮未列入）

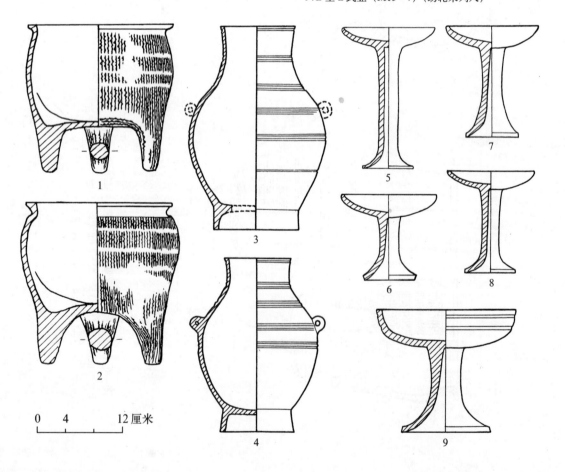

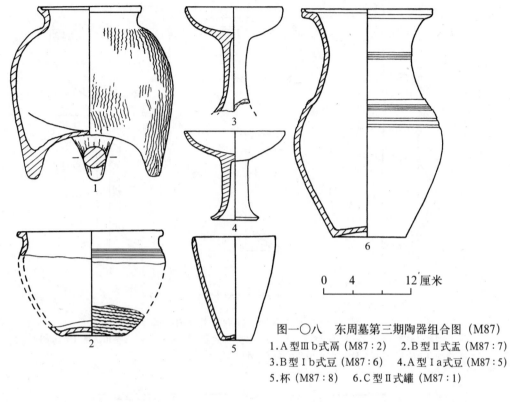

图一〇八　东周墓第三期陶器组合图（M87）
1.A型Ⅲb式鬲（M87∶2）　2.B型Ⅱ式盂（M87∶7）
3.B型Ⅰb式豆（M87∶6）　4.A型Ⅰa式豆（M87∶5）
5.杯（M87∶8）　6.C型Ⅱ式罐（M87∶1）

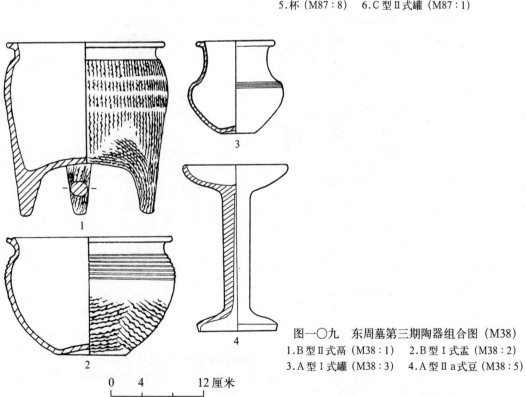

图一〇九　东周墓第三期陶器组合图（M38）
1.B型Ⅱ式鬲（M38∶1）　2.B型Ⅰ式盂（M38∶2）
3.A型Ⅰ式罐（M38∶3）　4.A型Ⅱa式豆（M38∶5）

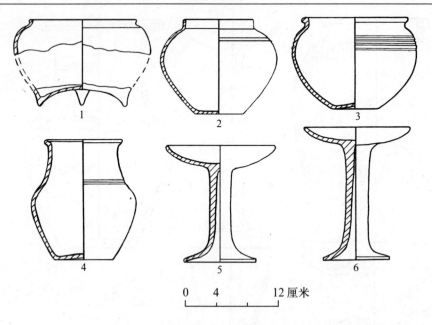

图一一〇　东周墓第三期陶器组合图（M7）
1.C 型鬲（M7∶1）　2.E 型罐（M7∶7）　3.A 型Ⅱb 式盂（M7∶5）　4.A 型Ⅲ式罐（M7∶6）
5.A 型Ⅱa 式豆（M7∶3）　6.A 型Ⅱa 式豆（M7∶2）

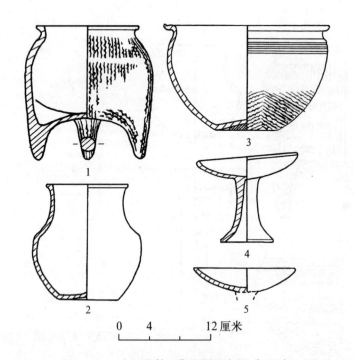

图一一一　东周墓第三期陶器组合图（M85）
1.A 型Ⅲa 式鬲（M85∶3）　2.A 型Ⅰ式罐（M85∶2）　3.B 型Ⅱ式盂（M85∶4）
4.A 型Ⅰb 式豆（M85∶5）　5.A 型Ⅰb 式豆（M85∶1）

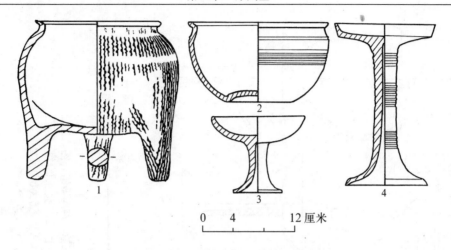

0　　　4　　　　　　12 厘米

图——二　东周墓第三期陶器组合图（M81）

1.A 型Ⅲb式鬲（M81：6）　2.B型Ⅲ式盂（M81：4）　3.豆（填土）（M81：01）　4.A型Ⅲb式豆（M81：3）

段）而接近包山 M5 的簠[15]，缶与赵家湖 M196 的缶近似（战国中期晚段）。该墓出土越王州句剑，其上限晚于越王州句即位之时（公元前448年），与楚越战争密切相关。越王剑在楚墓中屡有发现，而且多出土于小墓中（如江陵官坪、滕店、张家山等楚墓）。这些墓主生前社会地位不高，只是楚国的一般村落居民。但他们作为士兵，参与对越战争，获得战利品，隐匿收藏，以致死后随身入葬，势在情理之中。楚越战争，一次发生在楚威王之时，越国并未因此而灭亡。《史记·越王勾践世家》："于是，越遂释齐而伐楚。楚威王兴兵而伐之，大败越，杀王无彊，尽取吴地至浙江，北破齐于徐州。而越以此散，诸族子争立，或为王，或为君，滨于江南海上，服朝于楚。"另一次战争，致使越国灭亡。据郭德维先生研究，不早于公元前306年[16]。子陵岗 M36 亦属小墓，其年代应与上述历史事件相对应；据共存的器物形态判断，至迟不过战国中晚期之交。

　　由此可见，鼎类组合的年代也在战国中期（图——三至——九）。

　　两类组合共有的器形中，折壁盘、高柄饰弦纹的豆和腹上饰绳纹的罐，在战国中期的墓葬中多有出土。折壁盘、高柄饰弦纹的豆（A型Ⅲb式，M81、M52）见于雨台山 M188、古丈白鹤湾 M34[17]、九店 M636、纪南城 30 号台基 T55 第三层[18]、四方城 M9[19]、信阳楚墓[20]

[15] 湖北省荆沙铁路考古队：《包山楚墓》，文物出版社，1991年。
[16] 郭德维：《楚系墓葬研究》159、160页，湖北教育出版社，1995年。
[17] 湖南省博物馆、湘西土家族苗族自治州文物工作队：《古丈白鹤湾楚墓》，《考古学报》1986年第3期。
[18] 刘彬徽：《纪南城松三十号台基发掘简报》，《楚都纪南城考古资料汇编》，1980年。
[19] 湘西土家族苗族自治州文物工作队：《湘西保靖县四方城战国墓发掘简报》，《湖南考古辑刊》第3集，岳麓书社，1986年。
[20] 河南省文物研究所：《信阳楚墓》，文物出版社，1986年。

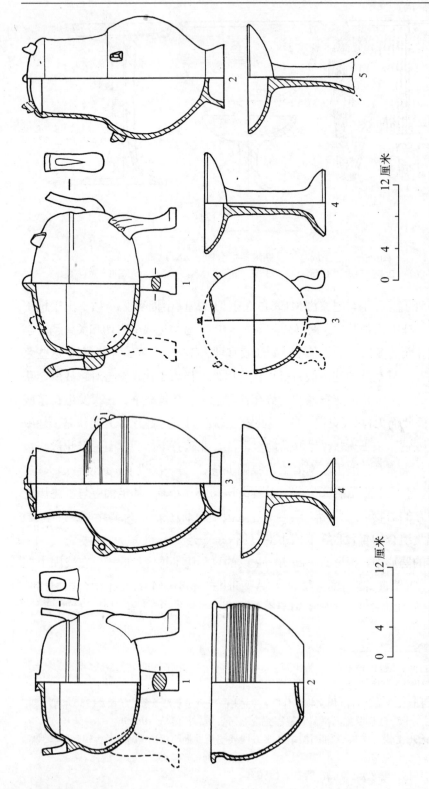

图一一四　东周墓第三期陶器组合图（M72）

1.Ab型Ⅱ式鼎（M72：1）　2.Ⅰ式缶（M72：4）
3.Ⅱ式敦（M72：5）　4.A型Ⅱb式豆（M72：3）
5.A型Ⅱb式豆（M72：2）

0　　4　　　　　12厘米

图一一三　东周墓第三期陶器组合图（M58）

1.Ab型Ⅰ式鼎（M58：4）　2.B型Ⅱ式盂（M58：5）
3.B型Ⅰ式壶（M58：3）　4.B型Ⅰa式豆（M58：1）

0　　4　　　　　12厘米

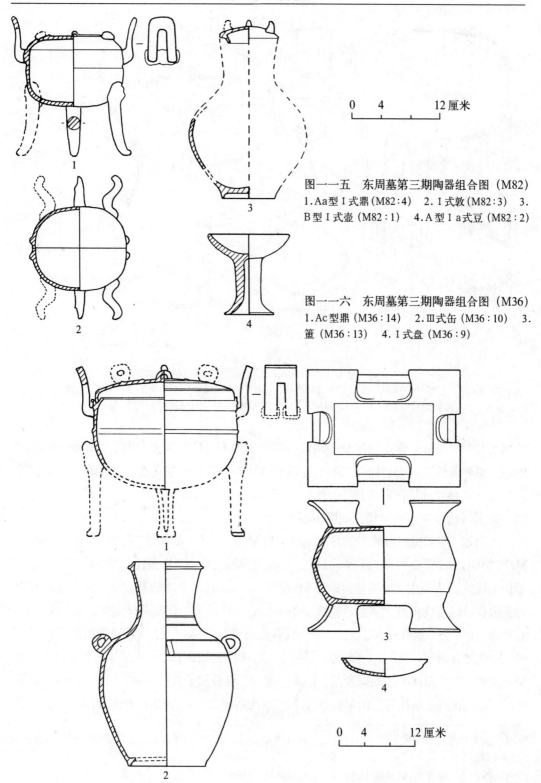

图一一五　东周墓第三期陶器组合图（M82）
1.Aa型Ⅰ式鼎（M82：4）　2.Ⅰ式敦（M82：3）　3.B型Ⅰ式壶（M82：1）　4.A型Ⅰa式豆（M82：2）

图一一六　东周墓第三期陶器组合图（M36）
1.Ac型鼎（M36：14）　2.Ⅲ式缶（M36：10）　3.簠（M36：13）　4.Ⅰ式盘（M36：9）

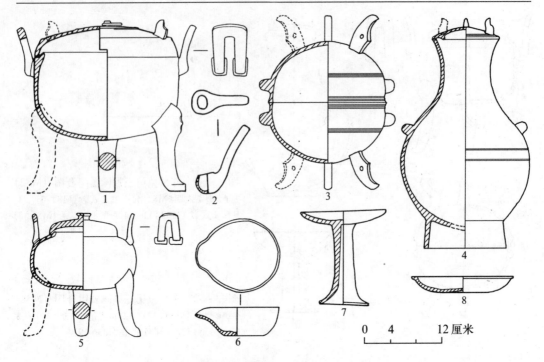

图一一七　东周墓第三期陶器组合图（M59）

1.Aa型Ⅰ式鼎（M59：4）　2.Ⅰ式斗（M59：3）　3.Ⅱ式敦（M59：10）　4.B型Ⅳ式壶（M59：11）
5.C型Ⅰ式鼎（M59：8）　6.Ⅰ式匜（M59：2）　7.A型Ⅱb式豆（M59：12）　8.Ⅰ式盘（M59：5）

及冢十包M3、M4[21]；腹上饰绳纹的罐B型Ⅲ式（M31）、B型Ⅳ式（M17）与雨台山M234
的罐（原名绳纹长颈壶）相似。冢十包M3、M4的年代分别定在战国中期晚段和战国晚
期早段，其余均为战国中期。

综上所述，本期的年代在战国中期。

第四期（即鼎类组合第二组）：10座（M1、M19、M20、M25、M67、M69、M75、M79、
M83、M84）。设置二层台、墓道，二层台与墓道同时设置，以及无任何设置的墓并存。以
无任何设置的墓为主，设置墓道的墓和同时设置二层台与墓道的墓并重，仅设置二层台
的墓极少。较宽坑占绝大多数，宽坑墓不多，窄坑墓极少。鼎类组合完整，鼎、敦、壶、
豆和鼎、盒、壶、豆并存。鼎、敦、壶、豆多配有盘、匜、斗、匕，少数同时使用鼎、盒、
缶，构成复合组合。鼎、盒、壶、豆的出现，在纪南城周围和北部地区，见于战国中、晚
期，数量较少，而且多在战国晚期。铜鼎、盒、壶组合属于战国中期的有信阳M1、包山
M2[22]，属于战国晚期的有包山M4、九店M55、九店M250、雨台山M480；而陶鼎、盒、壶

㉑ 湖北省文物考古研究所、荆州市博物馆、钟祥市博物馆：《湖北钟祥市冢十包楚墓的发掘》，《考古》
　　1999年第2期。
㉒ 湖北省荆沙铁路考古队：《包山楚墓》，文物出版社，1991年。

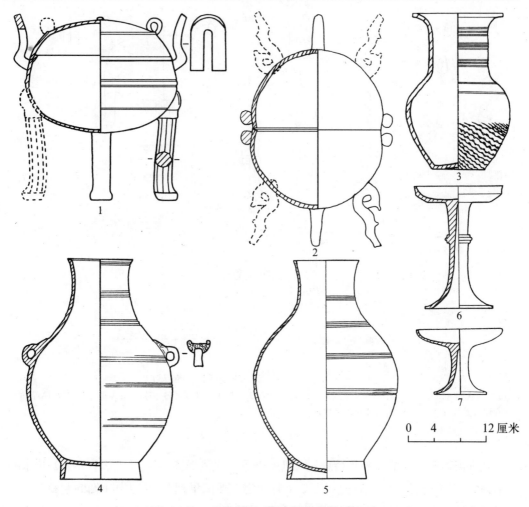

图一一八　东周墓第三期陶器组合图（M17）

1.Bb型Ⅰ式鼎（M17∶9）　2.Ⅲc式敦（M17∶5）　3.B型Ⅳ式罐（M17∶16）　4.C型Ⅰa式壶（M17∶12）

5.C型Ⅰa式壶（M17∶11）　6.A型Ⅲa式豆（M17∶6）　7.A型Ⅰb式豆（M17∶14）

则均见于战国晚期，如九店M71、九店M159、雨台山M555等。在楚国的东部和南部地区，战国晚期主要流行鼎、盒、壶、豆组合[23]。子陵岗出土的盒，均为陶质。M67的盒，器形与雨台山M555的盒相似，而盖纽则与九店M71相同。M83的盒，器形与九店M159相似，而盖为三纽。M1的盒，与信阳M1的盒接近。从鼎、盒、壶、豆两类质地出现的先后来看，铜质在先，陶礼器是铜礼器的仿制品。所以，子陵岗这些以盒为组合之一的墓晚于信阳M1和包山M2，而与九店、雨台山以盒等为组合的墓，大体属于同一时期。

[23] 参见杨立新：《试论东周时期楚国东部地区的墓葬》，《楚文化研究论集》（第三集），湖北人民出版社，1994年；高至喜：《再论湖南楚墓的分期与年代》，《楚文化研究论集》（第一集），荆楚书社，1987年。

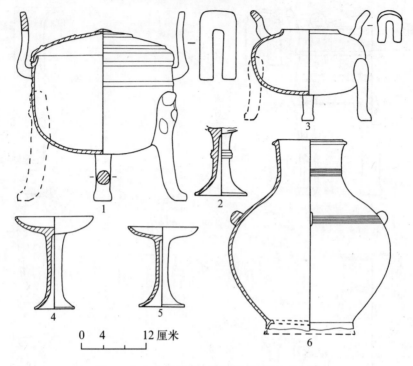

图一一九　东周墓第三期陶器组合图 (M73)

1.Aa 型 I 式鼎 (M73：9)　　2.A 型Ⅲa式豆 (M73：1)　　3.C 型 I 式鼎 (M73：7)　　4.A 型Ⅱb式豆 (M73：5)
5.A 型Ⅱa式豆 (M73：10)　　6.Ⅱ式缶 (M73：3)

　　　凤纽盖壶和带箍的豆独具特色。凤纽盖壶可追溯到战国早期。《中国青铜器》收录的
一件铜壶，"莲瓣盖，盖中有一展翅凤"，时代定在战国早期[24]。战国中晚期的楚墓中，各
地都有零星出土。在国儿冲楚墓[25]中，盖纽凤鸟明显，但弧颈较细，假圈足，器形差距较
大。冢十包M4（战国晚期早段）出土的壶，凤纽盖与国儿冲楚墓的凤纽盖近似。山湾M4
（战国晚期）的壶[26]，盖纽的造型不具备冢十包和国儿冲凤鸟的形态；如果它仍是凤，那
么只能是高度抽象和变形的结果；如果它们具有演变关系，只能是从写实到抽象。子陵
岗M69的壶与山湾M4的极为接近，盖纽、器形基本相同，只是山湾M4的壶盖顶较平。
子陵岗本期其他墓中的壶，盖纽与M69的盖纽形制相同，其时代当与山湾M4不相上下。
　　　折壁盘、带箍豆出现于前期，流行于本期。它多与凤纽盖壶同出，其时代大体相同。
带箍豆不见于雨台山、九店、赵家湖楚墓，而在望山M1[27]的带盖豆上则可见到。只是望

㉔ 马承源主编：《中国青铜器》，上海古籍出版社，1988 年。

㉕ 黄州古墓发掘队：《湖北黄州国儿冲楚墓发掘简报》，《江汉考古》1982 年第 3 期。

㉖ 湖北省博物馆：《襄阳山湾东周墓葬发掘报告》，《江汉考古》1983 年第 2 期。

㉗ 湖北省文化局文物工作队：《湖北江陵三座大墓出土大批重要文物》，《文物》1966 年第 5 期。

山 M1 的豆，盘较小，腹深；而子陵岗的豆，盘较大，腹极浅。

　　高足壶具有晚期特征。较早的高足壶见于战国中期，望山 M1 的高足壶，颈较长，腹扁圆。临澧九里 M9 的高足壶（原名釜形豆），"口沿微侈，颈下饰戳印圈点纹，扁圆腹，喇叭形长座"[28]。信阳 M1 的陶高足壶，颈略短，腹长椭。信阳 M1 同时出土铜高足壶，腹扁圆，柄上有凸棱或圆箍。黄州国儿冲[29]、龙王山砖厂[30]楚墓中的高足壶，颈较长，腹扁圆。魏岗 M3[31]（战国中晚期）的高足壶，颈较长，腹趋向长椭。九店 M231 及冢十包 M6、M7 的高足壶，腹虽扁圆，但颈已变得极短，时代为战国中晚期。淮阳马鞍冢楚墓一号车马坑和安徽长丰杨公 M8 中的高足壶，颈均极短，腹扁圆[32]。高足壶出现于战国中期，延续到汉初。演变的大致脉络是：颈由长到短，直至消失；腹由扁圆趋向长椭[33]。子陵岗 M69 的高足壶，颈极短，腹长椭，具备晚期特征。

　　子陵岗与罗坡[34]墓地相临，而不见罗坡晚期楚墓中的器形；本期流行的凤纽盖壶和折壁盘带箍豆，在罗坡岗楚墓中竟然只是略有反映。带箍豆，在罗坡仅见于 1 座墓；凤纽盖壶，在罗坡岗 M22、M32 中依稀可见其痕迹。这种差别，反映在时代上，则是两个墓地的

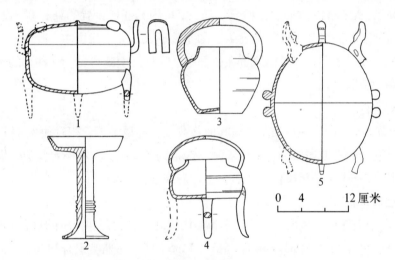

图一二○　东周墓第四期陶器组合图（M19）

1.Ba 型 I 式鼎（M19∶11）　2.A 型Ⅲa 式豆（M19∶8）　3.A 型提梁罐（M19∶9）
4. I 式盂（M19∶13）　5.Ⅲb 式敦（M19∶4）

㉘ 湖南省博物馆、常德地区文物工作队：《临澧九里楚墓发掘报告》，《湖南考古辑刊》第 3 集，岳麓书社，1986 年。

㉙ 黄州古墓发掘队：《湖北黄州国儿冲楚墓发掘简报》，《江汉考古》1983 年第 3 期。

㉚ 湖北省文物考古研究所：《黄州龙王山砖厂 5 号墓发掘简报》，《江汉考古》1993 年第 1 期。

㉛ 楚皇城考古发掘队：《湖北宜城楚皇城战国秦汉墓》，《考古》1980 年第 2 期。

㉜ 郭德维：《楚系墓葬研究》51、52 页，湖北教育出版社，1995 年。

㉝ 参见丁堂华：《鄂东楚墓概论》，《湖北省考古学会论文选集（二）》，1991 年。

㉞ 湖北省文物考古研究所、荆门市博物馆：《荆门罗坡岗与子陵岗》，科学出版社，2004 年。

延续时间不同。即作为同一文化系统，其废弃时间子陵岗早于罗坡墓地。罗坡楚墓的下限在秦统一前，而子陵岗楚墓的下限则在秦拔郢前。此后，子陵岗东周墓地的文化面貌已发生根本变化，详见下章。所以，本期的年代约当战国晚期前段（图一二〇至一二三）。

2. 未列入分期的墓

未列入分期的墓包括有随葬品和无随葬品两类。

（1）有随葬品的墓

两类组合墓共9座。鼎类组合墓8座。其中，1座墓为铜礼器；7座主要组合为陶器。鬲类组合墓仅1座。

①鼎类组合

铜礼器　M30出土铜鼎、敦、壶各1件，另有铜剑、戈、镞。其中，铜戈的形制与第三期M41相同，铜镞的形制与第四期M84的铜镞相同，另一种形制则与第四期M67的铜镞接近。鼎为铁足，流行于战国中晚期。据此推测，M30属第四期。

陶礼器　主要组合关系均为鼎、敦、壶或加豆。其中，M26随葬铜兵器剑和戟等。剑与第四期M75、M83的同型同式。以墓坑而言，坑内无任何设置的墓居多，设置二层台、墓道及其同时设置的墓各一座。鼎类组合的完整形式，见于战国中、晚期；与此相对应的二层台多在战国中期，墓道的设置在战国中、晚期。由此可见，这些墓的时代大致可定在战国中、晚期。

②鬲类组合

仅1座墓（M110）。在分布上，与其他墓葬没有连属关系，相对独立。设置二层台。随葬器物的组合形式纯属孤例，仅有陶罐、铜带钩各1件。陶罐不可复原；铜带钩形体较小而较肥胖，与九店M616的铜带钩接近，应属战国晚期。

（2）无随葬品的墓

9座。其中无任何设置的墓7座，多为窄坑；设置二层台和台阶的墓各1座。在分布上，M28、M29与鬲类组合M27相临，M34、M35、M37与鼎类组合M36、鬲类组合M38相距较近，M6与鬲类组合M7相临，M5与鬲类组合M13相临，M4与鬲类组合M7等相距较近，M40与鼎类组合M89相临。墓葬之间的关系是墓主生前的某种关系反映，其时代相同或接近。因此，这些空墓视具体情况分别附属于不同的期别和年代。

五　小结

1. 成因与文化性质

（1）成因

本报告收录的62座楚墓，是子陵岗楚墓的一部分。因为考古发掘仅限于施工动土范

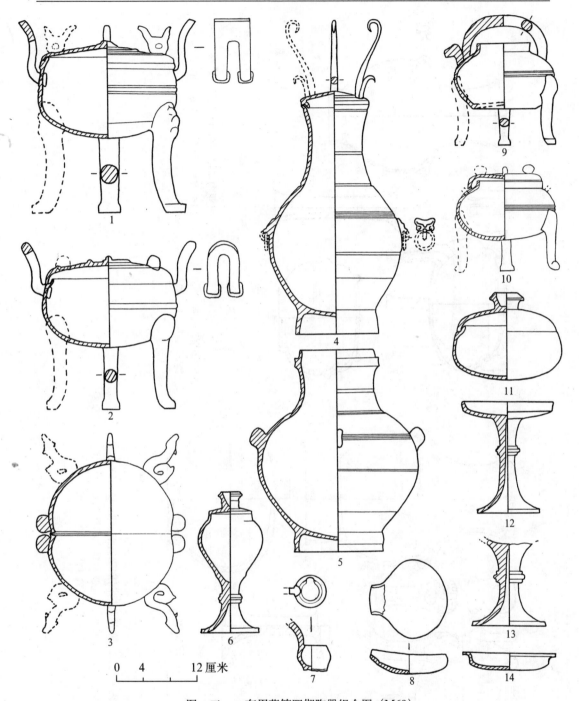

0　4　　　12厘米

图一二一　东周墓第四期陶器组合图（M69）

1.Aa型Ⅱa式鼎（M69∶16）　2.Ba型Ⅱ式鼎（M69∶11）　3.Ⅲc式敦（M69∶7）　4.C型Ⅱb式壶（M69∶25）
5.Ⅳ式缶（M69∶13）　6.高足壶（M69∶21）　7.Ⅱ式斗（M69∶3）　8.Ⅱ式匜（M69∶4）　9.Ⅰ式盉（M69∶6）
10.C型Ⅰ式鼎（M69∶20）　11.A型Ⅱ式盒（M69∶14）　12.A型Ⅲa式豆（M69∶15）　13.A型Ⅲa式豆（M69∶27）　14.Ⅱ式盘（M69∶8）

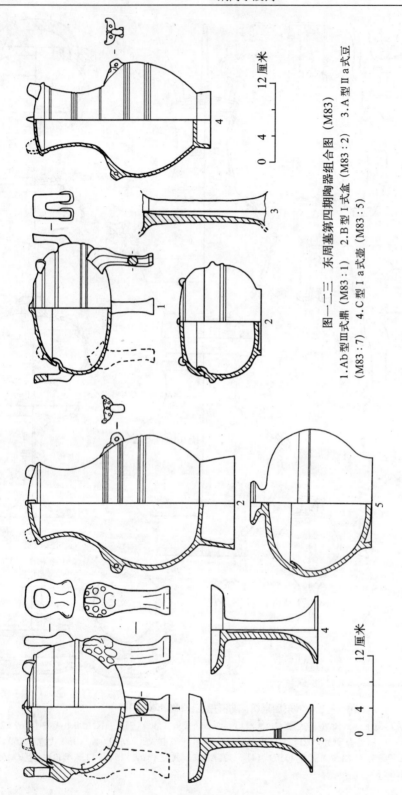

图一二三　东周墓第四期陶器组合图（M83）

1.Ab型Ⅲ式鼎（M83：1）　2.B型Ⅰ式壶（M83：2）　3.A型Ⅱa式豆
（M83：7）　4.C型Ⅰa式壶（M83：5）

图一二二　东周墓第四期陶器组合图（M67）

1.Bb型Ⅱ式鼎（M67：6）　2.C型Ⅰb式壶（M69：9）　3.A型Ⅲb式豆（M67：8）
4.A型Ⅲb式豆（M67：7）　5.A型Ⅰ式盒（M67：5）

围，并非子陵岗楚墓的全部。然而，考古发掘涉及的范围较大。以子陵岗岗脊为轴线，南北贯通，部分地段到达边际。以墓区而言，除西边外，北边、东边和南边均已到达边界。因此，这批墓葬大体代表了子陵岗不同时期的楚墓。

子陵岗楚墓的形成，是楚国村落居民长期定居活动、繁衍生息的结果。发掘所见，子陵岗南部有同期遗址，地势略低；中北部为墓地，地势略高。换言之，南部为村落居民生前的聚居地，北部为村落居民死后的埋葬之所。

（2）文化性质

春秋战国之时，荆门属于楚国的腹心地带。南有楚都纪南城，北有宜城楚皇城，境内的汉水东岸是楚国的郊郢，子陵岗楚墓位于楚国通向中原的交通要道上。今207国道、荆襄高速公路沿途所经过的子陵铺、五里铺、建阳驿、十里铺等地，即是因置邮或传舍而留下的历史地名。

楚国在进入这一地区之时，这里既有土著居民，又有商周时期的封国。西周晚期至春秋早期，楚国先后灭掉了那国和权国。权为子姓，那为姬姓。楚国占领这一地区后，土著居民与权、那遗民共同孕育了具有自身特征的区域性文化。权、那二国均在今荆门市范围内汉水以东，那灭于权之前。楚武王灭权设县而迁于那。所以，今荆门市汉水以西的地区，东周时期属于权县。根据分期结果，子陵岗楚墓始于春秋战国之际，终于秦拔郢之时，处于楚文化的成熟期。子陵岗楚墓位于楚国的中心区域，是典型的楚文化遗存。随葬器物鬲、盂、罐、豆和鼎、敦、壶等组合及其器物形态，已见于大量楚墓。

2. 墓主身份推测

子陵岗是一处典型的楚国村落居民墓地。墓葬规模小，青铜礼器鲜见。墓葬之间的差别，体现了他们之间不同的经济地位。其表现形式则是通过墓葬规模、棺椁、随葬物品反映出来。以下分为士民墓、庶民墓两类分别讨论。

（1）士民墓

士民墓限于甲类墓，共16座。设头箱和边箱。鬲类组合墓2座，鼎类组合墓14座。墓坑较大，葬具为一棺一椁，多随葬铜剑。以用鼎数量而言，有五鼎（陶质，A型2、B型2、C型1）、两鼎（陶质，A型2或B型2）、一鼎（铜质）的区别。除五鼎可作为识别身份的标志外，其余均无识别身份的实质性意义。均为小型墓，无封土，与位于楚都纪南城周围的纪山等地的楚墓形成强烈的对比，属于庶人墓地。虽有棺椁、礼器，但已丧失原有的等级象征意义。他们使用的葬礼，只是因时而变的僭越，而且出现的时间较晚。多有青铜剑，说明他们是为国家承担兵赋的农民。当然，其中可能也不乏因军功而上升为士者，或里中的里长。如M1葬以5鼎，M30葬以一套铜鼎、敦、壶，M36、M41葬以鼎、簠、缶，以致使用越王剑，其墓主即有可能属于士或里中的里长。而多数墓主不足士一级，则应是村落中的富有者。越王剑流落于村民之中，应为因战争所得而隐匿的战利品。

(2) 庶民墓

庶民墓包括三类墓葬，即乙类墓、丙类墓、丁类墓。他们之间虽有差别，但只是反映了不同的经济状况。

乙类墓共32座。数量最大，仅设头箱或边箱，而以头箱为主。两类组合的数量庶几相等，无兵器和铜礼器随葬。其经济地位低于甲类墓，他们为一般庶民。

丙类墓共5座。坑内仅能容棺，均为鬲类组合，与乙类墓的同类组合相同。但随葬物品有少量铁兵器或铜带钩。其经济地位低于乙类墓，身份应与乙类墓相同。

丁类墓共9座。墓坑大小存在差异，但均无随葬品。其身份为极度贫困的庶民，只是墓坑因时而异。

3. 文化特征

(1) 墓地与居住地相邻

墓地与居住地位于同一座山岗——子陵岗，只是位置不同。墓地位于山岗的较高处，居住地位于山岗的南坡。

(2) 墓葬的分布与排列有一定规律

分布具有区域性。墓地可分为若干区域。每一区域内墓葬数量不等，分布密集；区域之间，相对较稀疏。如Ⅳ区中M26、M52、M56～M59和Ⅴ区中M2、M4～M9等分别集中分布（见图六、七），与相邻区域则间隔较远。这种区域形态，即《周礼·春官宗伯》记载的私地域："墓大夫掌凡邦墓之地域为之图，令国民族葬而掌其禁令，正其位，掌其度数，使皆有私地域。"

排列具有并穴合葬的意义。同一区域内，相邻的墓坑构成夫妻关系、代际关系。Ⅴ区和Ⅵ区中，M1、M69、M70、M71、M72、M73、M74的排列（见图七、八），构成南北一线，推测为同一家族的墓葬。如M1、M69，头向东，南北并列，构成了夫妻并穴合葬的必要前提。随葬器物的主要器形与组合完全相同，说明他们的时代一致；使用同等的礼器，表明其葬礼相当，身份相仿。但M1为男性，坑底略大于M69，使用青铜剑、戟等兵器和车马器；M69为女性，则使用水晶珠、鹿角（虎座飞鸟或镇墓兽的配件）。余下的墓葬可类推。夫妻并穴合葬墓之间，则构成代际关系。

(3) 墓坑多种类型并存

坑内无任何设置的墓占51.6%，设置二层台的墓占17.7%，均出现于战国早期。设置头龛、墓道以及墓道与台阶并设的墓各占8.1%，设置台阶的墓占6.5%。前二者分别出现于春秋晚期、战国中期，后者出现于战国早期。各型墓坑中，窄坑墓出现时间最早；墓葬规模，呈现出由小到大的演变趋势。

(4) 主要器形与器物组合常见于楚墓

器形特征鲜明。不同质地的器形,如铜鼎、敦、壶、剑、戈、戟、镞、匕首、带钩、璜、料珠、玉璧、佩等,陶鬲、盂、罐、豆、鼎、敦、壶、簠、盒、盘、匜、斗、匕等是楚墓中的常见器形。但陶镇墓兽风格独特,主要流行于战国晚期的凤纽盖壶和柄上带箍的豆颇具特色。

组合单纯而稳定。陶礼器为大宗,铜礼器少见。鬲类、鼎类组合以完整者为主。鬲类组合从春秋晚期延续到战国中期,基本器类保持不变,鬲、盂、罐、豆占主导地位,鬲、豆、壶属个别现象。鼎类组合仅限于战国中晚期,鼎、敦、壶、豆占主导地位;鼎、簠、缶,鼎、盒、壶、豆很少;鼎、豆、壶、盂均属个别现象。

使用主要器形的数量不等。鬲、盂、罐各1件为常见,鬲、罐各2件为特例。鼎、敦、壶各2件为常见。其中鼎的数量另有1、3、5件,敦和壶另有1件,均较少。用豆的数量差别较大,可能与墓主的年龄有关。墓葬中,1~4、6、8件均存在。《礼记》中关于用豆的数量有两种说法。《礼器》:"礼有以多为贵者……天子之豆二十有六,诸公十有六,诸侯十有二,上大夫八,下大夫六。"《乡饮酒义》:"乡饮酒之礼……六十者三豆,七十者四豆,八十者五豆,九十者六豆,所以明养老也。民知尊长养老,而后乃能入孝弟。"前者的用豆数量是身份和等级的标志,后者的用豆数量是年龄的标志。不过,后者明言是指现实生活,而不是指葬礼;用于葬礼,则应是对现实生活中礼仪制度的扩展。从子陵岗墓葬的实际出发,显然用豆数量无论是6件还是8件,都不可能证明墓主是上大夫或下大夫,而只能是一种年龄标志。子陵岗楚墓用豆数量以2件或3件的墓数量最多,使用4件的墓5座,使用6件的墓3座,使用8件的墓仅见1座,这就意味着当时死者的年龄多在50~60岁之间,年龄愈大,数量愈少。使用8豆的墓,依"九十者六豆"之例,似可扩展为"一百一十者八豆"。对此,由于墓葬中的人骨架均已腐烂无存,目前尚无法进行确切的验证。

4. 子陵岗楚墓与相关楚墓的关系

子陵岗楚墓位于楚文化的中心地带,但并非在楚都附近,与江陵同类楚墓构成差异;它虽与罗坡楚墓墓地相邻,但文化面貌不尽一致。

(1) 与江陵楚墓的关系

江陵小型楚墓多位于楚都纪南城附近,属于"国人"的墓葬;子陵岗楚墓距离楚都纪南城较远,在权县范围内,属于"野人"的墓葬。由于这种差别的存在,而使它们之间的历史文化进程不尽相同,存在一些差异。

鬲类组合稳定程度不同,鼎类组合的出现时间早晚有别。江陵雨台山鬲类组合墓184座,完整组合仅34座(包括无豆的组合),约占18.5%。九店楚墓鬲类组合墓131座,完整组合仅8座(包括无豆的组合),约占6.1%。子陵岗楚墓鬲类组合墓21座,完整组合19座(包括1座无豆的组合),约占90.5%。江陵九店楚墓鼎类组合出现于春秋晚期,江陵雨台山的在战国早期；此后，至战国晚期连续不断。而子陵岗楚墓的鼎类组合出现于战国中期。由此表明，鬲类组合的稳定程度，"野人"高于"国人"；自上而下对于礼仪制度的僭越，"野人"迟缓于"国人"。

各自有着独立的流行器形。长颈壶（罐）是雨台山、九店楚墓流行的主要器形之一，而在子陵岗楚墓中数量极少，只是略有反映而已。子陵岗楚墓一度流行凤纽盖壶、柄上带箍的豆，却不见于雨台山和九店楚墓。

（2）与罗坡楚墓的关系

子陵岗与罗坡墓地相邻，但二者时间早晚不同。罗坡楚墓发生于战国中期，消失于秦统一前；子陵岗楚墓发生于春秋战国之际，消失于秦拔郢前。二者在时间上的互补，使子陵岗一带从春秋战国之际至秦统一时近300年的文化呈现连续性。考察其重合时段的文化形态，仍然存在差异。

子陵岗与罗坡墓地间距约200米，各为独立的自然岗地。子陵岗墓地之南已发掘的两个探方中，包含了同期的遗址；罗坡墓地之南调查时也发现了同期遗址。

两个墓地各有自己独特的习俗。子陵岗墓地流行的凤纽盖壶、柄上带箍的豆，在罗坡墓地极少。罗坡墓地中，凤纽盖壶仅见于7座墓，而且无论是凤纽还是器形都明显处于退化状态。柄上带箍的豆，在罗坡墓地仅见于1座墓（M93）。另外，子陵岗墓地中的高足壶为罗坡墓地所不见。

以上现象，可从以下两方面理解。

物质文化形态特征的区别，其实质是人与人之间的区别。鼎、豆、壶、盂组合，在江陵发现时，曾经认为它是一种临时组合，而将其排除在组合之外。但是，随着考古资料的积累，湖北荆门子陵岗、湖南临澧太山庙也先后发现。这就说明，在较大范围内，鼎、豆、壶、盂仍然是楚墓中的组合形式之一。在相距较远的地点，零星发现相同的组合，意味着它们的传播源头相同。同一人群，流动到不同的地点，保持自身的特色，从而使所到之地的文化色彩更加丰富；反言之，寻找发生在不同地点同一现象的源头，甄别的结果是对某一人群的确认。百里不同风，千里不同俗。在汉代如此，在地广人稀的楚国有过之而无不及。以此类推，文化属性相同而相邻的墓地，之所以存在器物形态差别，是因为其村落居民的习俗或者民族成分并非等同。

东周时期，同姓不婚。《左传·僖公二十三年》："男女同姓，其生不蕃。"《国语·晋语》："同姓不婚，恶不殖也。"因此，不同姓氏的村落聚居临近，满足了一般平民婚姻形态的需要。

两个墓地所属的村落居民，历史遭遇不一。子陵岗墓地位于通向南北的交通线上，罗坡墓地偏离交通线。秦将白起拔郢，摧毁了纪南城，位于交通线上的子陵岗村落居民也因战争而遭受到毁灭性打击；而罗坡村落居民因偏离交通线幸免于难，延续到秦统一之时。

第四章　秦、西汉墓

共14座（编号为M42、M43、M46、M48～M50、M63～M66、M77甲、M77乙、M86、M88），分布于Ⅰ、Ⅱ、Ⅲ区（附表三）。其中，Ⅰ区2座，Ⅱ区4座，Ⅲ区8座。均土坑竖穴，无墓道。其中，M77甲、M77乙在同一封土堆下，M63与M64、M46与M48、M49与M50、M42与M43分别两墓临近。

一　墓葬形制

根据墓葬规模及随葬器物，分两类。

1. 甲类墓

7座。墓葬规模较大，随葬器物以铜器为主，或有较多的陶器。

（1）封土与方向

除2座墓保存有封土外，其他墓葬均无封土。

M77甲与M77乙在同一封土堆下，墓坑南北并列，且前者打破后者。封土平面呈圆形。高于地面1.8、直径15米。根据土色的差异分3层：

第1层：表土层。厚0.3～0.4米。

第2层：黄红土。距地表深0.3～0.4、厚0～1.1米。

第3层：黄灰土。距地表深0.8～1.6、厚0～0.5米。

以上3层土质均较松软，覆盖在墓口之上。各层由上至下，覆盖范围逐步缩小（图一二四）。

M49、M63、M64、M65、M66无封土。3座墓墓口覆盖在厚约0.3～0.4米的表土层下，2座墓墓口暴露。

墓葬方向350°～20°的墓2座，265°～275°的墓2座，70°～90°的墓3座。

（2）墓坑与填土

墓坑平面呈长方形。墓口一般大于坑底，个别墓墓口等于坑底。斜壁或直壁，壁面较光滑。平底。3座墓设置垫木槽。墓口长2.8～4.2、宽1.9～3.2米，坑底长2.8～3.6、宽1.8～2.6米，墓深1.5～3.4米。垫木槽两端抵坑壁，或延伸至坑壁内。宽0.2、深0.06～

0.08米，间距1.6～1.7米。

坑内均填五花土，夹杂大量红砂石块，未见夯筑痕迹。2座墓的填土中出土铁器口沿、动物骨骼和牙齿。

（3）葬具与人骨架

所有墓葬的葬具与人骨架均腐烂无存，3座墓（M63、M64、M65）可见人骨架残痕。

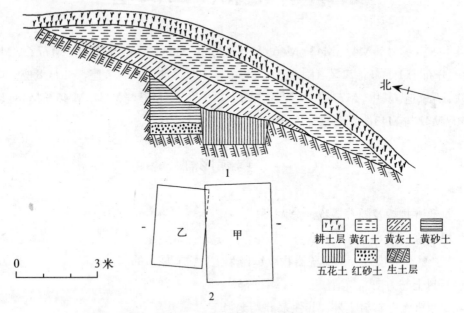

图一二四　秦、西汉墓 M77 甲、乙封土及墓坑图
1.封土与墓坑　2.甲、乙打破关系图

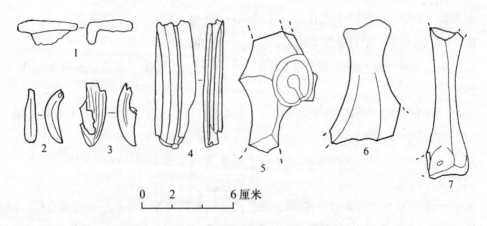

图一二五　秦、西汉墓填土中的出土遗物
1.铁器口沿（M64：01）　2、3.狗牙（M64：02）　4.牛牙（M63：01）　5～7.狗骨（M64：03）

（4）填土中的出土遗物

仅见于M63、M64两座墓。

铁器口沿   1件（标本M64：01）。距坑口深1.2米，位于坑内中部偏西。折沿，直壁。残高3厘米（图一二五，1）。

牛牙   1枚（标本M63：01）。距墓口深1.15米，位于墓坑中部偏西，临近北壁。略呈长方形，较厚。长8、宽2.6、厚1.5厘米（图一二五，4）。

狗骨   1具（标本M64：02、03）。距墓口深1.7~2.2米，位于墓坑中部偏西，临近南壁。发掘时可见完整的狗骨架痕迹，似为有意放置的祭祀品（图一二五，2、3、5~7）。

（5）墓葬举例

墓葬举例以随葬器物的分布情形为依据。随葬器物依照器类的不同，出现四种情形。

①随葬器物以陶器为主，兼出较多铜器的墓

1座（M49）。方向20°。墓口暴露，长3.62、宽2.3米，坑底长3.04、宽1.8米。坑底距坑口深2米。坑底设置两道垫木槽，槽宽0.2、深0.08米，间距1.7米。葬具及人骨架

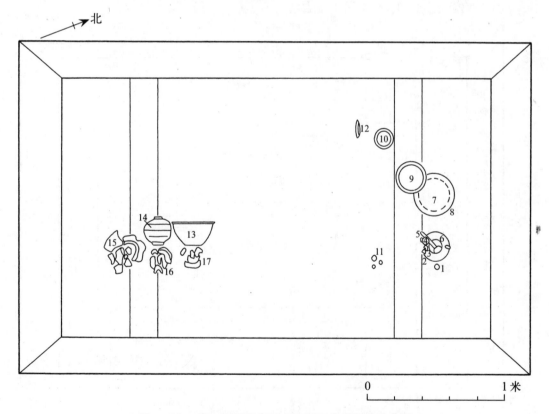

图一二六   秦、西汉墓M49平面图及随葬器物分布图

1、11.铜钱   2.铜铃   3.铜璜   4.铜环   5.铜勺   6.铜鍪   7~9.铜洗   10.陶熏炉

12、15.陶盂   13.陶釜   14.陶甑   16、17.陶瓮

腐烂已尽。随葬器物主要分布于坑底北部和东南角。北部除1件陶熏炉外，均为铜器。陶熏炉位于西部，3件铜洗位于中部，铜鍪、铜勺、铜璜、铜钱等位于中部。东南角均为陶器——瓿、盂、瓮（图一二六）。

②随葬器物以铜礼器或以铜礼器为主兼出少量陶器的墓

3座（M63～M65）。铜礼器均只有鼎和壶，放置在人骨架的左侧。2座墓由首部向足部依次为壶、鼎排列，1座（M63）由首部向足部依次为鼎、壶排列。M64，方向275°，墓口覆盖在厚约0.4米的表土层下，长3.8、宽2.6米，坑底长3.2、宽2.4米。坑底距坑口深2.85米。坑底设置两道垫木槽，两端延伸至坑壁内。槽宽0.2、深0.08米，间距1.8米。残存棺椁痕迹。随葬器物主要放置在人骨架的左侧。椁室西北角1件铜罍，人骨架左侧由首部向足部依次为铜壶、铜鼎和陶罐，首顶1件玉佩，右下肢旁放置铜镜片（图一二七）。M65主要随葬器物的排列与M64相同。人骨架左侧由首部向足部依次为铜壶、铜鼎、陶罐和石璧，首顶部1件玉璧和1件铜镜片，足端1件玉璧。M63人骨架左侧由首端向足端依次排列铜鼎、壶，人骨架中部1枚半两铜钱。

③随葬器物兼出铜、陶生活用器的墓

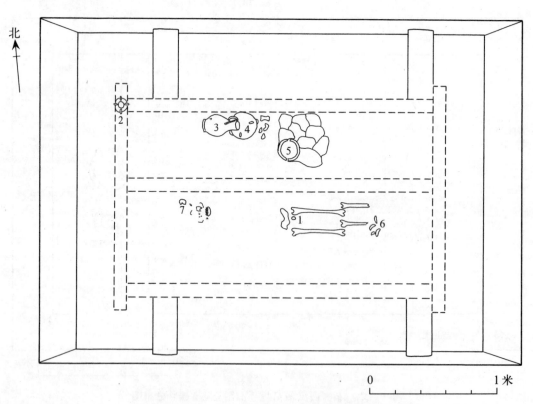

图一二七　秦、西汉墓M64平面图及随葬器物分布图
1.骨器　2.铜罍　3.铜壶　4.铜鼎　5.陶罐　6.铜镜片　7.玉佩

1座（M66）。方向350°。墓口暴露，长3、宽2米，坑底长2.8、宽1.8米。坑底距墓口深2.4米。坑底设置两道垫木槽，两端抵坑壁。槽宽0.2、深0.06米，间距1.64米。随葬器物主要放置在人骨架的左侧，由首部向足部依次为铜蒜头壶、铜鍪、铜匕、陶熏炉、陶釜和陶罐，1枚金币与牙痕同在一处，位于坑底北部（图一二八）。

④随葬器物以陶器为主，生活用器与礼器兼出的墓

2座。M77甲，方向70°。墓坑开口于斜坡地面，口大底小。其上有封土，高于墓口2.2~2.8米（垂直）。开口南边长3.3、北边长3.46、宽2.36米，坑底长3.2、宽2.2米。坑底距墓口深0.94~1.26米。坑内填五花土，夹杂红砂石块。葬具及人骨架腐烂无存。随葬器物放置在坑底南侧，分两组。陶灶、釜、盂、豆为一组，位于西部；陶鼎、盒、壶为另一组，位于东部（图一二九）。M77乙随葬器物放置在坑底南侧，分两组。铜镜和铜匕为一组，位于东部；陶灶、仓及铜蒜头壶、鍪为另一组，位于西部；西南部放置碎玉片。

2. 乙类墓

7座。墓葬规模较小，无随葬器物或仅有少量陶器。无封土。

（1）方向

墓葬方向为20°的墓1座，75°~90°的墓3座，170°~200°的墓3座。

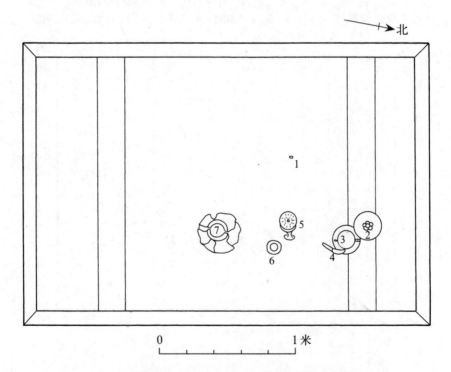

图一二八 秦、西汉墓M66平面图及随葬器物分布图
1.爰金 2.铜蒜头壶 3.铜鍪 4.铜匕 5.陶熏炉 6.陶釜 7.陶罐

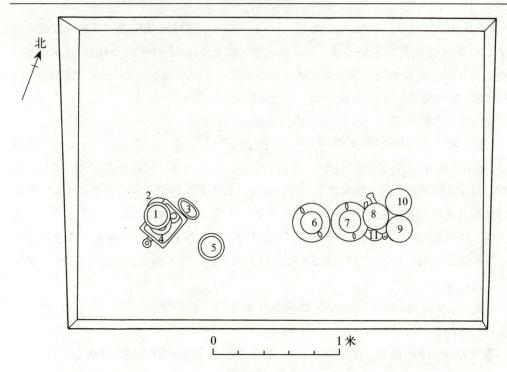

图一二九　秦、西汉墓 M77 甲平面图及随葬器物分布图
1、3.陶盂　2.陶豆　4.陶灶（带釜）　5.陶甗　6、7.陶壶　8、11.陶鼎　9、10.陶盒

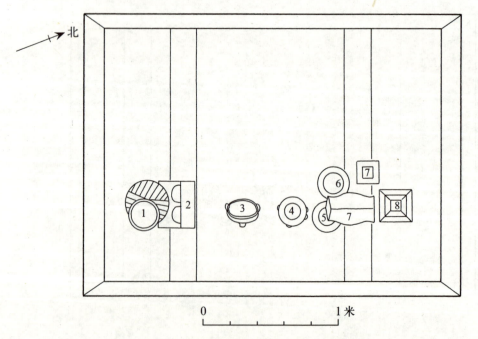

图一三〇　秦、西汉墓 M50 平面图及随葬器物分布图
1.陶仓　2.陶灶（带釜、甑、盂）　3、4.陶鼎　5、6.陶盒　7、8.陶钫

（2）墓坑与填土

2座墓墓口覆盖在厚约0.3米的表土层下，其余各墓均遭到不同程度的破坏。墓坑口大底小，斜壁，平底。其中，2座墓坑底设置垫木槽。间距1～1.08、宽0.2～0.26米。有表土层的墓，墓口长2.4～3.2、宽1.4～2米，坑底长2.2～2.8、宽1.2～1.6米，坑底距墓口深2～2.2米。其他各墓，墓口长2.2～3.4、宽1～2米，坑底长2.1～2.6、宽0.9～1.8米，坑底距坑口深0.3～0.92米。坑内填五花土，夹杂红砂石块。

（3）葬具与人骨架

葬具及人骨架腐烂已尽，仅1座墓（M42）可辨人骨架残迹，仰身直肢。

（4）墓葬举例

无随葬器物的墓2座。

有随葬器物的墓5座。随葬器物均为陶器。放置在坑底的一端或一侧，其数量1～4件。

随葬器物于坑底一侧的墓2座。M50，方向20°。墓口暴露，长2.4、宽2米，坑底长2.06、宽1.8米，坑底距墓口深0.65米。坑底设置的垫木槽间距1.08、宽0.2、深0.08米。坑内填五花土，夹红砂石。随葬器物放置在坑底东侧，由南向北依次为陶仓、灶（带釜、甑、盂）、鼎、盒、钫（图一三〇）。M86随葬器物于坑底南侧，由西向东依次为陶罐、釜。

随葬器物置于坑底南端的墓3座。M42由西向东依次为陶鼎、豆，M43由西向东依次为陶罐、釜，M88仅有陶罐。

二　随葬器物

152件（含铜钱65件），出自12座墓中。按照器物的质地分为陶器、铜器、玉石器及其他。

（一）陶器

54件。出自12座墓中。

1.礼器

鼎　5件。1座墓1件（M42），另2座墓各2件（M77甲、M50）。泥质红陶2件（M50），泥质灰陶3件。器形清楚的仅见于1座墓。标本M77甲：11，泥质灰陶。弧顶盖。器身子口，扁鼓腹，圜底。两耳略向外侈，三个矮蹄足。口径18.8、通高17.2厘米（图一三一，1；图版三五，1）。

盒　4件。出自2座墓中（M77甲）。标本M77甲：9，泥质灰陶。盖平顶，呈圆形向上凸出一周，弧折壁，方沿略斜。器身子口承盖，弧壁内收，微凹底。器盖、器身各饰两周凹弦纹。口径19.6、底径8.4、通高15.2厘米（图一三一，2；图版三五，2）。

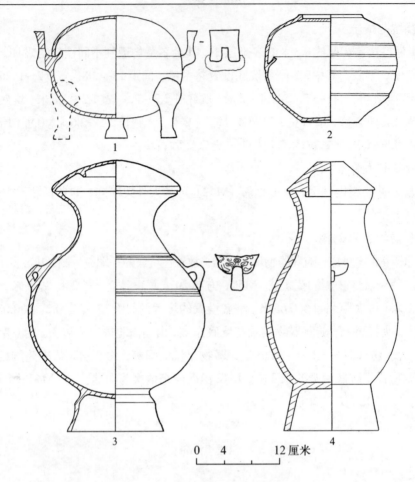

图一三一　秦、西汉墓出土陶礼器

1.鼎 (M77甲:11)　2.盒 (M77甲:9)　3.壶 (M77甲:6)　4.钫 (M50:8)

　　壶　2件。出自1座墓中 (M77甲)。标本M77甲:6，泥质灰陶。器盖弧顶，方沿，子口。器身侈口，折平沿，圆唇，弧颈较短，溜肩，扁鼓腹，圆底。圈足外撇，上部曲折。肩部附贴衔环兽面铺首。环失。肩部饰两组凹弦纹。口径19.2、腹径26.4、圈足径14.4、通高38.4厘米 (图一三一，3；图版三五，3)。

　　钫　2件。出自1座墓中 (M50)。标本M50:8，泥质灰陶。器盖呈正四棱台形，小平顶，子口。器身方口微侈，方唇，口部呈带状略向外凸出，弧颈，鼓腹，平底。方圈足外撇。口宽12.8、腹径19.6、圈足边宽14、通高38.4厘米 (图一三一，4；图版三五，4)。

　　2.生活用器

　　仓　2件。泥质红陶或褐红陶，1件器形清楚。标本M77乙:2，泥质褐红陶。盖残。器身呈口大底小的圆台形。微敛口，方唇，腹壁微弧，平底，圈足微外撇。上部设正方形门，门四周略向内凹。上部一周凸弦纹，中、下部各有一组（两道）凸弧纹。口径21.6、腹径22、圈足径15.6、高21.5厘米（图一三二，3；图版三六，4）。

灶　3件。分两式。

Ⅰ式　2件。平面呈长方形，器形较小。均泥质红陶。标本M77乙：1，附两釜一甑。灶面两孔，分别放置两釜。灶前一个着地拱形火门。一侧附贴泥条。长约25.2、宽16、高11.2厘米（图一三二，2）。

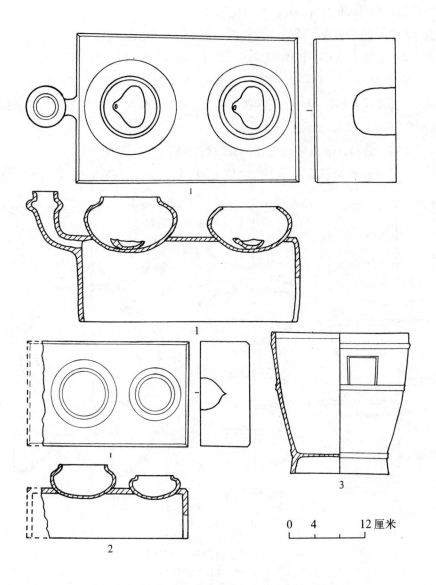

图一三二　秦、西汉墓出土陶仓、灶
1.Ⅱ式灶（M77甲：4）　2.Ⅰ式灶（M77乙：1）　3.仓（M77乙：2）

Ⅱ式　1件（标本M77甲：4）。泥质灰陶。平面呈长方形，器形较大。灶面两孔，分别放置两釜。灶前一个着地拱形火门，灶后一个烟囱。烟囱上部似一个直口、扁鼓腹罐，下部呈管状弯曲。长36.8、宽22、通高20厘米（图一三二，1；图版三六，1）。

釜　10件。其中4件型式不明，余分三型。

A型　1件（标本M86：1）。泥质灰黑陶夹粗砂。敛口，卷沿，圆唇，折肩，扁鼓腹，圜底。腹上部饰粗直绳纹，较模糊；下腹及底饰粗斜绳纹。口径14.8、腹径20.8、高14厘米（图一三三，1；图版三六，6）。

B型　3件。泥质灰陶。矮领，扁鼓腹，圜底。分两式。

Ⅰ式　2件。器形较小。标本M77乙：1-1，口径7.6、腹径10.4、高5.2厘米（图一三三，9）。标本M66：6，口径6、腹径9.6、高5.6厘米（图一三三，7；图版三七，1）。

Ⅱ式　1件（标本M77甲：4-1）。器形较大，内置1件陶匕。口径8.8、腹径14.4、高8.4厘米（图一三三，5）。

C型　2件。敛口，领极矮或无领，扁鼓腹，圜底。分两式。

Ⅰ式　1件（标本M77乙：1-2）。泥质灰陶。器形较小，领极矮。口径5.6、腹径8、

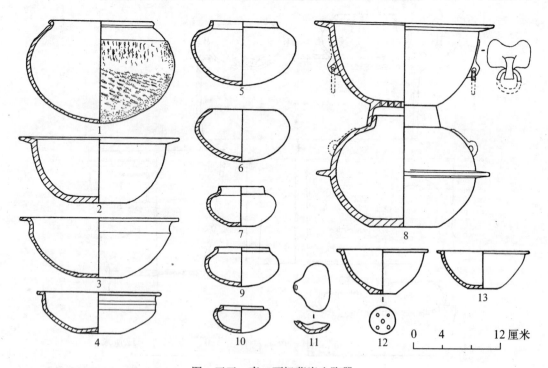

图一三三　秦、西汉墓出土陶器

1.A型釜（M86：1）　2.B型Ⅰ式盂（M49：15）　3.B型Ⅱ式盂（M77：1）　4.A型盂（M49：12）　5.B型Ⅱ式釜（M77甲：4-1）　6.C型Ⅱ式釜（M77甲：4-2）　7.B型Ⅰ式釜（M66：6）　8.甀（M49：13、14）　9.B型Ⅰ式釜（M77乙：1-1）　10.C型Ⅰ式釜（M77乙：1-2）　11.匕（M77甲：4-2-1）　12.甑（M77乙：1-3）　13.B型Ⅰ式盂（M77乙：1-4）

高3.6厘米（图一三三，10）。

Ⅱ式 1件（标本M77甲：4-2）。泥质灰陶。器形较大，无领，内置1件陶匕。口径9.2、腹径13.2、高7厘米（图一三三，6）。

甑 3件。泥质灰陶，或施黑衣。其中2件型式不明。标本M77乙：1-3，敞口，折沿略上扬，圆唇，弧壁，平底，五孔。沿面两周凹弦纹。口径13、底径3.5、高5.8厘米（图一三三，12）。

匕 2件。平面略呈椭圆形，一侧短柄。局部残存朱绘涡纹。标本M77甲：4-2-1，宽4.6厘米（图一三三，11）。

甗 1件（标本M49：13、14）。泥质灰陶。出土时已分离为两件。由釜和甑两部分组成。釜，微敛口，方唇，矮领，圆肩，扁鼓腹，平底。肩部一道宽沿，口径8、通宽24、底径9.6、高14.8厘米。甑，置于釜之上。微敛口，折沿较宽，略向上扬，方唇，弧壁，圜底，附加圈足。腹部残存附贴衔环铺首，底部刺数个小孔。口径24.8、圈足径10、高11.2厘米（图一三三，8；图版三六，5）。

盂 7件。均泥质灰陶。2件器形不明（M43、M50），余分两型。

A型 1件（标本M49：12）。敞口，折平沿，方唇，上腹壁较直，下腹壁呈弧线内收，微凹底。上腹外壁有弦痕。口径17.2、底径5.6、高5.6厘米（图一三三，4；图版三五，6）。

B型 4件。分两式。

Ⅰ式 2件。标本M49：15，微敛口，折沿较宽，略上扬，弧壁，平底。口径23.2、底径8、高9.2厘米（图一三三，2）。标本M77乙：1-4，口径12.8、底径4、高5.2厘米（图一三三，13）。

Ⅱ式 2件。器形相同。标本M77甲：1，施黑衣。侈口，折平沿，方唇，微束颈，折肩，弧壁内收，平底。沿面饰两周凹弦纹。口径22.4、底径6.4、高8厘米（图一三三，3；图版三五，5）。

罐 6件。分三型。

A型 1件（标本M88：1）。泥质灰陶。微侈口，微卷沿，微束颈，广肩，下腹呈弧线内纹，平底。肩部一周凹弦纹。口径13.8、腹径27、底径15.6、高17.2厘米（图一三四，4）。

B型 2件。泥质灰陶，牛鼻耳。1件破碎（M42）。标本M43：1，微侈口，折平沿，圆唇，弧颈内束，圆腹，底上凹。肩部两个对称牛鼻耳。颈部饰凹弦纹，腹、底饰绳纹。口径10.4、腹径19、底径7.2、高20厘米（图一三四，3；图版三七，4）。

C型 3件。器形较大。分三式。

Ⅰ式 1件（标本M66：7）。泥质灰黄陶。略呈盘状口，圆唇，弧颈，溜肩，鼓腹，微凹底。沿外一周弦纹。口径14.2、腹径28、底径8、高27.6厘米（图一三四，5；图版三七，5）。

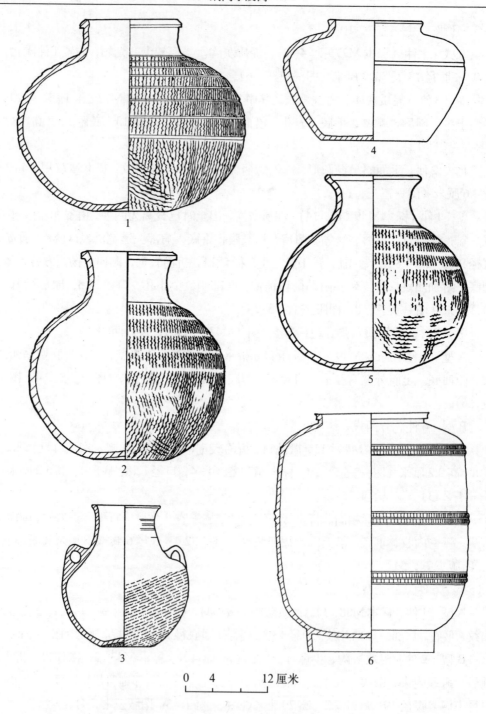

0　　4　　　　12厘米

图一三四　秦、西汉墓出土陶罐、瓮
1.C型Ⅲ式罐（M65∶6）　2.C型Ⅱ式罐（M64∶5）　3.B型罐（M43∶1）
4.A型罐（M88∶1）　5.C型Ⅰ式罐（M66∶7）　6.瓮（M49∶16）

Ⅱ式　1件（标本M64：5）。泥质灰陶。侈口，折平沿，方唇，弧颈，球腹，微凹底。腹、底饰绳纹。口径14.6、腹径28.8、底径9、高29.6厘米（图一三四，2；图版三七，6）。

Ⅲ式　1件（标本M65：6）。泥质灰陶。口沿向外翻卷，方唇，中部微凹，直颈，颈肩相交处有折线，扁鼓腹。腹、底饰弦纹、绳纹。口径15.2、腹径33.6、底径10.8、高27.6厘米（图一三四，1）。

豆　3件。分两式。

Ⅰ式　2件。泥质褐红陶。敞口，折壁，平底，柱状高柄，喇叭形小座。标本M42：2，盘内中部饰弦纹。口径12.8、柄径3.6、座径7.6、高16.8厘米（图一三五，1；图版三七，3）。

Ⅱ式　1件（标本M77甲：2）。泥质灰陶。直口，圆唇，折腹，上腹微鼓，下腹急收，柄残。口径14、残高5.8厘米（图一三五，2；图版三七，2）。

熏炉　2件。由盖和身两部分组成。分两式。

Ⅰ式　1件（标本M49：10）。泥质红陶。盖弧顶，弧折壁垂直。顶中部一个大圆孔，周围略向上凸，其周分布十七个小圆孔。器身子口，套合于盖中，直壁，底斜收，矮圈足外撇。口径9.2、圈足径7.2、通高11.2厘米（图一三五，3；图版三六，2）。

Ⅱ式　1件（标本M66：5）。泥质灰陶。盖弧顶，弧折壁略向外张。顶中部一个圆纽形孔，其周围分布小孔。器身子口，套合于盖中，折壁略向外侈，圜底，粗矮柄，喇叭

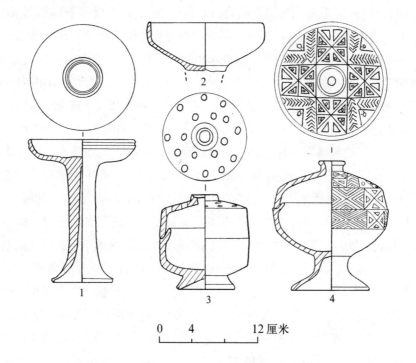

0　　　4　　　　　12厘米

图一三五　秦、西汉墓出土陶器

1. Ⅰ式豆（M42：2）　2. Ⅱ式豆（M77甲：2）　3. Ⅰ式熏炉（M49：10）　4. Ⅱ式熏炉（M66：5）

形座。盖顶饰"米"字形、折线和三角纹，盖周围由十字纹和三角纹组成，阴刻和阳凸相间。腹部一周纹饰与盖周相同。口径14、座径9.6、通高15.2厘米（图一三五，4；图版三六，3）。

瓮　2件。标本M49：16，泥质灰陶。直口，折平沿，方唇，折肩，直桶形微鼓腹，圜底，附加圈足。腹部三组线形堆纹。口径16、腹径28.8、圈足径18.4、高34厘米（图一三四，6）。

（二）铜器

92件（其中铜钱65件，铜镜片合并为1件计算）。出自6座墓中。

1.礼器

鼎　3件。分三型。

A型　1件（标本M63：2）。由盖与身组成，制作精细。盖弧顶，折沿略外张，盖沿一凸棱。顶中部由七个扁形弯曲支柱承接一个圆环，构成捉手。器身微敛口，口下一凸棱以承盖，深腹微鼓，圜底。两个方耳对称，较直，三个蹄足微向外弯曲，截面呈圆形。整器除器底可见一圈范痕外，其他部位没有因铸造而留下任何痕迹。残断的器足内充满铸砂。但该器因使用时间较长而留下了补疤。盖顶边缘内外相对处各有一块补痕，系两面浇灌液体而形成。一耳系再次与器身结合。耳根所在的器内有浇灌液体所形成的补疤，器表亦有浇灌液体而留下的疤痕；而另一耳处器内外均光滑无疤痕。圆环饰绚纹、同心线圆纹，支柱饰绚纹。盖顶中部以三个火纹构成的环形为中心，由内向外依次为重环纹、蟠虺纹，其间以同心细线圆纹间隔，捉手之外三圈同心凸棱上饰绚纹。由内向外第一圈凸棱与捉手之间饰蟠虺纹；第一圈与第二圈、第三圈之间分别以一道绚纹为界，内外两圈蟠虺纹；每圈蟠虺纹内外缘各有一圈同心细线圆纹；第三圈凸棱与盖缘的凸棱之间饰一周蟠虺纹，其上下边缘各有一圈细线纹。耳两面饰蟠虺纹，足饰兽面纹。身饰两道蟠虺纹。经鉴定，其铜、锡、铅的比例为31.05：36.20：32.75，含有少量铁和硅元素。口径23.2、腹径23.6、通高25.8厘米（图一三六；图一三七，1、2；彩版二，1；图版三八，2）。

B型　1件（标本M64：4）。由盖与身组成。盖圆拱形，三个半圆形纽。器身子口内敛，扁鼓腹，圜底。两个方耳微向外弯，三个四棱蹄足较直，内侧平。腹部一周凸棱，底部有凸起的一字形范痕。口径18、腹径19.6、通高17.2厘米（图一三八，2；图版三八，1）

C型　1件（标本M65：5）。无盖。敛口，口下一凸棱，垂腹，圜底近平，较大。两方耳略向外弯，三足较直，外撇，截面内侧微弧，外侧近半圆形，有四条扉棱。腹壁有两条垂直凸起的范痕，器底有凸起的弧边三角形范痕和一字形范痕，足内充满铸砂，器底有烟炱痕迹。铜、锡、铅的比例为36.27：11.13：52.60，含有少量铁和硅元素。口径14.4、腹径16.8、高14.8厘米（图一三八，1；图版三八，3）。

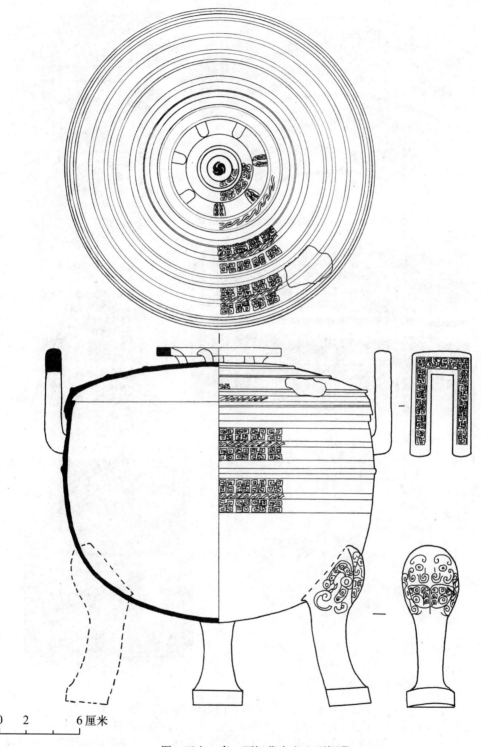

0   2   6厘米

图一三六 秦、西汉墓出土 A 型铜鼎
(M63∶2)

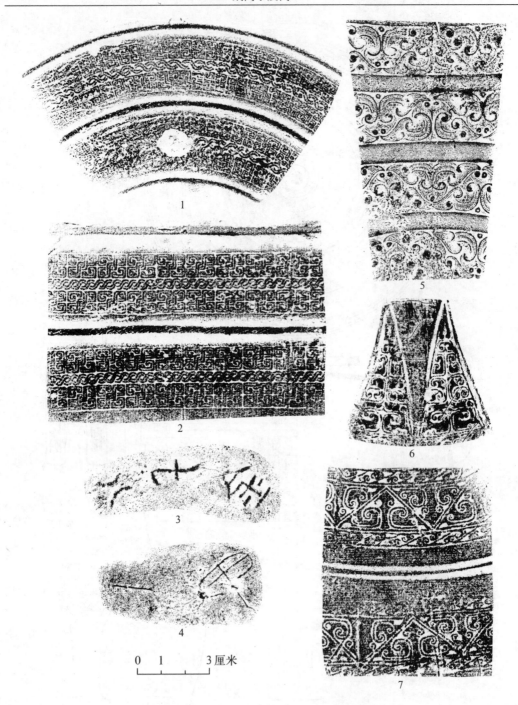

图一三七　秦、西汉墓出土铜器纹饰拓片

1.A型鼎盖顶（M63：2）　2.A型鼎器身（M63：2）　3.蒜头壶底部文字"八千金"（M77乙：3）　4.蒜头壶底部文字"甲一"（M66：2）　5.B型壶腹部（M64：3）　6.A型Ⅰ式壶颈部（M63：3）　7.A型Ⅰ式壶腹部（M63：3）

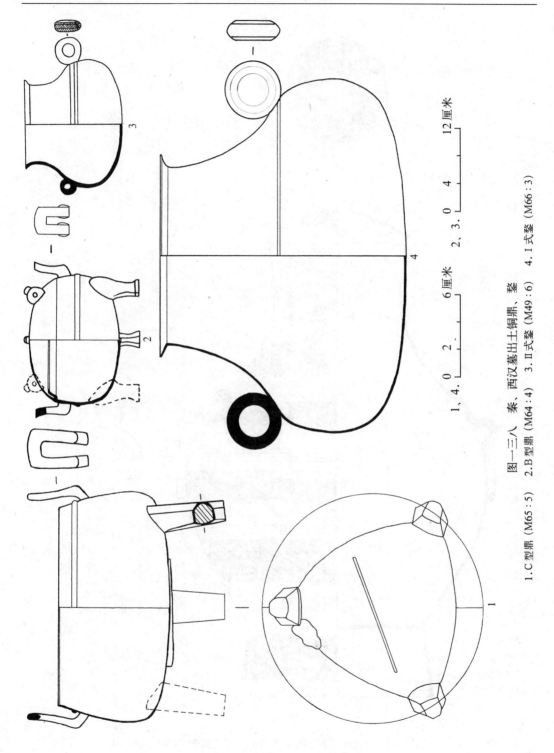

图一三八　秦、西汉墓出土铜鼎、鋆

1. C型鼎（M65∶5）　2. B型鼎（M64∶4）　3. Ⅱ式鋆（M49∶6）　4. Ⅰ式鋆（M66∶3）

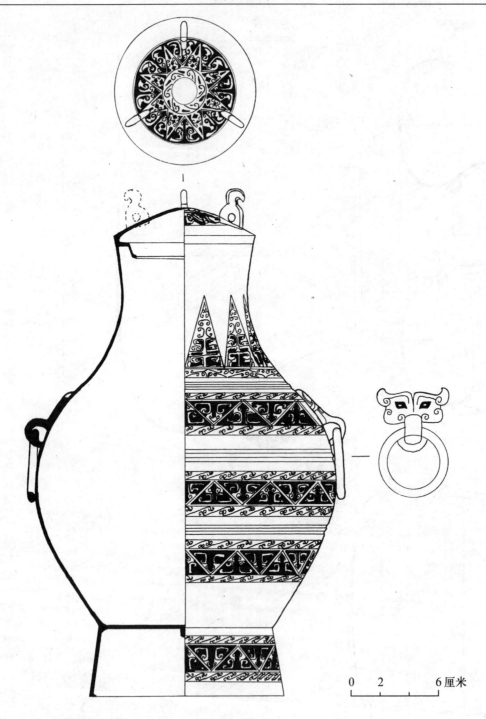

图一三九　秦、西汉墓出土 A 型 I 式铜壶
(M63：3)

壶　3件。分两型。

A型　2件。分两式。

Ⅰ式　1件（标本M63：3）。盖，隆顶，子口，三个鸟形纽。器身微侈口，向内平折一周凸棱，微束颈，较短，圆肩，鼓腹，平底，高圈足。肩部两个衔环兽面铺首，底部有条形凸棱范痕，腹部隐约可见三条范痕。盖纽、铺首分铸合体。纽两侧饰云纹，盖顶饰同心圆纹两圈，其间饰云纹，腹部饰三组凹弦纹。颈部一组、腹部三组、圈足上各有一组三角云纹与勾连云纹组合的纹饰。各组以三角云纹为主，颈部一组仅下缘有勾连云纹，其余各组上、下缘均有勾连云纹（图一三七，6、7）。口径9.6、腹径20.8、圈足径13.4、通高33.8厘米（图一三九；彩版三；图版三九，3）。

Ⅱ式　1件（标本M65：4）。由盖与身组成，系配置而成。盖顶微弧，近平。中间一

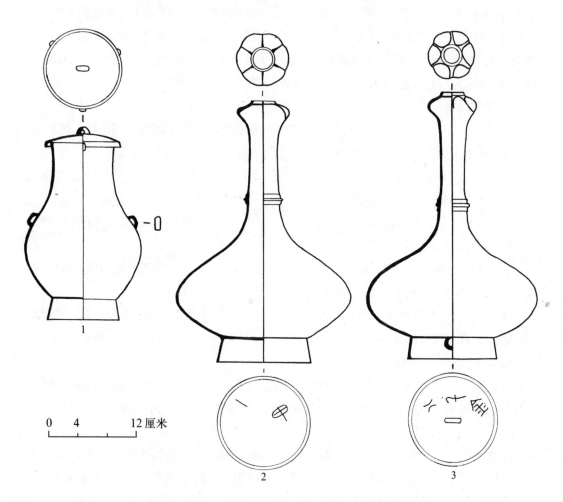

0　4　12厘米

图一四〇　秦、西汉墓出土铜壶、蒜头壶

1.A型Ⅱ式壶（M65：4）　2.蒜头壶（M66：2）　3.蒜头壶（M77乙：3）

个桥纽，口部有三个卡齿。器身微侈口，向内略平折一周凸棱，颈较长而微束，溜肩，球腹，平底，圈足较高而略外撇，肩部两耳对称。圈足上凸起两条范痕，器盖锈蚀物粘附紧密，器身多较光滑，但局部有绿锈。盖径10.4、器身口径8.8、腹径16、圈足径10、通高26厘米（图一四〇，1；图版三九，4）。

'B型　1件（标本M64：3）。盖与身由提链连接为一体。盖顶微隆，子口，边缘两个衔环桥纽，环已残。器身微侈口，细颈较长而微内束，溜肩，圆腹，平底，圈足较矮而直，肩部两个兽面铺首衔环，下腹四个鼻纽衔环。提链由提梁和链条组合而成。提梁，扁体拱形，两端龙首状，各有一个连体圆环。链条两组，每组三节。每节链呈"8"字形——中部算珠形，两端为套环。每组链条下端套合于肩部的圆环中，通过器盖上的圆环，上端套合于提梁一端的圆环中。铺首、鼻纽分铸合体。腹部有两条铸范凸棱。提梁两端刻划龙首，身部饰绚纹，盖顶纹饰模糊，颈部饰由卷云纹组成的等腰三角形纹和由卷云纹组成的三角形带纹，腹部饰四周蟠龙纹（图一三七，5），下腹鼻纽上端饰兽面纹，圈足上饰三角云纹和两周细线纹。肩、腹部带纹与蟠龙纹以及蟠龙纹之间分别有一周凹弦纹。口径6.6、腹径16.6、圈足径11、通高33.5厘米（图一四一；彩版一，2；图版三九，1）。

2. 生活用器

蒜头壶　2件。小口，六瓣蒜头形，圆柱形细长颈，颈中下部有一周凸棱，圆箍状，广肩，扁鼓腹，平底，圈足略向外撇，沿部内凸一周。标本M66：2，器底有"甲"和"一"字（图一三七，4）。口径3.2、腹径24、圈足径12.4、高35.2厘米（图一四〇，2；图版三九，2）。标本M77乙：3，底中部有一个圆环，其旁有"八千金"三字（图一三七，3）。经鉴定，其铜、锡、铅的比例为68.97：15.1：15.93，含有少量铁和硅元素。口径3、腹径24、圈足径12.4、高35.6厘米（图一四〇，3）。

鍪　3件。敛口，折沿，粗颈较短，折肩，扁鼓腹，圜底。肩下一道凸棱，两环耳。底部有烟炱痕迹。分两式。

Ⅰ式　2件。形体略大，两耳等大。耳中部起棱，内侧微弧。标本M66：3，经鉴定，铜、锡、铅的比例为40.5：9.98：49.98，含有少量铁和硅元素。口径14.8、腹径25.4、高18.4厘米（图一三八，4）。

Ⅱ式　1件（标本M49：6）。形体略小，两耳大小不一。大耳截面呈弧形，饰斜线纹；小耳截面呈圆形。口径12.2、腹径18.6、高15厘米（图一三八，3；图版三八，5）。

匕　2件。分两型。

A型　1件（标本M66：4）。铲形。弧刃，两侧外侈，微弧底，微弧壁。壁上有一个短柄。柄截面呈半圆形，正面平，背面呈弧形；中空，内续木柄。口宽11.2、柄长6.8厘米（图一四二，2；图版四〇，2）。

B型　1件（M77乙：5）。敛口，平面呈椭圆形，弧壁，圜底。口部一个短柄。柄截

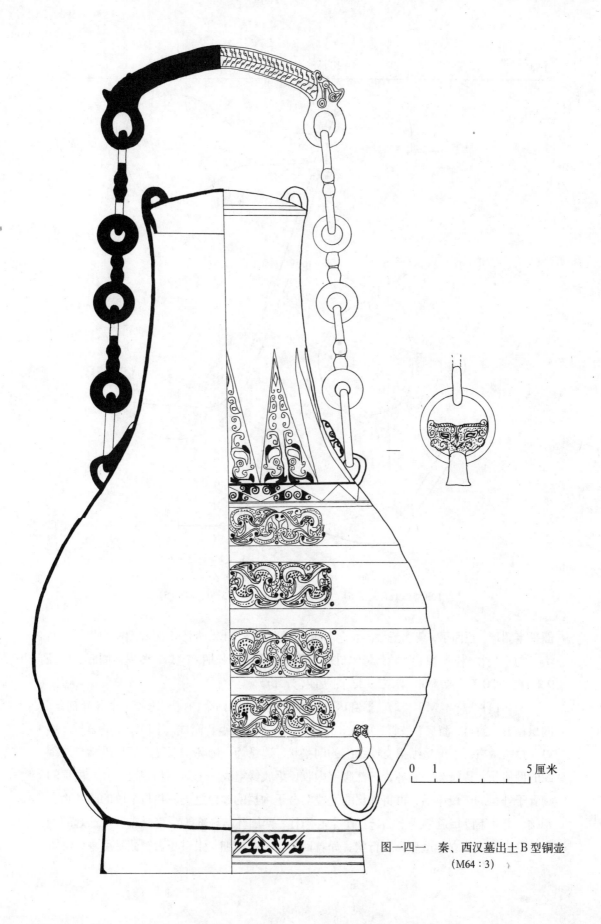

0   1   5厘米

图一四一　秦、西汉墓出土 B 型铜壶
　　　　（M64：3）

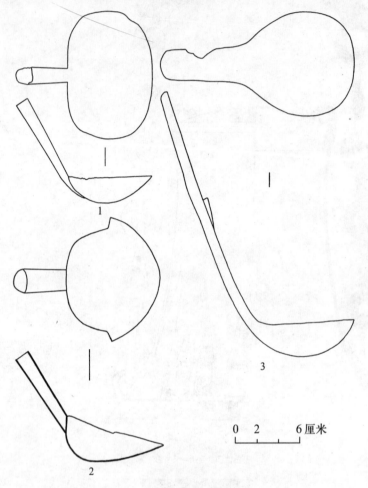

图一四二　秦、西汉墓出土铜匕、勺
1.B型匕（M77乙：5）　2.A型匕（M66：4）　3.勺（M49：5）

面呈半圆形，正面平，背面三棱；中空，内续木柄。口径11.2、柄长8厘米（图一四二，1）。

勺　1件（标本M49：5）。勺体口部平面略呈圆形，长柄。敞口，弧壁，圜底。口径9.2、柄长20.7厘米（图一四二，3；图版四〇，1）。

罍　1件（标本M64：2）。器身内外两重壁，器表有四个白虎装饰和一个环耳铺首。内层罐形，敛口，溜肩，鼓腹，平底。外层由上、下两段组合而成。上段上部为器壁，侈口，短颈微束；下部呈纵横交错编织的网格状，边缘为一圆环。下段上部呈纵横交错编织的网格状，边缘为一圆环；下部腹壁内收，平底镂空成一个圆环和四段弧孔。内层的罐置于外层的下段中后，再将外层的上段套合于内层的罐口之上，并与下段的圆环吻合相接。上、下段每道纬线上凸起三个空心圆柱，两圆环结合部等距离分布三个凸起的卡齿。白虎装饰为立体造型，爬行状，昂首回眸，长颈较细，张口吐舌，曲足弓身，细羊角形卷尾。首部凸起五个空心圆柱，肩部、臂部两侧各凸起一个空心圆柱，尾部凸起两个空心圆柱，身饰云纹。推测空心圆柱上原镶嵌有绿松石。白虎的后足连接于两圆环的结合部，前足连接在网格上。经鉴定，铜、锡、铅的比例为64.44∶21.04∶14.52，含有少量铁和硅元素。口径6、底径7.8、高13.2厘米（图一四三；彩版二，2）。

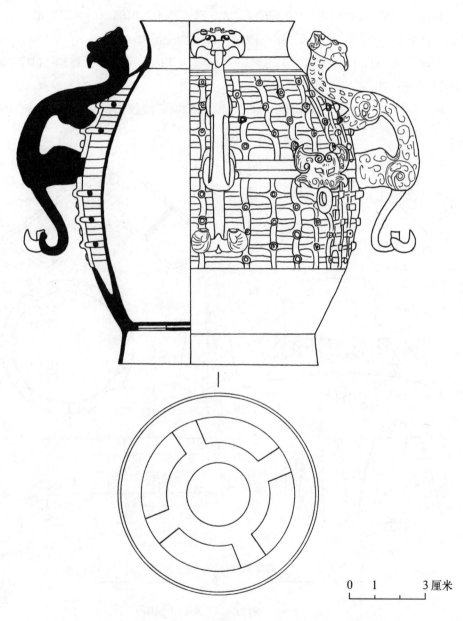

0　　1　　　　3厘米

图一四三　秦、西汉墓出土铜罍
（M64∶2）

铃　4件，均出自M49。椭圆台形，上小下大。平顶，有纽。分两型。

A型　3件。矮身，弧口，有铃锤。分两式。

Ⅰ式　1件（标本M49∶2①）。顶部一个方形扁纽，两侧起棱，弧口。顶部内侧一个半圆形环，内套铃锤。两面斜方格纹，内填点纹。口宽6.4、通高3.7厘米（图一四四，2；图版四〇，3）。

Ⅱ式　2件。标本M49∶2②，形同Ⅰ式，形体略小，顶部一个半圆形扁纽。铃锤残。素面。口宽5.3、通高2.7厘米（图一四四，1；图版四〇，4）。

B型　1件（标本M49∶2③）。顶部一个半圆形扁纽，平口，无铃锤。口宽2.7、通高3.2厘米（图一四四，3；图版四〇，5）。

环　2件。大小相同。截面略呈椭圆形，两侧饰斜线纹。标本M49∶4①，内径3.5、

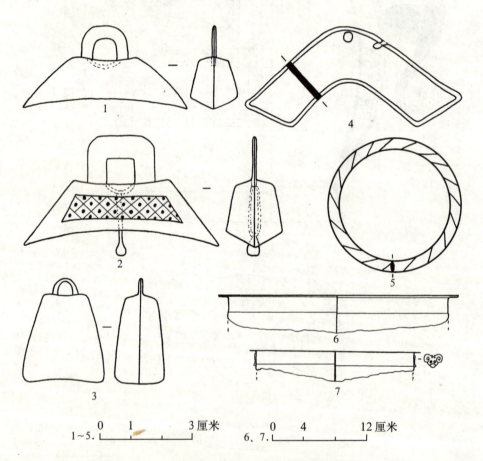

　　　　　　　　　　　　图一四四　秦、西汉墓出土铜器

1.A型Ⅱ式铃（M49∶2②）　2.A型Ⅰ式铃（M49∶2①）　3.B型铃（M49∶2③）　4.璜（M49∶3）
5.环（M49∶4①）　6、7.洗（M49∶8、7）

外径4.3、厚0.1厘米（图一四四，5）。

　　璜　1件（标本M49：3）。形体扁薄，拱形。上缘中部一个圆孔，一面有周郭。长7厘米（图一四四，4；图版三八，4）。

　　洗　3件。见于M49，均残。出土时，M49：7套于M49：8中，M49：9部分叠压M49：7、8。可见口沿、部分腹壁和不能连接的器底。均折沿，腹壁较直，平底。M49：8，复原口径30.8、残高6.5厘米（图一四四，6）。M49：7，腹上可见一个兽面铺首。复原口径23.2、残高3.7厘米（图一四四，7）。M49：9与M49：7的口径相同，但无铺首。

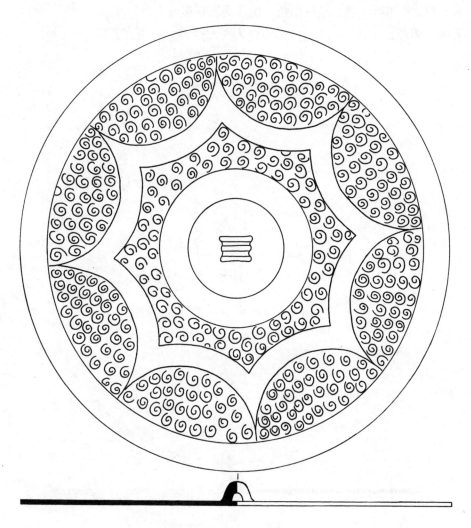

0　　1　　　　3厘米

图一四五　秦、西汉墓出土铜镜
（M77乙：6）

　　镜　1件（标本M77乙：6）。圆形，正面微弧，背面较平，中部三弦纽。纽周围和镜边缘各有一周带纹。两带纹之间饰连弧纹，内填云纹。直径17、边厚0.1厘米（图一四五；图版四〇，6）。

　　镜片　6件。出自2座墓中。其总和不足1件铜镜的1/2，可拼合。圆形，面平，平缘，三弦纽。素面。复原直径15.5、厚0.2厘米（图一四六）。

　　半两　65枚。除A Ⅲ式1件出自M63外，余出自M49。圆形，方孔，少数有郭，多无郭；钱文凸起，高于肉面。除个别变形，正面微弧，背面微凹外，其余两面较平。多生绿锈，仅2枚不生绿锈，呈灰褐色。按其周郭存在与否分为两型。

　　A型　60枚。无郭。按直径的大小分为八式。

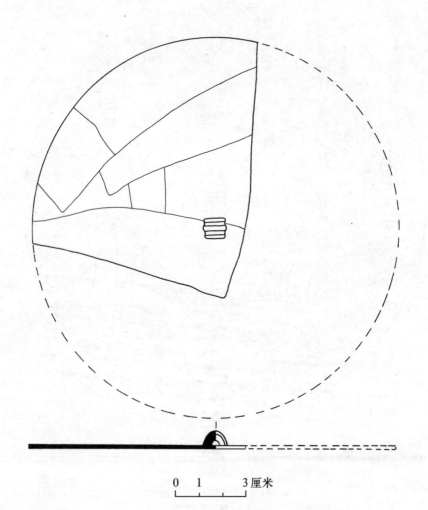

0　1　　　3厘米

图一四六　秦、西汉墓出土铜镜片
(M64：6、M65：3)

Ⅰ式　2枚。直径3.6、孔宽0.9厘米。肉厚不一。标本M49：11①，肉厚0.1厘米，重13.6克（图一四七，1）。标本M49：11②，正面微弧，背面微凹。肉厚0.15厘米，重18.4克（图一四七，2）。

Ⅱ式　5枚。直径3.3、孔宽0.6～0.8、肉厚0.1～0.2厘米。较厚者钱文清晰，较薄者钱文模糊。标本M49：11③，孔宽0.6、肉厚0.2厘米，重9.9克（图一四七，3）。标本M49：

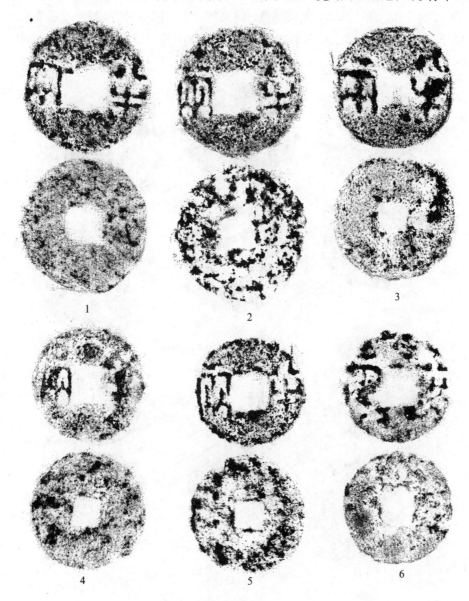

图一四七　秦、西汉墓出土A型铜半两

1、2.Ⅰ式（M49：11①、②）　3、4.Ⅱ式（M49：11③、④）　5、6.Ⅲ式（M49：11⑤、M63：1）（原大）

11④，孔宽0.8、肉厚0.15厘米，重10.6克（图一四七，4）。

Ⅲ式　11枚。钱文多不清晰。直径3.1、孔宽0.7～1、肉厚0.1厘米。标本M49：11⑤，孔宽1厘米，重5.1克（图一四七，5）。标本M63：1，孔宽0.9、肉厚0.1厘米，重14.8克（图一四七，6）。

Ⅳ式　10枚。直径3、孔宽0.6～0.8、肉厚0.1厘米。分两亚式。

Ⅳa式　2枚。不生绿锈，呈灰褐色，钱文较清晰。标本M49：11⑥，孔宽0.6厘米，重14.8克（图一四八，1）。标本M49：11⑦，孔宽0.6厘米，重5.8克（图一四八，2）。

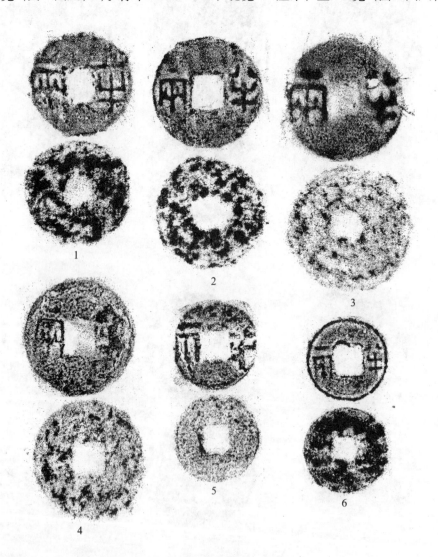

图一四八　秦、西汉墓出土铜半两

1、2.A型Ⅳa式（M49：11⑥、11⑦）　3.B型Ⅰ式（M49：11⑧）　4.B型Ⅱ式（M49：11⑨）

5、6.B型Ⅲ式（M49：11⑩、11⑪）（原大）

Ⅳb式 8枚。生绿锈，钱文模糊不清。

Ⅴ式 1枚（标本M49：11⑫）。钱文不甚清晰。直径2.9、孔宽0.7、肉厚0.2厘米，重11.9克（图一四九，1）。

Ⅵ式 2枚。直径2.5厘米。标本M49：1①，孔宽0.7、肉厚0.1厘米，重6.9克（图一四九，2）。

Ⅶ式 17枚。直径2.4、孔宽0.5～0.7、肉厚0.1厘米。钱文多模糊，字形有差别。标本M49：1③～1⑥，重分别为7.3、6.6、6.9、7.4克（图一四九，4～7）。

Ⅷ式 12枚。直径2.3、孔宽0.6～0.7、肉厚0.1厘米。钱文多模糊。标本M49：1②，孔宽0.6厘米，重6.2克（图一四九，3）。标本M49：1⑦，铁黑色。孔径0.7厘米，重7.8克（图一四九，8）。

图一四九 秦、西汉墓出土A型铜半两

1.Ⅴ式（M49：11⑫） 2.Ⅵ式（M49：1①） 3.Ⅷ式（M49：1②） 4～7.Ⅶ式（M49：③～M49：1⑥）
8.Ⅷ式（M49：1⑦）（原大）

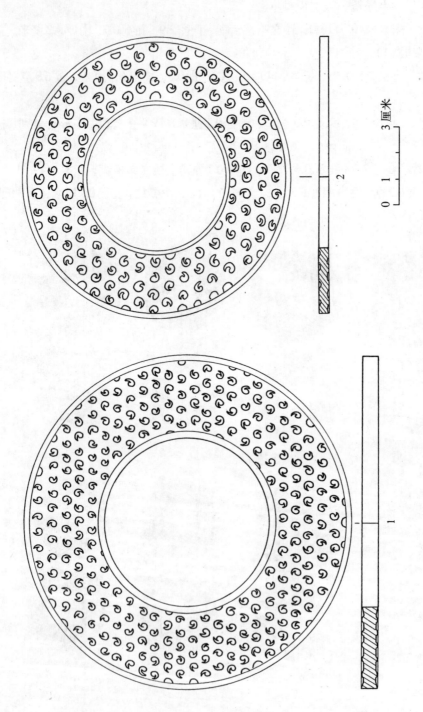

图一五〇　素、西汉墓出土玉璧
1. M65 : 2　2. M65 : 1

B型　5枚。有郭。据其直径差异分三式。

Ⅰ式　1枚（标本M49：11⑧）。直径3.4、孔径0.6、郭宽0.2、肉厚0.1厘米，重15.4克（图一四八，3）。

Ⅱ式　1枚（标本M49：11⑨）。直径3.3、孔径0.6、郭宽0.2、肉厚0.09厘米，重15克（图一四八，4）。

Ⅲ式　3枚。标本M49：11⑩，直径2.3、孔径0.5、郭宽0.1、肉厚0.1厘米，重7.4克（图一四八，5）。标本M49：11⑪，直径2.3、孔径0.5、郭宽0.1、肉厚0.1厘米，重7.2克（图一四八，6）。

（三）金、玉、石、骨器

共6件。其中，碎玉片按1件计算。

爰金　1件（标本M66：1）。黄色。略呈长方体。上端略凸出，下端圆弧，一侧呈斜面，一侧为切割面，略有不平。正面略显弧凸，背面较平。正面阴刻"爰"字，字外三边阴刻三道直线，构成边框。长2、宽1、厚0.4厘米，重7.7克（图一五一，4；彩版五，2；图版四〇，7）。

玉璧　2件。圆形，截面呈长方形。肉两面内外缘凸出一周，浮雕云纹。有光泽。标

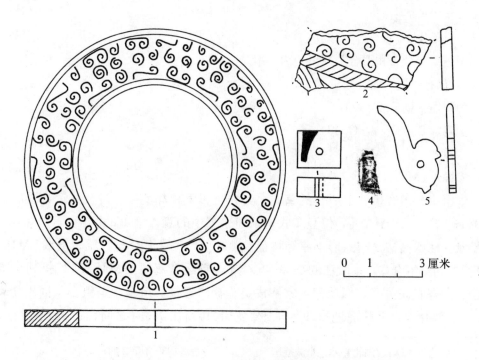

图一五一　秦、西汉墓出土器物

1.石璧（M65：7）　2.玉片（M77乙：1）　3.骨器（M64：1）　4.爰金（M66：1）　5.玉佩（M64：7）

本M65：2，多黄色，间有褐红色及白色。直径13.8、好径6.2、厚0.4厘米（图一五〇，1；彩版四，1）。标本M65：1，与标本M65：2形制相同。直径11、好径5.6、厚0.35厘米（图一五〇，2；彩版四，2）。

石璧　1件（标本M65：7）。蓝黑色，局部灰白色。肉两面内外边缘各雕刻一周细弦纹，其间雕刻云纹。无光泽。直径9.8、好径5.7、厚0.7厘米（图一五一，1；彩版五，1）。

玉佩　1件（标本M64：7）。乳白色，局部发黄。形体扁平，造型若鸟。昂首，长尾上翘，矮足。中部穿孔。长3.7、宽1.7、厚0.3厘米（图一五一，5；图版四〇，8）。

碎玉片　5件。大小不等。标本M77乙：1，两面刻云纹和鸟羽纹（图一五一，2）。

骨器　1件（标本M64：1）。长方体，中间穿孔。残存朱红痕迹。长1.6、宽1.3、厚0.7厘米（图一五一，3；图版四〇，9）。

三　小结

收录于本章的墓共14座。其中，2座无随葬品的墓，据墓葬形制和墓葬分布上的联系而归入，仅作参考。其余12座墓将从年代与墓主、文化性质与墓葬特征和其他相关问题等方面进行讨论。

1. 年代与墓主

（1）年代

根据墓葬分布和组合关系可分为三组。

1）仅有陶器，而且数量极少。

①陶鼎、豆Ⅰ（M42）；

②陶罐B、釜、盂（M43）；

③罐B、釜A（M86）；

④罐A（M88）。

本组中，组合①、②所在的墓葬，其分布属于相邻关系，时代接近；器形中出现的釜、盂，不见于楚墓；但豆Ⅰ式与前述楚墓中的豆A型Ⅲa式存在承接关系，如折壁盘、柱状高柄、喇叭形小座等特征。罐B型为牛鼻耳，与宜城楚皇城LM10：1陶罐①接近。组合③、④所在的墓葬，其分布与前述楚墓中的M85、M87排列交错而紧密，没有打破关系，似属同一家庭成员墓葬的延续。组合③与组合②同出陶罐B型；釜A型介于云梦睡虎地M29②与云梦龙岗M6所出陶釜③之间，而与云梦龙岗M4

①楚皇城考古发掘队：《湖北宜城楚皇城战国秦汉墓》，《考古》1980年第2期。

②云梦县文物工作组：《湖北云梦睡虎地秦汉墓发掘简报》，《考古》1981年第1期。

③刘信芳、梁柱：《云梦龙岗秦简》，科学出版社，1997年。

所出陶釜相似④。因此，这四座墓的年代应在秦占领这一地区之后，而不晚于汉初。

2）以铜器为主，无陶器或兼出少量陶器和其他器物。

⑤铜鼎A、壶AⅠ、铜半两（M63）；

⑥陶罐CⅡ，铜鼎B、壶B、镜片5⑤，罍，骨器，玉佩（M64）；

⑦陶罐CⅢ，铜鼎C、壶AⅡ、镜片，玉璧2，石璧（M65）；

⑧陶罐CⅠ、釜BⅠ、熏炉Ⅱ，铜蒜头壶、鍪Ⅰ、匕A，爰金（M66）；

⑨陶瓮2，盂A、BⅠ，甗，熏炉Ⅰ；铜鍪Ⅱ，勺，洗3，半两64，铃AⅠ、AⅡ2、B，环2，璜（M49）；

⑩陶釜BⅠ、CⅠ，仓，灶Ⅰ，盂BⅡ，甑；铜蒜头壶，鍪Ⅰ，匕B，镜；残玉片5（M77乙）。

本组中，组合⑤、⑥、⑦中均以铜鼎、壶为组合，⑥、⑦、⑧中均有同型器陶罐，组合⑤与⑨同出铜半两，组合⑧与⑨均有陶熏炉，组合⑧与⑩铜器中均以铜蒜头壶、鍪等为组合，说明这几座墓的年代接近。

从铜器的组合来看，以鼎、壶为组合是楚墓中常见的主要组合形式，延续到汉初。如江陵雨台山、九店楚墓，宜城雷家坡秦、汉墓等。蒜头壶、鍪、匕（或勺），或有铜洗的组合，见于秦汉时期的墓葬。如云梦睡虎地秦汉墓⑥、宜城楚皇城战国秦汉墓⑦、云梦大坟头一号汉墓⑧等。

组合⑤铜鼎A型见于下寺M1、M2⑨，当阳慈化楚墓⑩，当阳赵家湖⑪等春秋中期晚段的楚墓；与余岗Ⅰ式⑫相似。铜壶A型Ⅰ式见于楚幽王墓⑬；与襄阳余岗壶Ⅱ式（采·25）⑭器形接近；以高圈足为重要特征的铜壶，还见于宜城雷家坡秦墓⑮。同时出土秦半两钱，直径为3.1厘米，与宜城雷家坡M9铜鼎、壶、半两相组合的情形相似。可见，本组中虽然铜礼器具有较早的特征，但由于与半两同出，其上限晚于秦拔郢后。

---

④湖北省文物考古研究所、孝感地区博物馆、云梦县博物馆：《云梦龙岗秦汉墓地第一次发掘简报》，《江汉考古》1990年第3期。

⑤器物后的数字表示件数，下同。

⑥云梦县文物工作组：《湖北云梦睡虎地秦汉墓发掘简报》，《考古》1981年第1期。

⑦楚皇城考古发掘队：《湖北宜城楚皇城战国秦汉墓》，《考古》1980年第2期。

⑧湖北省博物馆：《云梦大坟头一号汉墓》，《文物资料丛刊》（4），文物出版社，1981年。

⑨河南省文物研究所、河南丹江库区考古发掘队、淅川县博物馆：《淅川下寺春秋楚墓》，文物出版社，1991年。

⑩余秀翠：《当阳发现一组春秋铜器》，《江汉考古》1983年第1期。

⑪宜昌地区博物馆、北京大学考古系：《当阳赵家湖楚墓》文物出版社，1992年。

⑫杨权喜：《襄阳余岗东周青铜器的初步研究》，《江汉考古》1990年第4期。

⑬刘彬徽：《楚系青铜器研究》，湖北教育出版社，1995年。

⑭杨权喜：《襄阳余岗东周青铜器的初步研究》，《江汉考古》1990年第4期。

⑮武汉大学历史系考古专业、宜城县博物馆：《宜城雷家坡秦墓发掘简报》，《江汉考古》1986年第4期。

组合⑥、⑦铜礼器组合与组合⑤相同，但器形互异。组合⑥中，铜鼎B型见于宜城雷家坡M4、M7、M9、M13[16]及河南泌阳秦墓[17]，与大坟头一号汉墓[18]、宜昌前坪M105[19]几乎完全一致。壶B型（提链）与马山砖M1[20]、雨台山M480[21]所出提链壶接近，但圈足有差异，腹部纹饰不同，其时代应相距较近。组合⑦中，鼎C型（越式）见于战国中晚期的楚墓中，如雨台山M480[22]。壶A型Ⅱ式无铺首，不见于雨台山、九店楚墓，亦不见于其他楚墓。组合⑥、⑦中的铜镜片可拼合，系同一铜镜。虽不完整，但其形制可见：三弦纽，素面，无座。这种形制见于战国中晚期的楚墓，如九店楚墓M16[23]及江陵雨台山楚墓M498、M520、M555[24]等。

组合⑧中，陶熏炉Ⅱ式与大庸城区西汉墓Ⅰ式[25]、长沙桐梓坡汉墓Ⅲ式[26]相似，陶罐C型Ⅰ式与长沙桐梓坡汉墓Ⅱ式[27]（原名圜底壶）接近，爰金在宜昌前坪汉初墓葬中与铜半两同出[28]。

组合⑨中的陶甗与宜昌前坪M105所出的铜甗形制相同[29]。

组合⑤、⑨中出土的铜钱，均为半两，是战国晚期至汉初不同时期的货币。A型无郭，直径2.3～3.6厘米。Ⅰ～Ⅳ式较厚重，笔画粗大；Ⅴ～Ⅷ式较轻薄，笔画纤细。B型有郭，直径2.3～3.4厘米。Ⅰ、Ⅱ式较厚重，笔画粗大；Ⅲ式较轻薄，笔画纤细。这些特征，与战国晚期至汉初的半两钱相符，而区别于曾经出土的西汉文景至武帝时期的直径在2.3厘米以下的半两钱[30]。汉武帝元狩五年（公元前118年）始铸五铢钱，而这两组墓中

---

⑯ 楚皇城考古发掘队：《湖北宜城楚皇城战国秦汉墓》，《考古》1980年第2期；武汉大学历史系考古专业、宜城县博物馆：《宜城雷家坡秦墓发掘简报》，《江汉考古》1986年第4期。

⑰ 驻马店地区文管会、泌阳县文教局：《河南泌阳秦墓》，《文物》1980年第9期。

⑱ 湖北省博物馆：《云梦大坟头一号汉墓》，《文物资料丛刊》(4)，文物出版社，1981年。

⑲ 宜昌地区考古队卢德佩：《湖北宜昌前坪105号汉墓出土的青铜器》，《文物资料丛刊》(4)，文物出版社，1981年。

⑳ 湖北省荆州地区博物馆：《江陵马山一号楚墓》，文物出版社，1985年。

㉑ 湖北省荆州地区博物馆：《江陵雨台山楚墓》，文物出版社，1984年。

㉒ 同㉑。

㉓ 湖北省文物考古研究所：《江陵九店东周墓》，科学出版社，1995年。

㉔ 同㉑。

㉕ 湖南省考古研究所、湘西自治州文物工作队：《1986～1987大庸城区西汉墓发掘报告》，《湖南考古辑刊》第5集，《求索》杂志社，1989年。

㉖ 长沙市文物工作队：《长沙西郊桐子坡汉墓》，《考古学报》1986年第1期。

㉗ 同㉖。

㉘ 湖北省博物馆：《宜昌前坪战国两汉墓》，《考古学报》1976年第2期。

㉙ 同⑲。

㉚ 参见陈振裕：《湖北秦汉半两的考古发现和研究》，《江汉考古》1988年第3期。据陈振裕先生研究，湖北战国晚期至秦代的半两钱直径2.73～3.6厘米，西汉文景时期的半两钱直径2.25～2.59厘米，西汉文景至武帝的铜钱直径2.1～2.88厘米。但本次出土的半两钱，最大直径已突破其范围。

未见，也为它们早于五铢钱的始铸年代提供了佐证。

组合⑩中的铜镜与长沙桐梓坡汉墓M2∶1[31]相同。

据以上分析，本组墓葬的年代在汉初。

3）仅有较多的陶器，礼器和生活日用器并存。

⑪鼎2、盒2、钫2、釜2、盂、瓿、仓、灶Ⅰ（M50）；

⑫鼎2，盒2，壶2，釜BⅡ、CⅡ，盂BⅡ2，瓿，豆Ⅱ，匕2，灶Ⅱ（M77甲）。

本组陶礼器与生活日用器并存，是汉墓中常见的组合形式，但晚于第二组。M77甲打破M77乙。组合⑪中的陶钫与丹江口市肖川汉墓水M8[32]相同，组合⑫中的壶与谷城过山M4[33]、丹江口市肖川汉墓汤M1[34]接近；鼎、盒与谷城过山M3相似。陶仓与江陵凤凰山文景时期的墓葬所出相同；但灶作长方形，与西汉后期墓葬一致，而不同于江陵凤凰山文景时期的墓葬作曲尺形。因此，本组墓葬的年代以汉武帝时期为宜。

（2）墓主

这些墓虽然随葬品的多寡不一，但他们之间没有身份上的实质性区别，只有贫富差别而已。

判断墓主身份的标尺，一是墓坑与棺椁，二是随葬器物。甲、乙两类墓棺椁虽已腐烂无存，但5座墓坑底保存了垫木槽，说明它们之间虽有大小的差别，但均使用棺椁。最小的墓坑底部长2.2、宽1.2米，最大的墓坑底部长3.6、宽2.6米。这同云梦龙岗秦汉墓墓坑底部的情形[35]相似。发掘者认为，"墓主身份较低，约当庶人"[36]。多数墓坑底部相当于或大于大坟头一号汉墓坑底（长3.5、宽1.82米）的宽度。大坟头一号汉墓墓主身份低于五大夫，而略高于县令史[37]，似乎表明子陵岗的墓主与大坟头一号汉墓墓主身份相当。

然而，从随葬器物来看，大坟头一号汉墓随葬铜礼器和主要生活日用器18件，而子陵岗的这些墓随葬同类铜器只有3～5件，并且同一墓中的铜器，不是时代跨度大（如M63鼎、壶），就是器物的构成不是原生状态（如M65壶盖大于器口，系另行配置）；或者同一器物的碎片在不同的墓葬中出土（如M64、M65的铜镜片可拼合），显示出勉强而为之的状态。可见，子陵岗墓葬的墓主身份低于大坟头一号汉墓的墓主身份，应为庶民。据此，子陵岗的墓主身份可作如下界定：

[31] 长沙市文物工作队：《长沙西郊桐子坡汉墓》，《考古学报》1986年第1期。

[32] 湖北省博物馆：《丹江口市肖川战国两汉墓葬》，《江汉考古》1988年第4期。

[33] 湖北省文物考古研究所、谷城县博物馆：《谷城过山战国西汉墓》，《江汉考古》1990年第3期。

[34] 同[32]。

[35] 刘信芳、梁柱：《云梦龙岗秦简》，科学出版社，1997年。

[36] 湖北省文物考古研究所、孝感地区博物馆、云梦县博物馆：《云梦龙岗秦汉墓地第一次发掘简报》，《江汉考古》1990年第3期。

[37] 湖北省博物馆：《云梦大坟头一号汉墓》，《文物资料丛刊》(4)，文物出版社，1981年。

甲类墓墓主是庶民中的富有者；乙类墓墓主是经济地位不高的一般庶民或贫困者。

2. 文化性质与特征

在较大的文化区域中，子陵岗位于楚文化的中心地带。在具体文化区域中，子陵岗既远离楚都纪南城，又远离宜城楚皇城。在地广人稀的历史时期，无疑属于偏僻之地。因此，子陵岗的文化面貌既从属于楚文化的中心区域的历史背景，又具有相对的独立性。这种独特性，反映在子陵岗墓葬的文化性质与特征中。

（1）文化性质

这一地区，文化面貌的改变与新生，肇始于秦将白起拔郢之时，但楚文化的延绵，到西汉时仍占重要地位。墓葬方向3座朝南，6座朝东，同楚墓常见的墓葬方向一致。3座墓随葬铜礼器，以鼎、壶为组合，是楚墓中随葬器物的组合形式之一；3座随葬陶礼器，其中2座使用鼎、盒、壶（钫）2套，也是见于楚墓中的组合形式。

随着时代的变迁，秦文化因素终于凸显，同时也出现了新的器形。3座墓随葬器物以秦式器为主，出现了铜鍪、蒜头壶，或兼出陶仓、灶、釜等器。2座仅出陶器的墓中，均有釜。以秦式器为主的2座墓中，出现了陶熏炉。不同型式的半两铜钱，在少数墓葬中大量出土。

（2）文化特征

楚式、秦式器物组合分离。楚式铜鼎、壶与秦式铜鍪、蒜头壶等器不共存，非此即彼，各有3座墓。属于前者的有M63、M64、M65，属于后者的有M49、M66、M77乙。

墓葬方向朝南朝北居多，富有者对于墓葬方向的选择已突破传统模式。7座朝南朝东的墓，一般庶民占86%。5座朝西朝北的墓，富有者占80%，以楚式铜礼器组合（M64、M65）和秦式（M49、M66）铜器组合的墓各2座，陶礼器与生活日用器并存的墓1座（M50）。

贵重的器物同其历史文化状况反差极大，铜礼器来源复杂。楚墓、汉初墓葬同处一地，已知的楚墓是汉初墓数量的10倍之多。楚墓中随葬铜礼器一套的墓仅1座，而汉初墓随葬铜礼器的墓竟是楚墓的3倍，质量也在楚墓之上。M63出土的铜鼎、壶，都有装饰华丽的纹饰；M64出土的铜提链壶，也为楚墓所不见。现已发掘的楚墓中没有发现铜镜，而汉初墓中却有楚式铜镜。M64出土的铜罍制作精致，镶嵌绿松石，为同期汉墓所不见。秦拔郢后，又经过秦末的战乱，到汉初社会经济处于恢复状态，子陵岗一带受区域位置的影响不可能突然发生翻天覆地的变化。究其原因，可能与战争或盗掘活动有关。因为这些铜礼器具有下列特征：

第一，时代跨度大。

M63出土的铜鼎，其年代可到春秋时期；铜壶为战国晚期之器。

第二，器物构成并非原生。

M65壶盖大于器口，系另行配置而成。

第三，随葬物品有战国时期的其他文化因素。

M65 出土的铜鼎，是越文化遗物。

第四，同一器物的碎片在不同的墓葬中出土。

M64、M65 出土的铜镜片可拼合，拼合后不足一件完整铜镜的二分之一。据现有资料，子陵岗一带，历史上没有铜镜（东周墓中没有出土，罗坡楚墓经过完整发掘，子陵岗楚墓见本书前章），所以，至汉初视为稀有之物。一件铜镜被分割成若干份，为不同的墓主所拥有，显示了铜镜的珍贵价值。当然，也可能与葬俗有关（见下文）。

这些器物既非应时之作，也不具备历史传承的条件，那么只能来源于其他途径。越王剑曾在楚墓中大量出土，其来源被推测为因战争而所得。子陵岗楚墓亦出土有越王剑，更应是因战争而所得的结果。那么，子陵岗汉初墓葬中所出现的异常之器，如越式鼎等，也可能是因战争所得而入葬的结果。此外，也不排除是盗掘所得。据文献记载，汉代有盗掘之风。《史记·货殖列传》："掘冢，奸事也，而田叔以起。""其在闾巷少年，攻剽椎埋，劫人作奸，掘冢铸币，任侠并兼，借交报仇，篡逐幽隐，不避法禁，走死地如鹜者，其实皆为财用耳。"造成这种状况的直接原因，是厚葬之风的形成。正如《潜夫论·务本篇》所说："养生顺志，所以为孝也。今多违志俭养，约生以待终。终没之后乃崇饰丧纪以言孝，盛响宾旅以求名，诬善之徒从而称之，乱孝悌之真行，而误后生之痛者也。"

3. 其他有关问题

（1）关于葬俗

饭含用爰金。M66 出土的 1 枚爰金与牙痕同在一处，位于坑底北部，应系饭含。《汉书·杨王孙传》载，王孙为欲裸葬答祁侯书云："鬼之为言归也。其尸块然独处，岂有知哉？裹以币帛，隔以棺椁，支体络束，口含玉石，欲化不得，郁为枯腊，千载之后，棺椁朽腐，乃得归土，就其真宅。"由此可知，爰金也是饭含的物品之一。

祭祀用狗。M64 填土中随葬狗骨 1 具，位于墓坑中部偏西，临近南壁。发掘时可见完整的狗骨架痕迹，应为有意放置的祭祀品。

随葬破铜镜。M64、M65 随葬的破铜镜，从放置位置来看，M64 置于左下肢旁，而 M65 则置于头顶部。放置位置的区别，意味着象征的意义并不等同。两墓相距较远，而使用同一破铜镜，说明墓主之间存在一定关系。随葬破铜镜这一现象，在长沙西郊桐梓坡汉墓中，曾有发现。一件不完整的铜镜，出自一座墓中（茶 M2），"仅存三分之二"，发掘者推测，"似随葬时有意破碎的"⑧。子陵岗同一铜镜片在不同的墓葬中出土，不仅证明这一推测是正确的，而且证明同一铜镜的碎片分散在不同的墓葬中。《史记·封禅书》记武帝时的祀典："亳人谬忌奏祠太一方……后人复有上书，言'古者天子常以春解祠，祠黄

---

⑧ 长沙市文物工作队：《长沙西郊桐梓坡汉墓》，《考古学报》1986 年第 1 期。

帝用一枭破镜……'。"这说明汉代有使用破镜的先例，但民间使用破铜镜，其确切含义有待考古发掘资料的进一步丰富。

盛行合葬。除明确表示为合葬关系的M77甲、M77乙在同一封土堆下之外，M63与M64、M46与M48、M49与M50、M42与M43分别两墓临近。

（2）相关文字

爰金。本次出土的爰金是切割后的黄金碎片，其上仅存一"爰"字，重7.7克。爰金未见于楚墓而见于汉墓，证明汉初继续流通楚国的黄金货币，并且作为贵重物品而用于饭含。由于这是一枚经过切割的黄金碎块，所以也可能构成当时的一个称量单位。据研究，1铢等于0.69克，这枚爰金约合半两㊴。

器物铭文。本次出土的两件铜蒜头壶，器底均有文字。一件出自M66，内容为"甲"和"一"。一件出自M77乙，内容为"八千金"。均为铜器制作时所形成。前者可能是铜器制作时留下的序号，后者则可能是标注的价格。"汉时，凡不言黄金若干斤，而但言若干金者，即每金折钱一万也"㊵长沙桐梓坡汉墓出土的泥质货币中，泥金版上有"千金千两"阳文㊶。据此推测，所谓"八千金"，即指该器的价格。但如果按照一金折钱一万计算，数量大得惊人，不可能是实指，而可能只是表示蒜头壶在当时价格昂贵。

㊴ 后德俊：《湖北科学技术史稿》，湖北科学技术出版社，1991年。
㊵ 瞿兑之：《汉代风俗制度史》，上海文艺出版社，1991年。
㊶ 长沙市文物工作队：《长沙西郊桐梓坡汉墓》，《考古学报》1986年第1期。

第五章 东汉墓

17座，编号为M3、M16、M24、M33、M39、M44、M45、M47、M51、M53、M55、M60、M62、M76甲、M76乙、M91、M111。墓葬均被破坏（附表四）。

一 墓葬形制

根据墓坑的构造形式，分为土坑墓、砖室墓。

（一）土坑墓

1座（M16）。方向170°，土坑竖穴带墓道，均已暴露。墓坑口大于坑底，斜壁，平底。南边略宽于北边，东、西两壁南部略向内收缩成弧线。墓口长2.7、南边宽1.5、北边宽1.4米，坑底长2.4、宽1.2米。坑底距墓口深0.5米。墓道在墓坑南边，两壁陡直，底

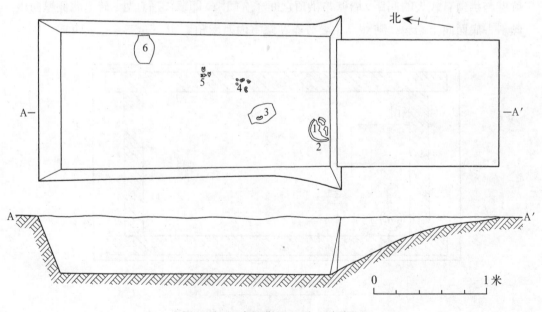

图一五二 东汉墓M16平、剖面图
1、2.陶盆 3.陶罐 4、5.铜钱 6.陶罐

面呈凹凸不平的斜坡。口长 1.4、宽 1.1 米，底面与坑壁相交处距坑底高 0.16 米。墓坑与墓道内填五花土，葬具及人骨架腐烂已尽。随葬器物放置在坑底的南部和东侧，南部由北向南排列陶罐、陶盆，东侧由北向南排列陶罐和铜钱（图一五二）。

（二）砖室墓

16 座。按照墓室与墓道平面结构的区别，分为三型。

A 型　7 座。单室墓。墓室平面呈长方形，无墓道。除 2 座墓结构保存较好外，其余墓室受到不同程度的破坏。墓葬方向 70°～130° 的墓 4 座，165° 的墓 1 座，270° 的墓 1 座，340° 的墓 1 座。土坑中砖砌墓室。墓室平面呈长方形。墓底多平铺一层砖，个别砌筑棺床。墙体多因挤压而向内倾斜，有拱形顶和平顶两种。以室内空间计算，墓室长 1.76～3.58、宽 0.36～1.76 米，底面距墓顶或残壁顶层深 0.15～1.06 米。据其结构分为三式。

I 式　5 座。1 座保存较完整，4 座损毁严重。M60，方向 270°。斜直壁土坑，平面呈长方形。长 2.9、宽 1.46 米，坑底距坑口深 1.24 米。砖室四壁底部抵坑壁。长 2.08、宽 1.1 米，底面距拱顶 1.06 米。两侧砖壁与土坑壁间 0.04～0.06 米，两端砖壁与土坑壁分别间距 0.1 米。西端砖壁向内收缩 0.1 米，距土坑壁 0.2 米。东端砖壁向内收缩 0.15 米，距土坑壁 0.25 米。四壁错缝直砌，逐层加高。墙宽等于砖宽，室内纵横对缝横置平铺一层地砖。拱顶砌筑于南北两侧壁之上，错缝平置直砌，逐层向内收缩，渐成侧置直砌。拱高 0.5 米。拱顶覆盖范围两端超过墙体 0.04 米，东端与墙体间距 0.05 米。砖室东部，土坑壁与拱顶有较大的间距，墙壁与拱顶之间亦有间隙，即墓门所在处。砖室北侧壁向内倾斜，底面向上凸起。随葬品主要分布在墓室内西南角（图一五三、一五四）。

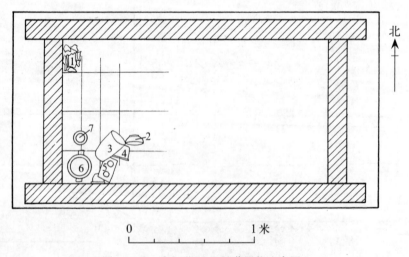

图一五三　东汉墓 M60 随葬器物分布图
1、7.陶罐　2.陶盂　3.陶仓　4.陶井、汲瓮　5.陶灶带釜、甑　6.陶鼎

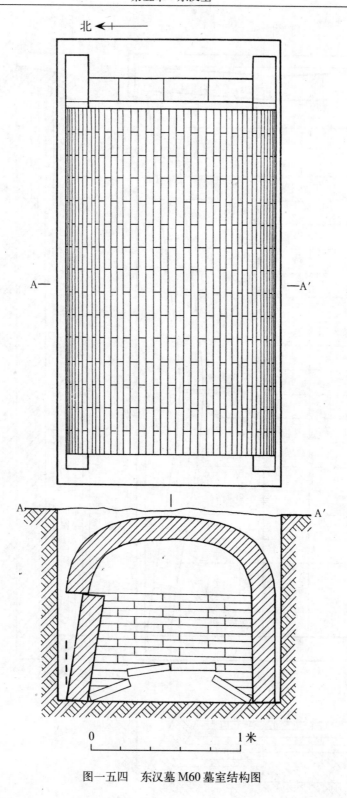

图一五四　东汉墓 M60 墓室结构图

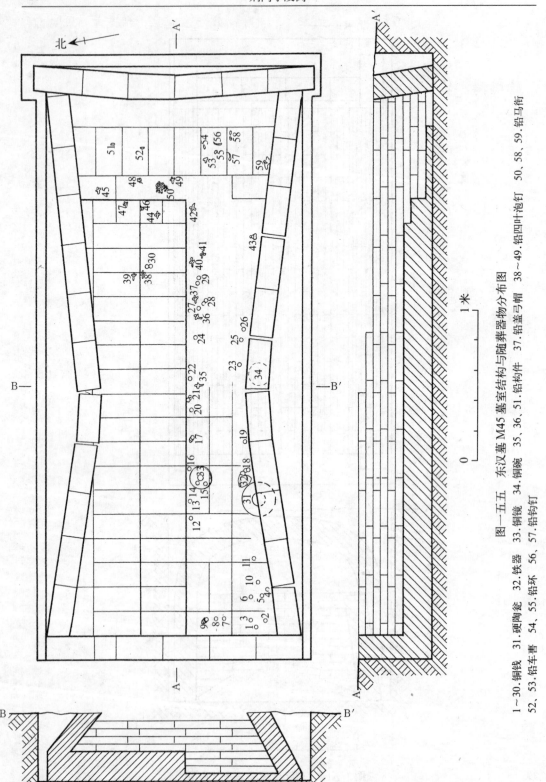

图一五五　东汉墓 M45 墓室结构与随葬器物分布图

1～30. 铜钱　31. 硬陶瓮　32. 铁器　33. 铜镜　34. 铜碗　35、36、51. 铅构件　37. 铅盖弓帽　38～49. 铅四叶泡钉　50、58、59. 铅马衔
52、53. 铅车害　54、55. 铅环　56. 铅钉　57. 铅钩钉

Ⅱ式　1座（M45）。方向100°。墓室结构同Ⅰ式，但土坑为直壁，墓室封门墙壁两端向外侈出0.08米，土坑的相应部位亦向外侈。室内纵横对缝直置平铺一层地砖，并在其上对缝砌筑棺床。棺床由三层砖砌筑而成，各层平铺，或直置，或横置，逐层交替使用。棺床西北边抵墙壁，长2.86、宽0.8、高0.15米。拱顶已毁，两侧壁和东壁向内倾斜。室内空间长3.58、宽1.44米，底面距墙顶残深0.45米。随葬器物主要分布在东部和南侧（图一五五）。

Ⅲ式　1座（M91）。方向130°。墓口之上有厚约0.3米的表土。直壁土坑，砖砌墓室紧贴坑壁。墓室狭小，仅可容尸。墓室平面呈长方形，底面对缝平铺一层地砖，横置。其上单砖直砌四壁，每壁仅五层砖，顶部错缝平铺二层砖。室内空间长1.76、宽0.34、高0.24米。仅有人骨架一具，无随葬品（图一五六）。

B型　6座。带墓道的单室墓。墓室平面呈长方形，带墓道。方向80°～100°，墓口长2.76～4.44、宽2～3.42米，墓底长2.38～3.88、宽1.5～2.86米。分两式。

Ⅰ式　3座。墓室结构与A型Ⅰ式相同，但规模略大，设置墓道。方向80°～100°。M55，方向100°。直壁土坑，平面呈长方形。长2.76、宽2米，坑底距坑口深1.02米。墓道在墓坑东端，平面呈梯形，两壁呈斜面，底面呈斜坡。开口长1.82米，西端与墓坑同宽，东端宽1.7米，底面斜坡与坑底相接，宽1.6米。砖砌墓室两侧壁和西壁垒砌在土坑中，错缝直砌，与土坑壁间距0.04～0.08米。室内对缝平铺地砖二层。墓顶已毁，封门砖直砌，仅保存一层砖。室内空间，长2.52、宽1.5、残高0.86米（图一五七）。

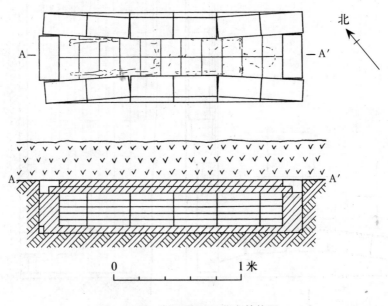

图一五六　东汉墓M91墓室结构图

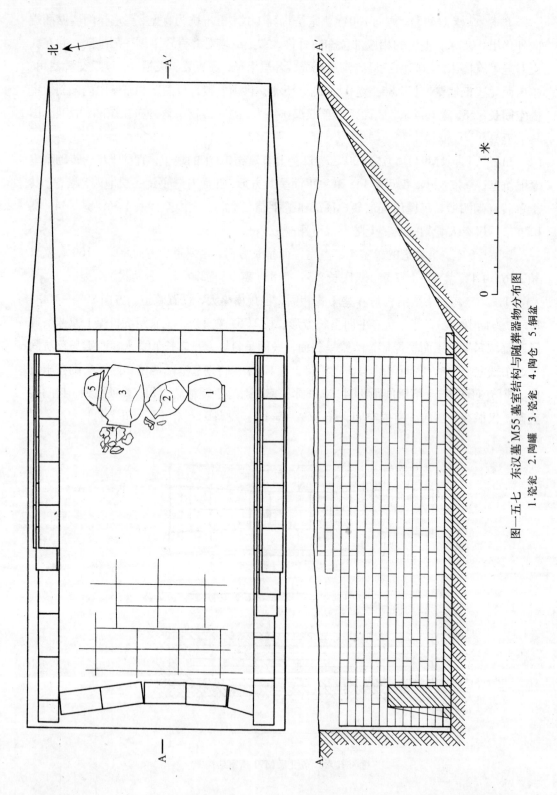

图一五七　东汉墓 M55 墓室结构与随葬器物分布图
1.瓷瓿　2.陶罐　3.瓷瓿　4.陶仓　5.铜盆

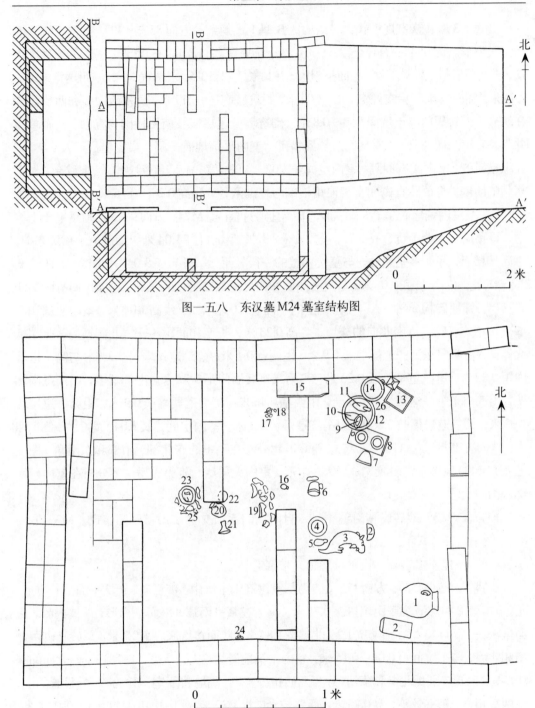

图一五八 东汉墓 M24 墓室结构图

图一五九 东汉墓 M24 随葬器物分布图

1、19.陶罐 2、4.陶仓 3.陶狗 5.陶猪 6.陶井 7.陶甑 8.陶灶带釜 9.陶盉 10.陶鸡 11.陶鸭 12.陶盆
13.陶猪圈 14、26.陶鼎 15.筒瓦 16.陶汲瓮 17.铜钱 18.骨器 20.硬陶罐 21.陶豆 22.陶磨盘 23.陶磨
24.残铜器 25.陶奁

Ⅱ式 3座。墓室规模较大，结构比B型Ⅰ式复杂。方向85°～90°。直壁土坑，平面呈长方形。长3.54～4.44、宽2.6～3.42米，坑底距墓口深0.7～1.5米。墓道位于墓坑东端，平面呈梯形，两壁内收，底面呈斜坡。开口长2.72～3.5、东端宽2～2.6、西端宽2.36～2.74米。底面与坑底相交处宽2.4～3.04米，距坑底高0～0.17米。墓室两侧墙和西墙建筑在坑底上，其周围与土坑间距0～0.8米。砌筑墙壁逐层交替使用横砌与直砌。横砌单砖并列，直砌两砖并列；1座墓间或侧置横砌。室内平铺地砖一层，或交错成"人"字形，或纵横对缝。室内或有间隔。室内空间长3.02～4.08、宽2～2.76、残高0.7～1.52米。封闭墓门的墙壁，有单砖直砌和交替使用横砌与直砌两种。残高0.24～0.76米。

2座墓室内铺地砖呈"人"字形，单砖直砌封墓门。M24，方向90°。砖砌墓室于土坑中，设墓道。直壁土坑，长3.72、宽2.6米，坑底距坑口深1.04米。墓道位于墓坑东端，平面呈梯形，底面多呈斜坡，与墓坑相接的一段较平缓。开口长3.04、东端宽2、西端宽2.36米，底面高于坑底0.04米。墓室两侧壁和西壁逐层交替使用横砌和直砌，间有两层侧置横砌。铺地砖构成斜"人"字形。室内空间长3.04、宽2、残高1.04米。室内北部和南部分别单砖直砌三道南北向的矮墙，各高0.23米，长度和间距不一。北部矮墙，北端抵北侧壁。由西向东第一道矮墙长0.9米，距西壁0.1米；第二道矮墙长0.9米，与第一道墙间距0.82米；第三道矮墙长0.23米，与第二道矮墙间距0.51米。南部矮墙，南端抵南侧壁。由西向东第一道矮墙长0.9米，距西壁0.46米；第二道矮墙长0.9米，距第一道矮墙1.03米；第三道矮墙长0.6米，距第二道矮墙0.1米。室内空间，长3.04、宽2、残高1.04米。单砖直砌封墓门（图一五八）。随葬器物分布在墓室的东北部、中部和东南角（图一五九）。M33地砖平铺斜置构成"人"字形，室内无矮墙。随葬器物主要分布在室内西南部（图一六○、一六一）。

1座墓（M3）地砖纵横对缝平铺，封闭墓门逐层交替使用横砌与直砌。M3，方向85°（图一六二、一六三）。

C型 3座。多室墓。设置拱形顶，带墓道。分三式。

Ⅰ式 1座（M53）。方向175°。砖砌墓室建筑于土坑中，带墓道。土坑平面呈长方形，长3.04、宽2.84米，坑底距坑口深0.74米。墓道在墓室南端，平面呈梯形，两壁内收，底面呈斜坡。开口长2.8、南端宽1.2、北端宽2.84米。底面接坑底，宽2.7米。单砖直砌两侧墙和北墙，与土坑间距0.04～0.15米。室内平铺地砖呈"人"字形，垒砌一道南北向的隔墙。隔墙两端分别抵北壁和墓门，逐层双砖错缝直砌。隔墙将墓室一分为二，并设置门洞，使两室相通。东室较小，宽0.75米；西室较大，宽1.32米。门洞拱形，宽0.6、高0.24米，南距墓门0.5米。顶部，西室已毁；东室尚存，呈拱形。由于墓室东壁向内挤压变形，所以拱顶北边部分叠压在土层上。东室拱顶距地砖高0.92米，西室残高0.65米。室内空间，长2.7、宽2.24、高0.72米。随葬器物主要分布在东室，西室较少（图一六四）。

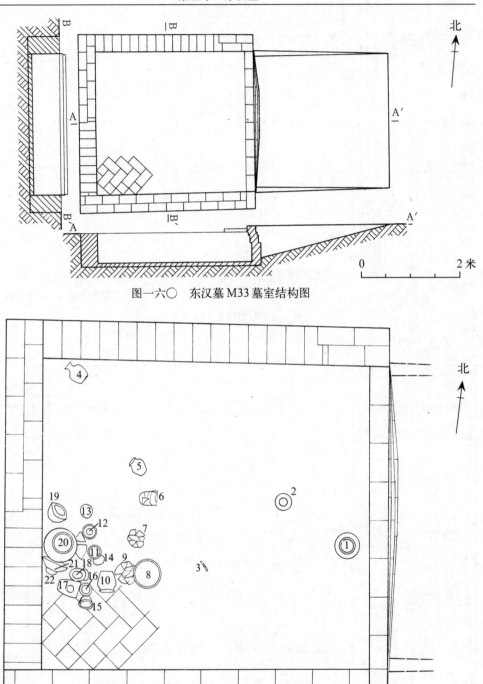

图一六〇 东汉墓 M33 墓室结构图

图一六一 东汉墓 M33 随葬器物分布图

1、7、9、19.陶罐 2.残铜器 3.铜带钩 4.硬陶壶 5、6、10.硬陶罐 8.残铜器 11.陶仓盖 12.陶仓
13.陶盘 14、22.陶盂 15.陶井 16.陶釜 17.陶灶 18.陶鼎 20.陶瓮 21.残铜器

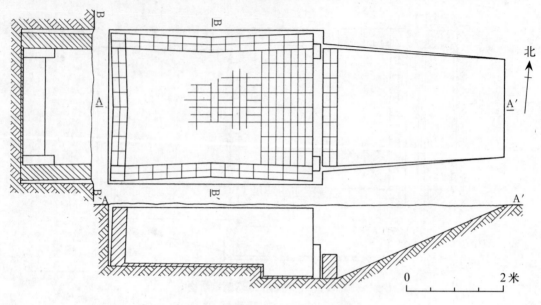

图一六二　东汉墓M3墓室结构图

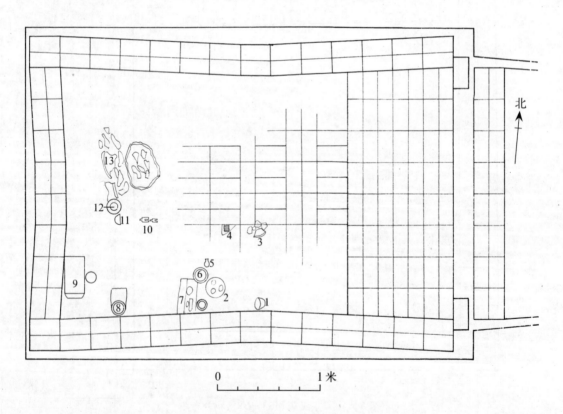

图一六三　东汉墓M3随葬器物分布图
1、6.陶釜　2.陶鼎　3、11.陶器盖　4、10.铜钱　5.陶汲瓮　7.陶灶　8.陶井　9.陶仓　12.陶罐　13.陶瓮

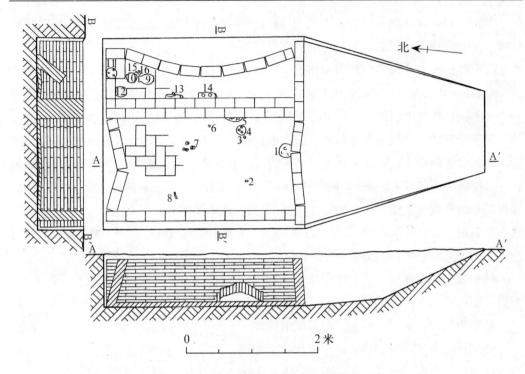

图一六四　东汉墓 M53 墓室结构与随葬器物分布图

1.铜碗　2、3.残铜器　4、6、7.铜钱　5.陶瓮　8.铜带钩　9.硬陶壶　10、12.陶罐　11.陶鼎
13.陶仓　14.陶灶带釜、甑　15.陶盂　16.陶井

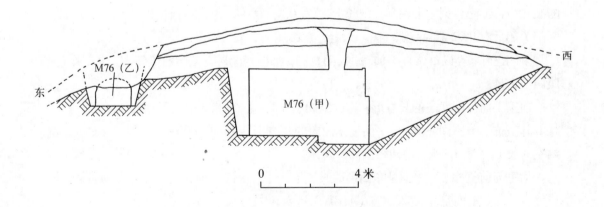

图一六五　东汉墓 M76 甲与 M76 乙关系图

II式　1座（M76甲）。方向255°。发掘时，保存有封土堆，局部被毁。封土堆略呈半球体。直径约16.5、高约2.5米。其东缘分布M76乙。M76乙和M76甲相邻，为同一封土堆（图一六五）。封土堆覆盖墓室与墓道，共三层：上层灰褐土，厚0.3～0.4米；中层黄红土，厚0.08～0.62米；下层褐黄土与坑内填土连为一体。封土堆中部偏北，上层灰褐土下有一个盗洞，打破中层和下层，穿过墓室封顶砖至前室。开口略呈圆形，直径约1.4米。

M76甲砖砌墓室建筑在土坑中，带墓道，平面构成"中"字形。墓坑平面呈"T"字形，由两个矩形组成。东部平面为一个东西向的长方形。开口长3.8、宽3.4米。坑壁内收。内收幅度东壁较大，南、北两壁较小。西部平面为一个南北向的长方形，坑壁内收，幅度较小，开口长5.56、宽1.9米。墓道位于墓坑的西端中部，平面呈梯形，两壁内收，底面呈斜坡。开口长7.4、西端宽2.4、东端宽2.8米，底面与坑底相接，宽2米。土坑与墓道北边营造时已坍塌（图版四一，1）。

砖砌墓室的平面形状与土坑形状吻合，略小于土坑底面。其四周与土坑壁间距不一。东边间距0.45、西边间距0.08米，其余各边间距0.8～0.12米（图一六六）。

墓室由墓门、前室、后室、两耳室组成。

墓门位于墓室西壁正中，与墓道和墓室相通。长方形，灰色石质结构。两块长方形石片铺地，宽、厚一致，长度有别。一块长0.86、另一块长1米，均宽0.36米，厚0.06米。每块石片凿有一个圆孔，以供安装石门。孔径0.1、间距1.2米。石片两端之上置石柱。两柱高度相等，边长不等。位于北边的石柱长0.32米，位于南边的石柱长0.45米，均宽0.28、高1.38米。两立柱相对的一面，外侧呈直角边槽，深0.06米，石柱之上置石梁。石梁呈长方体，正面刻划两条直线。向下的一面，中部微凹；两端微凸，凿有两个圆孔，与铺地石片上的两圆孔上下对应。石梁长1.9、宽0.28、厚0.46米。两扇石门安置于石梁之前。每扇石门呈长方形，一侧的两端有伸出的转轴，分别置于铺地石片和石梁的圆孔中；正面各刻一个圆环。门长1.4、宽0.7、厚0.06米，转轴长0.06、直径0.1米，两门关闭后有0.02米的间隙（图一六七；图版四一，3）。

墓门之外，再以单砖直砌加固，封闭墓门。加固封门砖与墓门石梁等高，宽2米（图版四一，2）。

前室平面呈南北向的长方形。室内空间长2.4、宽1.3米，地砖距顶高2.66米。

耳室位于前室南北两侧，平面呈东西向的长方形，单砖直砌墙壁，墙厚等于砖宽。室内空间长1.3、宽1.2米，地砖距顶高1.36米。

后室与前室相邻，平面呈东西向的长方形，逐层单砖横砌和两砖并列直砌墙壁，墙厚等于砖长。室内空间长2.8、宽2.4、高2.36米。

后室内地面北部，直砌平铺两条砖，间距1.2米。每条砖一层，呈南北向。东部一条砖，东侧和北端抵墙壁；西部一条砖北端抵墙壁。每条砖长1.1米。

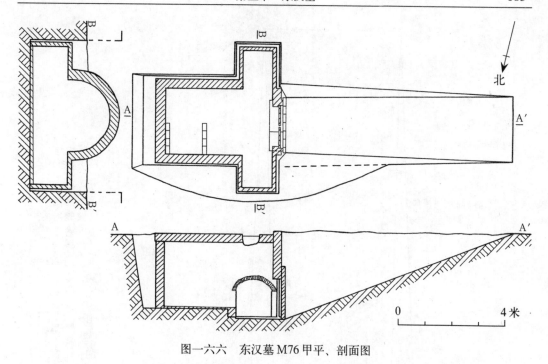

图一六六　东汉墓 M76 甲平、剖面图

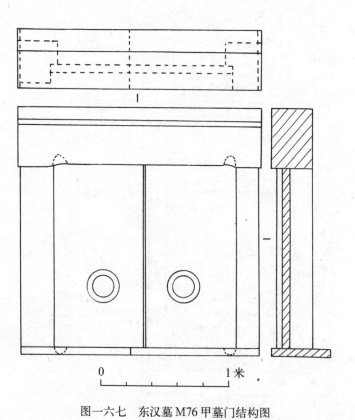

图一六七　东汉墓 M76 甲墓门结构图

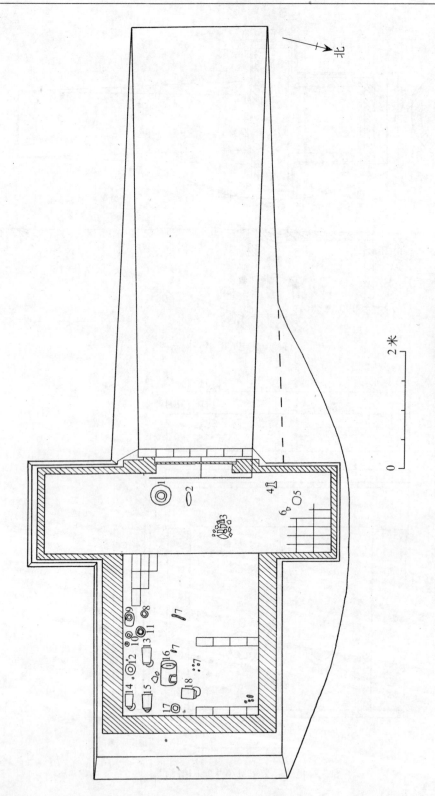

图一六八　东汉墓 M76 甲随葬器物分布图

1. 陶瓮　2. 陶熏炉盖　3、11、12. 陶罐　4. 陶熏炉　5. 铜镜　6. 铜配件　7. 铜钱　8. 陶井 (带汲瓮)
9. 陶灶　10. 陶盂　13～15. 陶仓　16. 陶猪圈 (附陶猪)　17、18. 陶仓

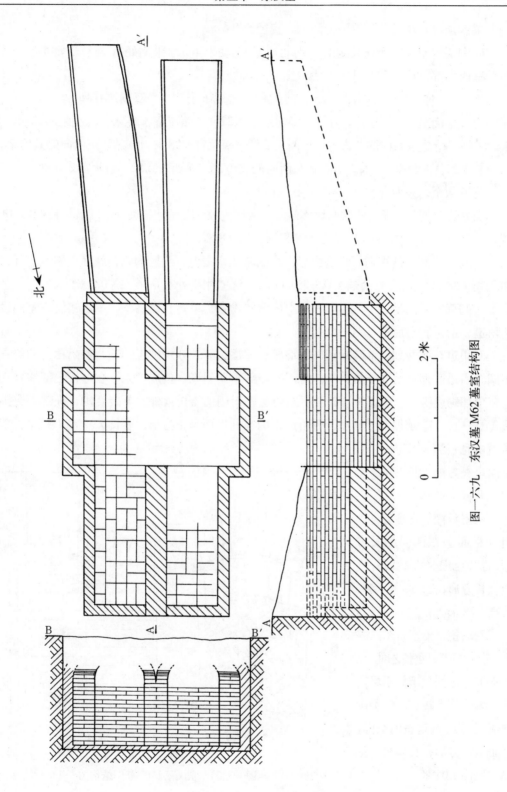

图一六九　东汉墓 M62 墓室结构图

墓室顶部正中偏北，有一个盗洞，直径约0.6米。

砖砌墓室空间东西通长约4.1、南北通宽5、高2.66米（最高处）。随葬器物主要分布在后室西南部，前室和北耳室很少（图一六八）。

Ⅲ式　1座（M62）。方向195°。砖砌墓室建筑于土坑中，双墓道并列。

土坑平面呈"中"字形，直壁。南北通长5.22、东西通宽3.24米，坑底距墓口深1.9米。南部一个呈东西向的长方形，东西长2.52、南北宽1.08米。中部呈东西向的长方形，东西长3.24、南北宽1.8米。北部呈东西向的长方形，东西长2.52、南北宽2.34米。

墓道两个，东西并列。

西墓道平面呈梯形，北端略比南端窄，两壁内收，底面呈斜坡。开口南北长4.02、北端宽0.9、南端宽1.02米。底面与坑底相接，宽0.8米。

东墓道平面不甚规则，略呈梯形，北端略比南端宽，两壁内收，底面呈斜坡。开口南北长4.28、北端宽1、南端宽0.9米，底面与坑壁相交处宽0.86、高0.2米。

砖砌墓室平面呈"中"字形，与土坑形状吻合。单砖直砌墙壁，逐层错缝。室内设两甬道、前室和两后室（图一六九）。

两甬道东西并列，单砖横砌间隔墙壁，逐层错缝；分别砌筑券顶，封闭甬道的位置不同。西甬道砌封闭墙于甬道内。封闭墙下部单砖斜砌，构成"人"字形；上部并列立砌，顶部砌成拱形。墙厚等于砖长。东甬道砌封闭墙于甬道外。单砖直砌，顶部砌成拱形（图一七〇）。墙厚等于砖宽。西甬道室内空间平面呈正方形，边长0.9、高1.47米。东甬道券顶已毁。室内空间，平面呈长方形，长1.26、宽0.9、残高1.26米。

前室两侧呈直角向外凸出，平面呈东西向的长方形，券顶已毁。室内空间，平面呈长方形，长2.86、宽1.44、残高1.28米。

两后室（棺室）东西并列，大小相等。两室之间，单砖横砌一道间隔墙。逐层错缝，墙厚等于砖长。分别砌券顶，已毁。每室室内空间，平面呈长方形，长2.34、宽0.9、残高1.01米。

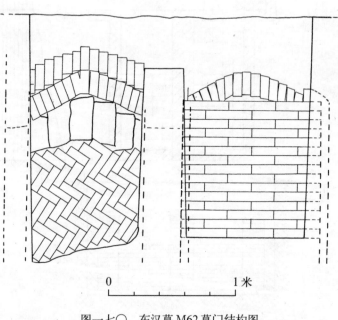

图一七〇　东汉墓M62墓门结构图

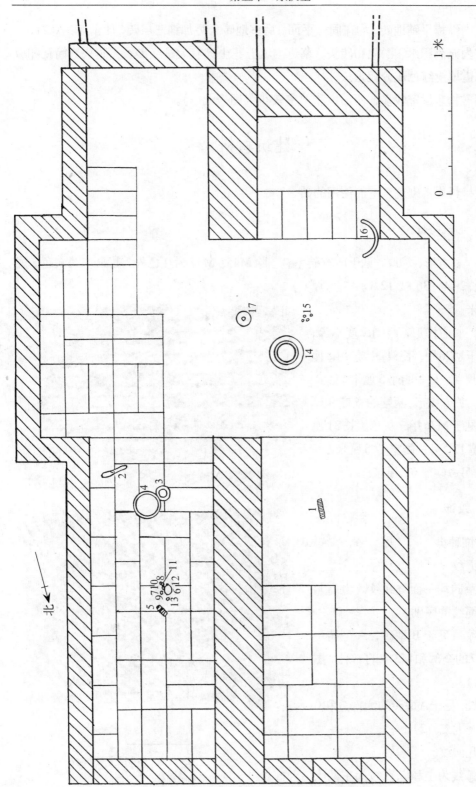

图一七一 东汉墓 M62 随葬器物分布图

1、5、15. 铜钱 2、16. 残铜器 3. 硬陶釜 4、17. 铜镜 6. 银镯 7. 水晶珠 8. 骨饰 9. 石珠 10. 淡红色琉璃珠 11. 棕色琉璃珠 12. 蓝色琉璃珠 13. 金戒指 14. 陶罐

各室内纵横平铺地砖，均在同一平面。后室地砖上另加铺三层砖，比前室高0.21米。

墓室内充满积水、淤泥和砖头。墓道内填五花土夹有大量红砂石、砖头、筒瓦和板瓦，西墓道填土红色成分较重。

随葬器物东后室较多，西后室和前室较少（图一七一）。

二　建筑材料

建筑材料均系砌筑墓室而使用的砖。

（一）形式特征

A型　长方形，等厚。见于所有砖室墓。除M45、M47为红色外，其余均为灰色。规格不等。长29.4～36、宽12.3～16.7、厚4～6.5厘米。

B型　长方楔形，两侧厚度不等，灰色。见于M76甲。长31.3、宽14.8厘米，一侧厚4、另一侧厚5厘米。

C型　长方楔形，两端的宽度和厚度不等。见于M76甲，灰色。长31厘米，一侧宽17、另一侧宽17.5厘米；一端厚4.5、另一端厚6.2厘米。

（二）纹饰

1. 纹饰种类

（1）绳纹

所有墓砖均一面饰绳纹。但有斜绳纹和横绳纹的区别。

横绳纹。见于B型砖，A型砖中M55、M47的全部和M3中的一种（图一七二，1）。

斜绳纹。见于A型砖的大部分和C型砖（图一七二，2）。

（2）几何纹

有以弧线为主和以直线为主两大

1

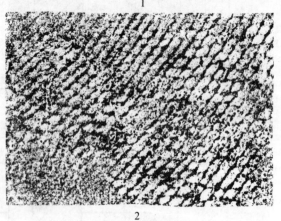

2

0　1　　　3厘米

图一七二　东汉墓M3墓砖绳纹
1.横绳纹　2.斜绳纹

类。前者的基本构件为半圆形弧线，附加点纹或直线纹；后者的基本构件为"×"形，附加纹饰有菱形纹、单双"V"形纹、"S"形纹、点纹、竖线纹等。

单弧线半圆纹。每组两单弧线弓背相对，每组之间加点纹。见于M3、M76甲中的A型砖，数量较少（图一七三，1）。

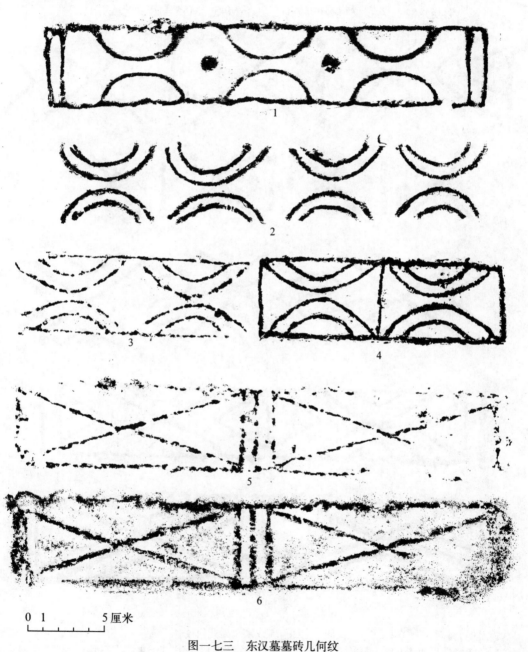

图一七三　东汉墓墓砖几何纹
1.单弧线半圆纹（M3）　2～4.双弧线半圆纹（M33、M76甲、M3）　5、6."×"形与竖线纹组合的纹饰（M62、M76甲）

　　双弧线半圆纹。每组两双弧线相对，每组之间或加一条竖线。无竖线的见于M3、M24、M33、M76甲中的部分A型砖（图一七三，2、3），加一条竖线的见于M3中的另一部分A型砖（图一七三，4）。

　　"×"形与竖线纹组合的纹饰。见于M62、M76甲中的A型砖（图一七三，5、6）。

　　"×"形与点纹、竖线纹组合的纹饰。见于M45、M55（图一七四，1、2）。

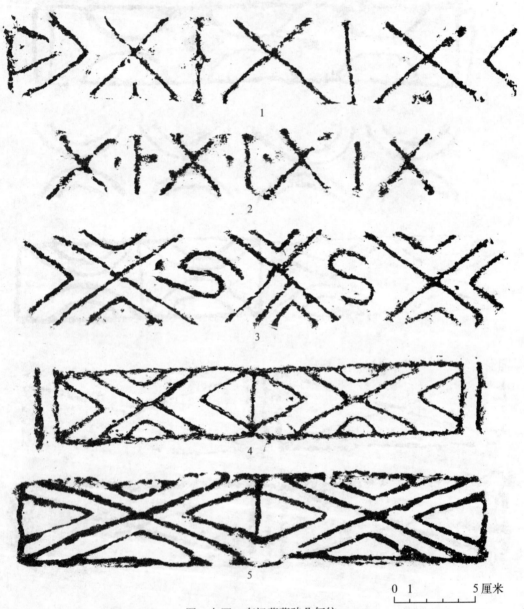

图一七四　东汉墓墓砖几何纹

1、2."×"形与点纹、竖线纹组合（M45、M55）　3."×"形与"S"形、单"V"形组合（M55）

4、5."×"形与菱形、单"V"形组合（M47、M3）

"×"形与"S"形、单"V"形纹组合的纹饰。见于M55中的A型砖（图一七四，3）。

"×"形与菱形、单"V"形纹组合的纹饰。见于M3、M47、M62中的A型砖，M76甲中的B型砖（图一七四，4、5；图一七五，3）。

"×"形与双"V"形纹饰组合的纹饰。见于M45、M76甲中的A型砖（图一七五，1、2）。

（3）涡纹

见于M76甲中的C型砖（图一七五，5）。

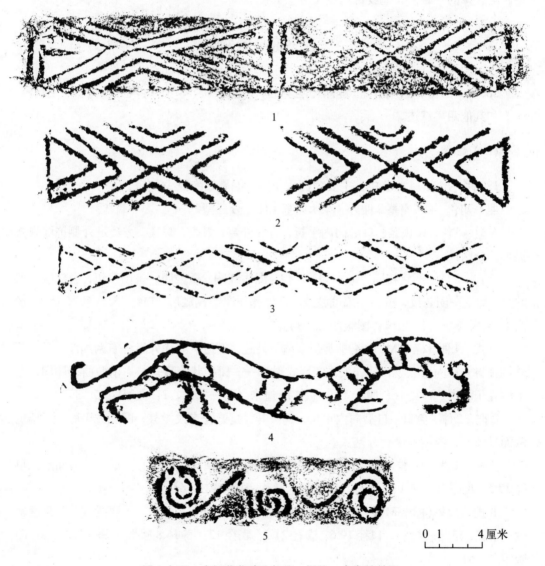

1

2

3

4

5　　　　　　　　0　1　　　　4厘米

图一七五　东汉墓墓砖几何纹、涡纹、虎食魑魅图

1、2."×"形与双"V"形组合（M45、M76甲）　3."×"形与菱形、单"V"形组合（M76甲）

4.虎食魑魅图（M55）　5.涡纹（M76甲）

（4）虎食魑魅图

一虎前足伏地，后足猛登，曲身卷尾，伸颈张口，欲吞噬一个矮小魑魅。仅见于M55中的一块A型砖（图一七五，4）。

2. 装饰部位

绳纹装饰于各型砖的一面。双弧线半圆纹加竖线、部分双弧线半圆纹，装饰于A型砖的一端。"×"形与菱形、单"V"形纹组合装饰于B型砖较厚的一侧。涡纹装饰于C型砖的较厚的一端。其他纹饰均见于A型砖的一侧。

三　随葬器物

583件。出自15座墓中。1座墓无随葬品，1座墓因毁坏不明。现分为陶器、硬陶器、铜器和其他四类叙述。

（一）陶器

120件。出自14座墓中。主要为泥质灰陶，泥质红陶很少。

鼎　7件。除1座墓2件外，余1座墓1件。分三型。

A型　3件。弧顶盖。口沿向内平折，方耳外弯，鼓腹，圜底。方矮足外侧饰浮雕式猴形。分两式。

Ⅰ式　2件。形状相同。标本M24：14，泥质红陶。微鼓腹。盖顶三组，中部压印四叶纹，周围一圈弦纹，腹部一周凸弦纹。足外侧作浮雕式猴形。口径15.2、腹径16.4、通高16厘米（图一七六，1；图版四二，1）。

Ⅱ式　1件（标本M39：4）。泥质灰陶。鼓腹。盖顶中部和外缘各有两周凹弦纹，耳外侧饰斜方格内填点纹，足外侧作浮雕式猴形——蹲坐状，张口，右前肢曲于胸间，左前肢置于膝上。口径16、腹径18、通高16厘米（图一七六，2；图版四二，3）。

B型　2件。敛口，口沿向内平折，椭圆耳，腹壁较直或微鼓，圜底或平底，三矮足截面呈圆形，内侧有槽。分两式。

Ⅰ式　1件（标本M3：2）。泥质灰陶。浅腹，折壁较直，圜底。足上端兽面形。口径19.2、腹径20、高11.2厘米（图一七六，3；图版四二，6）。

Ⅱ式　1件（标本M60：6）。泥质灰陶。椭圆形耳外侈，敛口，上腹微鼓，下腹壁斜收，平底，三足较粗壮。口径19.6、腹径21.2、底径12、高16.8厘米（图一七六，4；图版四二，5）。

C型　2件。敛口，微鼓腹，圜底，三矮足呈尖状或外撇。分两式。

Ⅰ式　1件（标本M33：18）。泥质灰陶。敛口，圆唇，折肩，弧壁内收，圜底，三矮足呈柱状外撇。口径10、腹径14.4、通高10.8厘米（图一七六，6；图版四二，2）。

　　Ⅱ式　1件（标本M53：11）。泥质灰陶，敛口，方唇，三矮足呈尖状。腹部有凸弦纹。口径11.6、腹径14.8、高9.6厘米（图一七六，5；图版四二，4）。

　　豆　1件（标本M24：21）。泥质红陶。敞口，折壁，圜底，喇叭形柄较粗。口径11.2、残高8厘米（图一七六，7）。

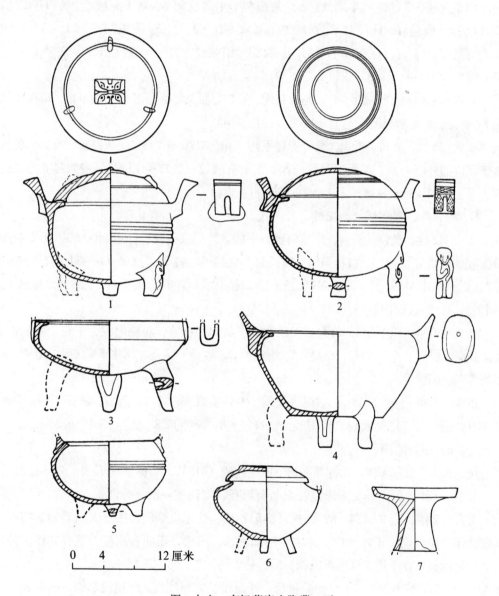

图一七六　东汉墓出土陶鼎、豆

1.A型Ⅰ式鼎（M24：14）　2.A型Ⅱ式鼎（M39：4）　3.B型Ⅰ式鼎（M3：2）　4.B型Ⅱ式鼎（M60：6）　5.C型Ⅱ式鼎（M53：11）　6.C型Ⅰ式鼎（M33：18）　7.豆（M24：21）

仓　13件。1座墓2件，1座墓5件，余1座墓1件。根据器形的高矮瘦胖分两型。

A型　9件。器形较大，瘦高。分三式。

Ⅰ式　3件。敛口，折肩，腹壁较直或微鼓，平底。标本M24：2，泥质红陶。腹壁近底部两圆孔。口径6.8、腹径13.6、底径12、高24.8厘米（图一七七，4；图版四三，5）。标本M3：9，泥质灰陶。腹壁近底部切割成矩形仓门，尚未脱落。有盖，尖顶，圆锥形。上部四条瓦棱，下部四组半圆纹凸起，每组两个半圆纹相重，其上有线纹。盖口径12、器身口径9.6、腹径16、底径15.2、通高39.6厘米（图一七七，5；图版四三，2）。标本M39：2，泥质灰陶。下腹近底部一个圆形门。腹部两组弦纹。口径6、腹径12.8、底径10.8、高21.8厘米（图一七七，3；图版四三，3）。

Ⅱ式　1件（标本M24：4）。泥质灰陶。敛口，溜肩，圆台形腹上细下粗。口径8、底径14.8、高24厘米（图一七七，1；图版四三，4）。

Ⅲ式　5件。敛口，折肩，圆台形腹上细下粗。M76甲：15，泥质灰陶。有盖，尖顶，弧壁，口部外凸一周。盖面半圆纹凸起，其上有线纹。盖口径13.6、器身口径8.8、底径17.2、通高30.4厘米（图一七七，2；图版四三，1）。

B型　4件。器形较矮，肥胖。分三式。

Ⅰ式　2件。敛口，折肩，腹壁斜收，平底。腹部饰弦纹。标本M60：3，泥质灰陶。下腹近底部横置拱形门。口径10.4、腹径16、底径14、高21.2厘米（图一七七，7；图版四四，1）。标本M33：12，泥质灰陶。无门。口径10、腹径14、底径11.2、高15.2厘米（图一七七，9；图版四四，3）。

Ⅱ式　1件（标本M53：13）。泥质灰陶。敛口，折肩，腹略内收，平底。腹部饰弦纹。下腹近底部一个圆形门。口径9.2、腹径13.2、底径11.6、高18.4厘米（图一七七，8；图版四三，6）。

Ⅲ式　1件（标本M55：4）。泥质褐陶，内外施黑衣。敛口，溜肩，鼓腹下垂，平底。器内有弦痕，器表饰弦纹和六组斜线纹。口径8.8、腹径17.8、底径13.4、高21厘米（图一七七，6；图版四四，2）。

灶　8件。每墓1件，均泥质灰陶。1件甚残（M53），余据平面形状，分三型。

A型　3件。平面呈长方形，灶面两个圆孔。附两釜一甑。分两式。

Ⅰ式　2件。标本M24：8，灶首设拱形挡板，灶尾设烟囱，拱形火门着地。挡板上浮雕神像。神像供奉于庙宇中。庙宇为四面坡水，出檐，正面有瓦棱，下有立柱。神像双手曲于胸间，立于檐下（图版四四，5）。长25.6、宽12.8、高13.4厘米（图一七八，2；图版四四，4）。标本M3：7，平面呈梯形。灶前设长方形挡板，灶尾设烟囱，拱形火门高于地面。长24.8、宽12.8、高12厘米（图一七八，1；图版四四，6）。

Ⅱ式　1件（标本M39：5）。不设挡板和烟囱。长20.4、宽12、高7厘米（图一七八，

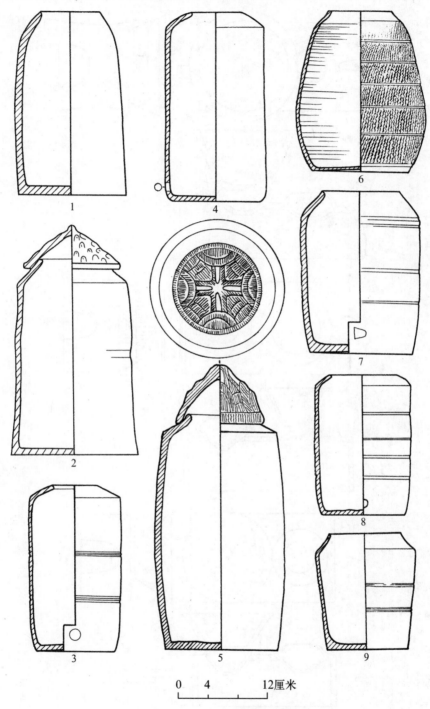

图一七七 东汉墓出土陶仓

1.A型Ⅱ式 (M24：4) 2.A型Ⅲ式 (M76甲：15) 3.A型Ⅰ式 (M39：2) 4.A型Ⅰ
式 (M24：2) 5.A型Ⅰ式 (M3：9) 6.B型Ⅲ式 (M55：4) 7.B型Ⅰ式 (M60：3)
8.B型Ⅱ式 (M53：13) 9.B型Ⅰ式 (M33：12)

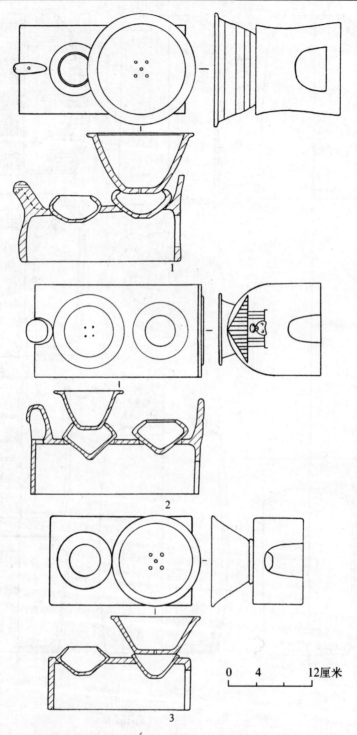

图一七八　东汉墓出土 A 型陶灶
1. Ⅰ式（M3∶7）　2. Ⅰ式（M24∶8）　3. Ⅱ式（M39∶5）

3；图版四五，1）。

B 型 1件（标本M60：5）。平面近似长方形，附一釜一甑。灶前拱形火门着地，灶尾设圆形烟囱孔。长19.6、宽14.8、高5.8厘米（图一七九，1；图版四五，3）。

C 型 3件。平面近似三角形，附一釜一甑或一釜。分三式。

Ⅰ式 1件（标本M33：17）。附一釜一甑。拱形火门着地，灶尾设圆形烟囱孔。长20、宽14、高6.4厘米（图一七九，2；图版四五，4）。

Ⅱ式 1件（标本M111：14）。附一釜一甑。无烟囱孔。长16.4、宽12.4、高4.4厘米（图一七九，4）。

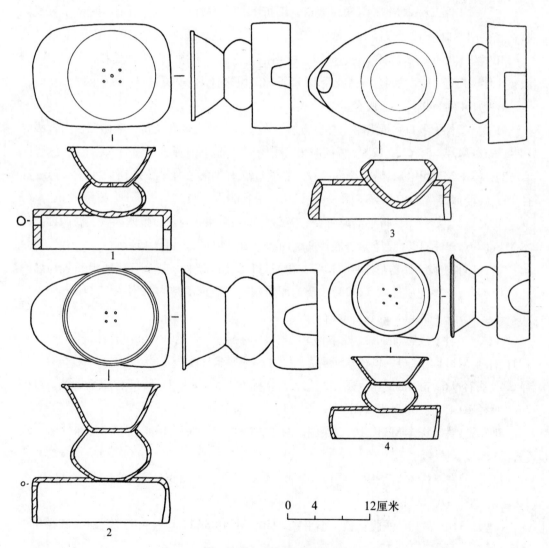

0 4 12厘米

图一七九 东汉墓出土陶灶

1.B型（M60：5） 2.C型Ⅰ式（M33：17） 3.C型Ⅲ式（M76甲：9） 4.C型Ⅱ式（M111：14）

Ⅲ式　1件（标本 M76甲∶9）。附一釜。方形火门着地，尾部灶面设烟囱孔。长20.8、宽16.8、高5.6厘米（图一七九，3；图版四五，2）。

井　9件。1件（M24∶6）泥质红陶，余为泥质灰陶。其中3座墓中有井未见汲瓮外，余均附汲瓮1件。2件残破，型式不明，余分两型。

A型　3件。口径小于腹径。分三式。

Ⅰ式　1件（标本 M3∶8）。敛口，折平沿，方唇，粗颈窄肩，微鼓腹，大平底。有盖，尖顶草帽形。上部四条瓦棱，下部四组半圆纹凸起。每组两个半圆纹相重，其上有线纹。内置汲瓮1件。口径16.8、底径20、通高32.8厘米（图一八〇，1；图版四五，6）。

Ⅱ式　1件（标本 M33∶15）。敛口，平折上扬，方唇，束颈，折肩，腹壁呈直线内收，底微凹。口径12、腹径14、底径12.4、高14.8厘米（图一八〇，2；图版四五，5）。

Ⅲ式　1件（标本 M60∶4）。敛口，折平沿，方唇，束颈，溜肩，鼓腹，平底。内置汲瓮1件。口径11.6、腹径14、底径11、高13.2厘米（图一八〇，3；图版四六，1）。

B型　4件。口径大于腹径。分两式。

Ⅰ式　2件。敛口，折沿略上扬，方唇，无颈，腹最大径在下部，底微凹。内置汲瓮1件。标本 M24∶6，口径12.8、腹径11.6、底径9.6、高10.8厘米（图一八〇，4；图版四六，3）。标本 M76甲∶8，沿面饰凹弦纹，腹壁近底有削痕。内置汲瓮1件。口径17.6、腹径16、底径15.5、高12厘米（图一八〇，6；图版四六，2）。

Ⅱ式　2件。敛口，折平沿略外斜，方唇，短颈微束，溜肩，腹壁内收，底微凹。标本 M111∶6，口径12、腹径11、底径9.6、高8.8厘米（图一八〇，5）。

釜　13件。除1件器形不明（M47）和M111多出一釜外，其余各墓所出釜数与灶面孔数相对应。2件泥质红陶（M24），余为泥质灰陶。器形清楚的12件分三型。

A型　8件。敛口，鼓腹，圜底。分三式。

Ⅰ式　6件。浅腹，圜底。标本 M3∶7-1，口径4.8、腹径7.6、高4厘米（图一八〇，10）。标本 M111∶14-1，口径6、腹径8.4、高4.4厘米（图一八〇，8）。M60∶5-1，口径6.4、腹径9.6、高4.8厘米（图一八〇，7）。标本 M53∶14-1，腹部有两道折棱。口径7.6、腹径10.4、高4.8厘米（图一八〇，11）。

Ⅱ式　1件（标本 M33∶16）。深腹，圜底。口径6.8、腹径10.4、高7.2厘米（图一八〇，9）。

Ⅲ式　1件（标本 M76甲∶9-1）。深腹，腹壁弧折，尖圜底。口径8.4、腹径11.2、高7.2厘米（图一八〇，14）。

B型　3件。敛口，浅腹折棱，小平底。标本 M24∶8-1，口径4.6、腹径8、底径0.8、高5.2厘米（图一八〇，13）。

C型　1件（标本 M39∶5-2）。敞口，斜直壁，小平底。口径6.4、底径1.6、高3.4厘米（图一八〇，12）。

甑　7件。1座有灶的墓未见甑(M76甲)，其余各墓灶与甑数量相等。1件泥质红陶(M24：7)，余为泥质灰陶。除1件（M53：14-2）器形不明外，余底部有五个小圆孔，分两型。

A型　3件。敞口，宽沿外折，方唇，弧壁，平底。分两式。

I式　2件。折平沿。标本M24：7，口径10.4、底径3、高5.6厘米（图一八一，2）。标本M60：5-2，口径12.8、底径4.8、高5.6厘米（图一八一，1）。

II式　1件（标本M3：7-3）。折沿上扬。口径16、底径4.8、高8.4厘米（图一八一，3；图版四六，4）。

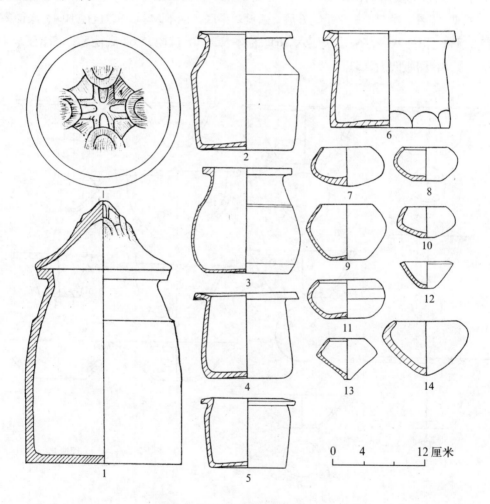

图一八〇　东汉墓出土陶井、釜

1.A型I式井(M3：8)　2.A型II式井(M33：15)　3.A型III式井(M60：4)　4.B型I式井(M24：6)　5.B型II式井(M111：6)　6.B型I式井(M76甲：8)　7.A型I式釜(M60：5-1)　8.A型I式釜(M111：14-1)　9.A型II式釜(M33：16)　10.A型I式釜(M3：7-1)　11.A型I式釜(M53：14-1)　12.C型釜(M39：5-2)　13.B型釜(M24：8-1)　14.A型III式釜(M76甲：9-1)

B型 3件。敞口，窄沿外折，方唇或圆唇，浅腹，平底。分三式。

Ⅰ式 1件（标本M33：17-1）。折沿略上扬，方唇，沿面微凹。口径14、底径4.6、高6.4厘米（图一八一，4）。

Ⅱ式 1件（标本M39：5-2）。折平沿，圆唇。口径13.2、底径4.8、高5.6厘米（图一八一，5）。

Ⅲ式 1件（标本M111：14-2）。折沿略外斜，圆唇。口径11.4、底径4、高4厘米（图一八一，6）。

盂 9件。1座墓2件（M33），余1座墓1件。均泥质灰陶。有2件为异型，余分两型。

A型 3件。敞口，折平沿，方唇，弧壁，平底。标本M24：9，口径10.4、底径2.8、高5.2厘米（图一八一，7；图版四六，6）。标本M3：6，口径15.6、底径5.2、高8厘米（图一八一，8；图版四六，5）。

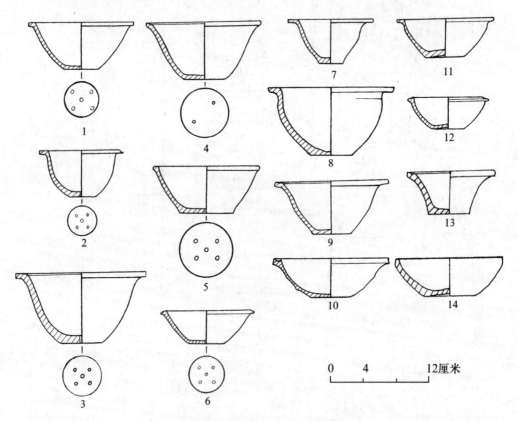

图一八一 东汉墓出土陶甗、盂

1.A型Ⅰ式甗（M60：5-2） 2.A型Ⅰ式甗（M24：7） 3.A型Ⅱ式甗（M3：7-3） 4.B型Ⅰ式甗（M33：17-1） 5.B型Ⅱ式甗（M39：5-2） 6.B型Ⅲ式甗（M111：14-2） 7.A型盂（M24：9） 8.A型盂（M3：6） 9.B型Ⅰ式盂（M33：14） 10.B型Ⅰ式盂（M33：22） 11.B型Ⅱ式盂（M39：7） 12.B型Ⅲ式盂（M111：7） 13.异型盂（M76甲：10） 14.异型盂（M60：2）

B 型　4件。敞口，折沿，方唇，浅腹，平底。分三式。

Ⅰ式　2件。折沿略上扬，方唇，沿面微凹。标本M33∶14，口径13.6、底径4.4、高6.2厘米（图一八一，9；图版四七，3）。标本M33∶22，腹较浅，外壁有凸棱。口径14、底径4.4、高4.8厘米（图一八一，10；图版四七，2）。

Ⅱ式　1件（标本M39∶7）。平折沿，方唇。口径12、底径4.8、高4.6厘米（图一八一，11；图版四七，1）。

Ⅲ式　1件（标本M111∶7）。折沿略外斜。口径10、底径4、高3.8厘米（图一八一，12）。

异型　2件。标本M76甲∶10，侈口，方唇，腹壁内弧，平底。口径10.8、底径4.8、高4.8厘米（图一八一，13）。标本M60∶2，微敛口，圆唇，腹壁微弧，微凹底。口径13.2、底径5.8、高4.6厘米（图一八一，14；图版五〇，6）。

汲瓮　6件。出自6座墓中，置于井中，另有3座墓有井而汲瓮缺失。均泥质灰陶。分两型。

A型　4件。侈口，束颈，鼓腹，平底。分三式。

Ⅰ式　2件。圆唇或方唇，束颈急收，广肩，深腹。标本M24∶16，圆唇。口径2.8、腹径4.6、底径2.4、高4.4厘米（图一八二，3）。标本M60∶4-1，方唇。口径4.2、腹径6.4、底径2.4、高6.6厘米（图一八二，2）。

Ⅱ式　1件（标本M3∶8-1）。方唇，溜肩，弧折腹，平底。口径5.2、底径2.2、高7厘米（图一八二，4）。

Ⅲ式　1件（标本M33∶15-1）。圆唇，束颈，溜肩，圆腹。口径5、底径2.6、高6.2厘米（图一八二，1）。

B型　2件。敛口，尖圆唇，鼓腹，平底。分两式。

Ⅰ式　1件（标本M39∶8-1）。扁鼓腹。口径2.8、腹径5.4、底径3.2、高4.4厘米（图一八二，6）。

Ⅱ式　1件（标本M76甲∶8-1）。圆腹。口径3、腹径4.2、底径2.4、高3.6厘米（图一八二，5）。

盆　3件。分两型。

A型　2件。标本M16∶1，泥质灰陶。微敛口，圆唇，上腹微鼓，下腹斜收，平底。口径20.4、底径6.4、高6厘米（图一八二，7）。

B型　1件（标本M24∶12）。泥质灰陶。敞口，折平沿，方唇，弧壁，假圈足。腹部一周凸棱。口径22.4、底径8、高7.2厘米（图一八二，8；图版五一，1）。

盘　2件。泥质灰陶。敞口，浅腹斜壁。分两式。

Ⅰ式　1件（标本M33∶13）。平底。口径12.2、底径2.8、高3厘米（图一八二，9）。

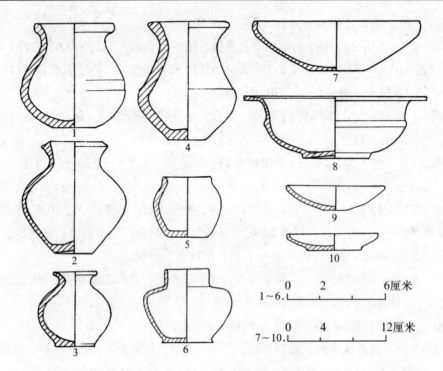

图一八二　东汉墓出土陶器

1.A型Ⅲ式汲瓮（M33∶15-1）　2.A型Ⅰ式汲瓮（M60∶4-1）　3.A型Ⅰ式汲瓮
（M24∶16）　4.A型Ⅱ式汲瓮（M3∶8-1）　5.B型Ⅱ式汲瓮（M76甲∶8-1）　6.B
型Ⅰ式汲瓮（M39∶8-1）　7.A型盆（M16∶1）　8.B型盆（M24∶12）　9.Ⅰ式盘
（M33∶13）　10.Ⅱ式盘（M33∶18）

　　Ⅱ式　1件（标本M33∶18）。有假圈足。口径11、底径6.5、高2厘米（图一八二，
10；图版五一，2）。

　　罐　26件。其中3件形制不明，余分四型。

　　A型　11件。泥质灰陶。侈口，一周凸棱，短颈内束，牛鼻耳，底上凹。颈部饰绳
纹，腹部饰间断绳纹。分两亚型。

　　Aa型　6件。折沿，方唇。分三式。

　　Ⅰ式　1件（标本M62∶14）。折沿上扬，溜肩，长椭球腹。口径14、腹径23.6、底径
8、高28厘米（图一八三，1；图版四七，4）。

　　Ⅱ式　2件。折沿略上扬，溜肩略宽，圆鼓腹。标本M76乙∶1，口径12.8、腹径24、
底径9.6、高25.6厘米（图一八三，4；图版四七，5）。标本M111∶10，口径14.4、腹径
23.2、底径8、高25厘米（图一八三，2）。

　　Ⅲ式　3件。折沿近平，广肩，球腹。标本M55∶2，口径16、腹径26.8、底径8.8、高
27.2厘米（图一八三，6；图版四八，2）。标本M60∶1，口径17.2、腹径30.4、底径8.8、

高32厘米（图一八三，7；图版四七，6）。标本M111：8，口径13.6、腹径22.8、底径8、高20厘米（图一八三，3）。

Ab型　5件。无沿或卷沿。分两式。

Ⅰ式　3件。高领外侈，方唇，溜肩，圆鼓腹。标本M24：1，口径16、腹径28、底径10.4、高29.5厘米（图一八三，5；图版四八，1）。标本M39：1，颈部以上的部分均残。腹径21.4、底径9.6、残高18.4厘米（图版四八，4）。

Ⅱ式　2件。卷沿，广肩，鼓腹。标本M111：5，方唇。口径15.2、腹径22.8、底径8、高21.2厘米（图一八四，2；图版四八，3）。标本M111：11，圆唇。口径16、腹径28、底径8.8、高29.2厘米（图一八四，1）。

B型　8件。泥质灰陶。矮领，圆肩，鼓腹，小平底。分三式。

Ⅰ式　2件。敛口，领极矮。标本M3：12，有盖，圆锥形。上部四条瓦棱，下部四组半圆纹凸出，每组两个半圆纹相套。口径8.8、腹径14.8、底径6.4、通高14.8厘米（图一八四，8；图版四九，2）。标本M60：7，下腹呈直线内收。口径8.2、腹径12、底径7、高8.5厘米（图一八四，10；图版四九，6）。

Ⅱ式　5件。矮领，圆唇或方唇，圆肩，扁鼓腹，平底。标本M39：3，直口，方唇。口径12、腹径16.4、底径8.8、高10.8厘米（图一八四，9；图版四九，4）。标本M53：12，直口，方唇。肩部饰凹弦纹。口径11.4、腹径24.8、底径11.4、高17.6厘米（图一八四，3；图版四八，6）。标本M33：1，直口，圆唇。口径13.6、腹径20.4、底径9.8、高14厘米（图一八四，5；图版四九，3）。标本M33：19，敛口，圆唇。口径11、腹径21.2、底径10.2、高15厘米（图一八四，4；图版四九，5）。

Ⅲ式　1件（标本M33：9）。直口，矮领，方唇略外斜，圆肩，鼓腹，平底。口径10.4、腹径17、底径8.4、高15.8厘米（图一八四，6；图版四九，1）。

C型　1件（标本M24：19）。泥质灰陶。侈口，方唇，束颈，折肩，腹部略呈直线内收。底微凹。沿面一周凹弦纹。口径11.2、腹径15、底径9.6、高15.2厘米（图一八四，7；图版四八，5）。

D型　3件。标本M76甲：3，泥质灰陶。敛口，方唇，圆肩，腹部呈直线内收，大平底。口径10.4、腹径19.2、底径13.6、高14厘米（图一八四，11；图版五〇，2）。

瓮　4件。泥质灰陶。小口，广肩，平底或微凹底。分三式。

Ⅰ式　1件（标本M3：13）。直口，微卷沿，下腹呈弧线内收，微凹底。肩、腹饰三组绳纹。口径22、腹径43.2、底径20、高30.8厘米（图一八五，1；图版五〇，3）。

Ⅱ式　2件。矮领，方唇。标本M33：20，唇部一周凸弦纹，肩部饰两组弦纹。口径16.2、腹径34.6、底径16.2、高25.6厘米（图一八五，4；图版五〇，1）。标本M53：5，口部凸出一周。口径19.8、腹径38.8、底径21.6、高28.6厘米（图一八五，2；图

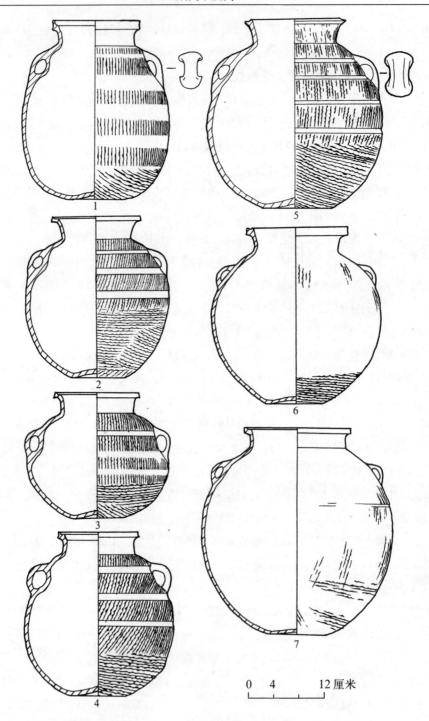

0　4　　　　12 厘米

图一八三　东汉墓出土 A 型陶罐

1.Aa 型Ⅰ式（M62：14）　2.Aa 型Ⅱ式（M111：10）　3.Aa 型Ⅲ式（M111：8）　4.Aa 型Ⅱ式（M76乙：1）

5.Ab 型Ⅰ式（M24：1）　6.Aa 型Ⅲ式（M55：2）　7.Aa 型Ⅲ式（M60：1）

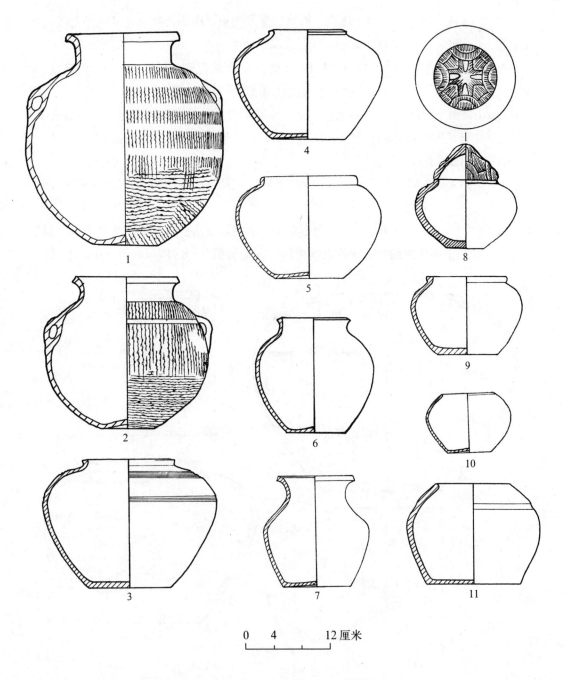

0　4　　　12厘米

图一八四　东汉墓出土陶罐

1.Ab型Ⅱ式（M111∶11）　2.Ab型Ⅱ式（M111∶5）　3.B型Ⅱ式（M53∶12）　4.B型Ⅱ式（M33∶19）
5.B型Ⅱ式（M33∶1）　6.B型Ⅲ式（M33∶9）　7.C型（M24∶19）　8.B型Ⅰ式（M3∶12）　9.B型Ⅱ式
（M39∶3）　10.B型Ⅰ式（M60∶7）　11.D型（M76甲∶3）

版五〇，5）。

Ⅲ式　1件（M76甲：1）。侈口，圆唇，短颈内束，溜肩，鼓腹，下腹呈直线内收，大平底。口径16、腹径26.8、底径17.6、高22.8厘米（图一八五，3；图版五〇，4）。

磨　1件（标本M24：23）（附M24：22磨盘）。泥质红陶，局部呈灰色。由磨盘和磨身组成。磨盘平面呈圆形。中部呈圆形上凸，顶部由一横栏间隔为两部分，并分别下凹，方边，凸出一个小方块，底面微上弧。磨盘面雕刻短线纹。磨身折壁盘形，下有三个方形矮足。中部呈圆柱形凸起，内空，贯通上下，上置磨盘。直径16.8、通高11.6厘米（图一八六，2；图版五一，3）。

奁　1件（标本M24：25）。泥质灰陶。平底，三矮足。直径12.4、残高4厘米（图一八六，4）。

熏炉　1件（标本M76甲：4）。泥质灰陶。由盖和身两部分组成。盖圆锥形，刺孔，顶部鸟首状。盖面饰由细线组成的带状曲线。身为折壁盘形。侈口，斜直壁，平底，盘

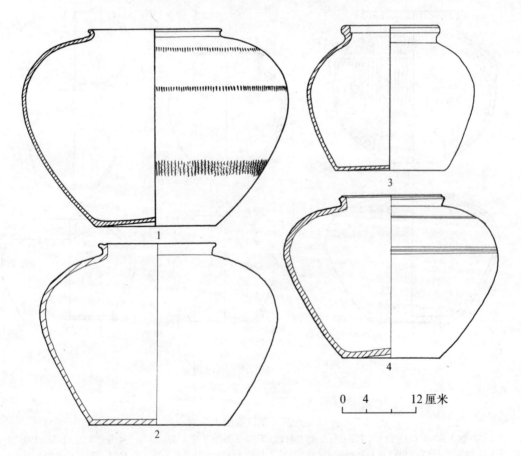

图一八五　东汉墓出土陶瓮

1. Ⅰ式（M3：13）　2. Ⅱ式（M53：5）　3. Ⅲ式（M76甲：1）　4. Ⅱ式（M33：20）

内设置柱柄。直径19.2、通高21.2厘米（图一八六，1；图版五一，4）。

筒瓦 1件（标本M24：15）。泥质灰陶。短舌微卷，截面半圆形。正面饰粗绳纹。通长38.4、宽14.4、半径6.8厘米（图一八六，3；图版五一，5）。

猪圈 2件。分两型。

A型 1件（标本M76甲：16）。泥质灰陶。由上下两层构成。下层为矮墙，平面略呈长方形。前右角设猪槽，前左角设墙间隔成平面为正方形的猪室。与猪槽相邻的墙壁开设拱形门洞，以供猪出入。上层建筑为悬山，两面坡水，仅有左、右和后壁。地面有一个椭圆形孔，与下层相通；左、右两壁各有一个圆孔。内附陶猪1件。长24.4、宽19.6、通高21.2厘米（图一八七，2；图版五二，1）。

B型 1件（标本M24：13）。泥质红陶。由上下两层组成。下层平面呈长方形，设间隔墙。一部分为猪的活动室，另一部分为通向上层的斜坡楼梯。间隔墙壁有一个近似圆形的门洞，活动室前壁有一个矩形门洞，斜坡楼梯的地面有两个圆孔。上层硬山，四面坡水，上有瓦棱。四壁构成长方形。前有矩形门；地面一个正方形孔，与下层相通。内附陶猪1件（标本M24：5，已分离）。长24、宽20、通高19.2厘米（图一八七，1；图版五一，7）。

猪 2件。标本M24：5，泥质灰陶。长嘴，瞪眼，垂腹，矮足，膘肥体状貌。长13.2、高6.8厘米（图一八八，1；图版五一，6）。标本M76甲：16-1，泥质灰陶。短嘴，立耳，翘尾，弓背，收腹，较高足。长12.8、高6.4厘米（图一八八，2）。

狗 2件。标本M24：3，泥

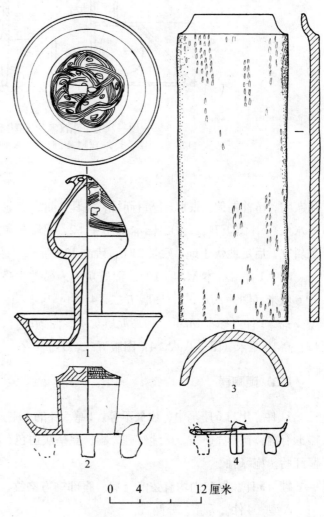

图一八六 东汉墓出土陶器
1.熏炉（M76甲：4） 2.磨（M24：23）、磨盘（M24：22）
3.筒瓦（M24：15） 4.瓮（M24：25）

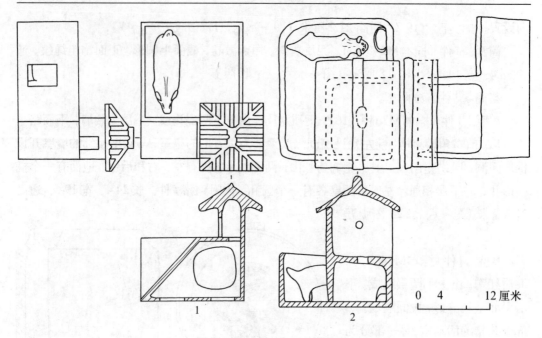

图一八七　东汉墓出土陶猪圈
1. B型（M24：13）（猪M24：5）　2. A型（M76甲：16）

质灰陶。昂首左偏，张口，怒目而视，立耳，曲足伏地，卷尾。长35.2、高24.8厘米（图一八八，6；图版五二，3）。标本M76甲：2，泥质灰陶。登坐状。首残，伸颈，曲身，前足斜立，后足曲伏于地。残长21.6、残高13.6厘米（图一八八，5；图版五二，2）。

鸡　1件（标本M24：10）。泥质灰陶。昂首尖喙，睁眼，长尾，矮足。长14、高10.6厘米（图一八八，3；图版五二，4）。

鸭　1件（标本M24：11）。泥质灰陶。曲颈昂首，短尾上翘，体态丰满，矮足。长12、高10厘米（图一八八，4；图版五二，5）。

（二）硬陶器

11件。出自6座墓中，数量不等。1墓5件的1座，1墓2件的1座，1墓1件的4座。器形有罐、瓮、壶、釜。质地较硬，罐、瓮呈灰白色，拍印方格纹（图一八九）；壶、釜酱红胎，施绿釉。

罐　5件。器口内均有弦痕。肩、腹部饰方格纹。据系的有无，分两型。

A型　4件。无系。分两式。

Ⅰ式　3件。矮领，微侈口，圆肩较窄，深腹，平底。标本M33：6，口残，腹部呈弧线内收，平底较小。腹径14.8、底径6.8、残高14厘米（图一九〇，5；图版五三，3）。

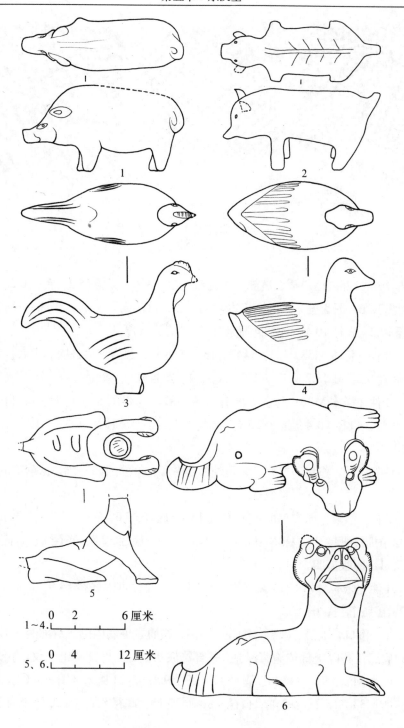

图一八八　东汉墓出土陶器

1.猪（M24：5）　2.猪（M76甲：16-1）　3.鸡（M24：10）　4.鸭（M24：11）
5.狗（M76甲：2）　6.狗（M24：3）

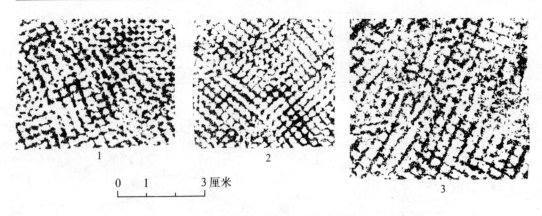

图一八九　东汉墓出土硬陶罐纹饰
1.方格纹（M55∶1）　2.方格纹（M24∶20）　3.方格纹（M45∶31）

标本 M33∶10，口部内凸一周，肩部一周弦纹。口径9.6、腹径15.2、底径8.2、高15.2厘米（图一九〇，6；图版五三，5）。标本 M24∶20，口部内凸一周，唇部一周弦纹。口径10.2、腹径17.2、底径10.4、高18.4厘米（图一九〇，8）。

Ⅱ式　1件（标本 M53∶10）。矮领，侈口，方唇，圆肩，扁鼓腹，平底。口径10.4、腹径16、底径9.2、高13.2厘米（图一九〇，4；图版五三，2）。

B型　1件（标本 M33∶5）。肩部有双系，形体与A型Ⅱ式相似。口部内凸一周，唇部一周弦纹。口径10.4、腹径15.6、底径8.4、高15.6厘米（图一九〇，7；图版五三，4）。

瓮　3件。矮领，侈口，方唇，深腹外鼓，平底，口部内凸一周。据肩部的变化，分两式。

Ⅰ式　2件。溜肩。标本 M55∶1，口径14.4、腹径25.6、底径15.2、高30.4厘米（图一九〇，3；图版五四，2）。标本 M55∶3，口径16.4、腹径32.8、底径16.4、高36.4厘米（图一九〇，1；图版五四，1）。

Ⅱ式　1件（标本 M45∶31）。圆肩。口径14.4、腹径30、底径14.6、高32.8厘米（图一九〇，2；图版五三，6）。

壶　2件。侈口，平沿，圆唇，细颈，溜肩，鼓腹，平底内缩。肩部两耳对称。器口内、器表的肩部及其以上部位施酱绿釉。颈部饰波折纹，肩部饰两组弦纹，下腹饰弦纹。局部有瘤。标本 M53∶9，口径11、腹径17、底径9.2、高21厘米（图一九〇，9；图版五三，1）。标本 M33∶4，颈部略细。口径9.8、腹径15、底径8.4、高20厘米（图一九〇，10；图版五二，6）。

釜　1件（标本 M62∶3）。敛口，微卷沿，溜肩，弧折腹，下腹内收，平底。局部施黄绿釉。口径4、腹径5.8、底径3.4、高4.2厘米（图一九〇，11；图版五四，3）。

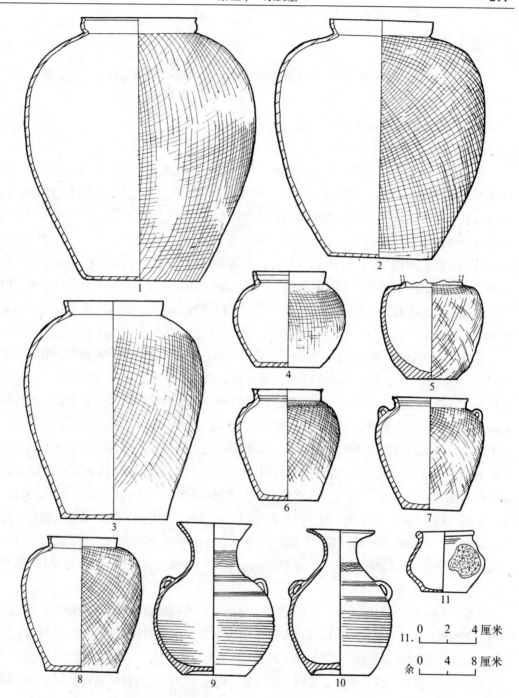

图一九〇　东汉墓出土硬陶器

1. I式瓮（M55:3）　2. II式瓮（M45:31）　3. I式瓮（M55:1）　4. A型II式罐（M53:10）　5. A型I式罐（M33:6）　6. A型I式罐（M33:10）　7. B型罐（M33:5）　8. A型I式罐（M24:20）　9. 壶（M53:9）　10. 壶（M33:4）　11. 釜（M62:3）

（三）铜器

366件（含铜钱345枚）。出自10座墓中。其中4件铜镜、1件铜盆、1件铜碗较完整外，其余均为铜器残片。

镜　4件。按其纹饰特征分三型。

A型　2件。规矩禽兽纹镜。分两式。

Ⅰ式　1件（标本M45：33）。青黑色，制作精致。圆纽，圆座，宽沿，斜方边；正面弧凸。以纽座为中心，由内向外依次为云纹、单线方框、十二个乳钉纹间十二地支、复线方框、主纹、弦纹、八组辐线纹、弦纹、辐线纹。沿上饰流云纹，其内外侧各有两周弦纹，外侧一周较宽。十二地支"子、丑、寅、卯、辰、巳、午、未、申、酉、戌、亥"沿顺时针方向排列。主纹内有八禽兽、八乳钉和由"T"、"⌐"、"V"组成的图形。八禽兽分四组。两禽为一组，同向飞翔；其余三组，各有两兽，背向而行。八禽兽，以朱雀为起点，沿顺时针方向依次为凤鸟、白虎、独角兽、青龙、羽人、玄武和瑞兽。直径16.6、边厚0.4厘米（图一九一；彩版六，2）。

Ⅱ式　1件（标本M62：4）。青黑色，局部锈蚀。形式、纹饰和Ⅰ式相同。但十二地支"子、丑、寅、卯、辰、巳、午、未、申、酉、戌、亥"沿逆时针方向排列，一周铭文取代了八组辐线纹，沿上流云纹较呆滞，其内侧一周锯齿纹取代了一周弦纹。禽兽图案分为四组。各组禽兽背向而行。一组中有一禽两兽。青龙与凤鸟重叠于同一位置。以此为起点，绕逆时针方向依次为独角兽、朱雀、白虎、羽人、玄武、玄武和白虎。铭文沿顺时针方向读为："亲（新）有善镜出丹阳，和已（以）银锡青且明，左龙右虎主四彭。"句首和句尾之间有"八"和"·"。直径18.4、边厚0.4厘米（图一九二；彩版六，1）。

B型　1件（标本M76甲：5）。四乳四螭纹。青黑色，制作较精致。圆纽，圆座，宽沿，斜方边。正面弧凸，光可鉴人。以纽座为中心，由内向外依次为四组辐线纹间以四组单线纹、带纹、辐线纹、弦纹、四乳四螭纹、弦纹、辐线纹。直径11.6、边厚0.5厘米（图一九三，1；彩版七，2）。

C型　1件（标本M62：17）。四白虎纹。绿色，制作较精致。圆纽，圆座，宽沿，斜方边；正面弧凸，光可鉴人。以纽座为中心，由内向外依次为四白虎、弦纹、辐线纹、锯齿纹、弦纹、波折纹、弦纹。直径9.9、边厚0.6厘米（图一九三，2；彩版七，1）。

盆　2件。敞口，折沿上扬，弧壁，微凹底，矮圈足。上腹两兽面铺首衔环对称。腹中部一道凸起的带纹。标本M55：5，口径26.4、底径13.6、高10.8厘米（图一九四，3；图版五四，5）。

碗　2件。出自2座墓中。分两型。

A型　1件（标本M45：34）。敞口，微卷沿，弧壁，平底，矮圈足。腹部三周凸弦

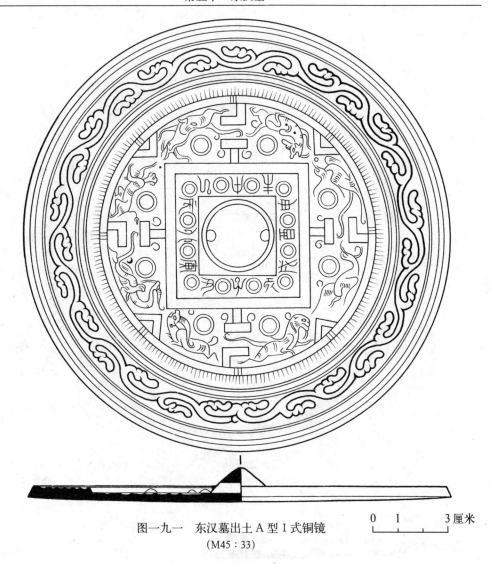

图一九一　东汉墓出土 A 型 I 式铜镜
（M45：33）

纹。口径14.8、底径8、高5.2厘米（图一九四，5；图版五四，4）。

　　B型　1件（标本M53：3）。敞口，弧壁。口径15.2、残高6.8厘米（图一九四，4）。

　　带钩　2件。琵琶形。腹较长，截面呈半圆形，背面一组，钩呈鸭首状。标本M33：3，钩部饰云纹。长20、腹宽2.4、腹厚1.1厘米（图一九四，1；图版五四，6）。标本M53：8，素面。长21.6、腹宽2、腹厚1厘米（图一九四，2）。

　　盖弓帽　1件（标本M76甲：6①）。圆筒形，有倒刺钩。长2.4、宽0.6厘米（图一九四，6）。

　　配件　3件。标本M76甲：6②，形体扁薄。上部较宽，下部较窄。上部有长方形穿孔，下部一个半圆形纽。残长4.3、宽2.4厘米（图一九四，9）。标本M76甲：6③，扁形，

图一九二　东汉墓出土 A 型 II 式铜镜
(M62：4)

内空，截面略呈菱形。宽3、厚0.7、高2.1厘米（图一九四，7）。标本 M24：24，圆筒形，饰凸弦纹。直径1.5、残高2厘米（图一九四，8）。

此外，M24、M33、M53、M62中尚有铜器残片，器形莫辨。

铜钱　345枚（件）（表一三）。出自8座墓中。

五铢　152枚。其中24枚型式不明。圆形，方孔，两面有周郭，背面穿上有周郭。根据钱文的变化，分两型。

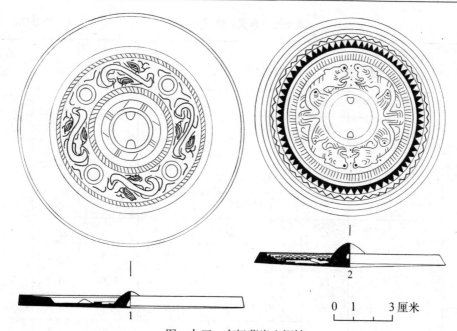

图一九三　东汉墓出土铜镜
1. B型（M76甲：5）　2. C型（M62：17）

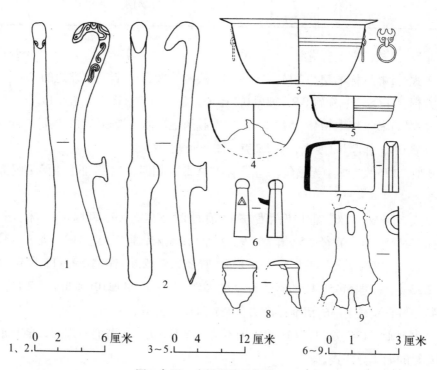

图一九四　东汉墓出土铜器
1. 带钩（M33：3）　2. 带钩（M53：8）　3. 盆（M55：5）　4. B型碗（M53：3）　5. A型碗（M45：34）
6. 盖弓帽（M76甲：6①）　7、8、9. 配件（M76甲：6③、M24：24、M76甲：6②）

表一三　东汉墓货币登记表 （长度单位：厘米）

名称	数量	型式	数量	标本	直径	穿宽	郭厚	重量（克）
五铢	152	不清	24					
		A I	1	M45：1	2.5	0.9	0.2	2.75
		A II	1	M45：5	2.6	0.9	0.2	3.2
		B I	54	M45：10	2.5	0.9	0.1	2.2
		B II	72	M45：4	2.5~2.6	0.9~1	0.1	2.1
大泉五十	186	不清	12					
		I	36	M3：4①	2.8	0.9	0.2	7
		II	18	M53：6	2.7	0.9	0.2	4.5
		III	66	M76甲：7③	2.6	0.85	0.2	4.7
		IV	54	M76甲：7⑧	2.5	0.85	0.2	3.2
大黄布千	7	不分	7	均残，见文字				

A型　2枚。穿上有横纹。分两式。

I式　1枚（标本M45：1）。"五"字交股两笔较直，"铢"字左边的"朱"字，上下两笔方折。直径2.5、穿宽0.9、郭厚0.2厘米，重2.75克（图一九五，1）。

II式　1枚（标本M45：5）。"五"字交股两笔弯曲，笔画纤细，"铢"字模糊。直径2.6、穿宽0.9、郭厚0.2厘米，重3.2克（图一九五，2）。

B型　126枚。穿上无横纹。"五"字与A II式相似，"朱"部上下两笔圆折或方折。分两式。

I式　54枚。"朱"部上下两笔方折。直径2.5、穿宽0.9、郭厚0.1厘米，重2.1~2.2克。标本M45：10，直径2.5、穿宽0.9、郭厚0.1厘米，重2.2克（图一九五，3）。

II式　72枚。"朱"部上下两笔圆折。直径2.5~2.6、穿宽0.9~1、厚0.1厘米，重2.1~2.25克。标本M45：4，直径2.5~2.6、穿宽0.9~1、郭厚0.1厘米，重2.1克（图一九五，4）。另有铜钱字迹的清晰程度略有差异（图一九五，5、6）。

大泉五十　186枚。其中12枚式别不清。圆形，方穿。背面有周郭，穿上亦有周郭。根据直径的大小分四式。

I式　36枚。"五"字略宽。直径2.8、穿宽0.9、郭厚0.2厘米，重6.9~7.1克。标本M3：4①，直径2.8、穿宽0.9、郭厚0.2厘米，重7克（图一九五，7）。

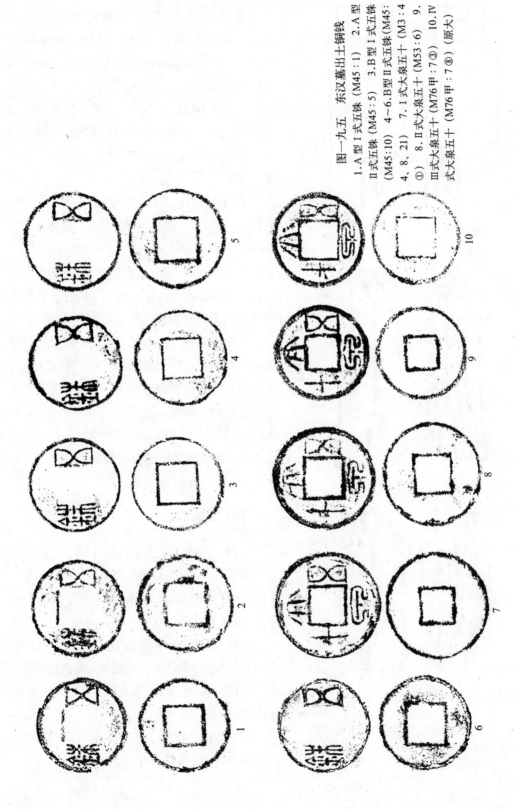

图一九五 东汉墓出土铜钱
1. A型I式五铢 (M45：1) 2. A型
II式五铢 (M45：5) 3. B型I式五铢
(M45：10) 4~6. B型II式五铢 (M45：
4、8、21) 7. I式大泉五十 (M3：4
①) 8. II式大泉五十 (M53：6) 9.
III式大泉五十 (M76甲：7③) 10. IV
式大泉五十 (M76甲：7⑧) (原大)

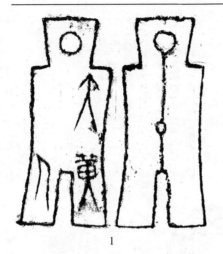

1

2

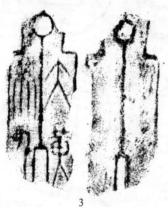

3

图一九六　东汉墓出土铜钱（大黄布千）
1. M3：10① 　2. M16：4① 　3. M16：4②
（原大）

Ⅱ式　18枚。"五"字略宽。直径2.7、穿宽0.9、郭厚0.2厘米，重4.4～4.5克。标本M53：6，直径2.7、穿宽0.9、郭厚0.2厘米，重4.5克（图一九五，8）。

Ⅲ式　66枚。"五"字略宽。直径2.6、穿宽0.85、郭厚0.2厘米，重4.5～4.7克。标本M76甲：7③，直径2.6、穿宽0.85、郭厚0.2厘米，重4.7克（图一九五，9）。

Ⅳ式　54枚。"五"字瘦长。标本M76甲：7⑧，直径2.5、穿宽0.85、郭厚0.2厘米，重3.2克（图一九五，10）。

大布黄千　7枚。出自2座墓中，均有不同程度的残损。亖形。首上有一个圆孔。钱的边缘及孔的两面有周郭。长（残）4.8～5.7、首宽（残）1.1～1.7、肩宽（残）1.9～2.4、足枝长（残）3.6～4.3、边厚0.3～0.58厘米，重13.5～24.6克。标本M3：10①，形体较完整，钱文"布"字不存。通长5.6、首宽1.7、肩宽2.4、足枝长4.3、边厚0.3厘米，重24.6克（图一九六，1）。其他钱文笔画的长短、粗细略有差异，残重13.5～14.5克（图一九六，2、3）。

（四）铅器

26件。均残。出自1座墓（M45）中。

盖弓帽　2件。明器。圆筒形。一端较粗；一端略细，有倒刺钩。标本M45：37，残长2.9、直径0.6厘米（图一九七，2）。

车軎　2件。圆台形，内空。一端较粗，外凸，有一个小圆孔；另一端略细，有凸棱两道。标本M45：53，长3.5、最大径3厘米（图一九七，7）。

四叶泡钉　12件。棺上饰品。圆筒形杆，上部四叶对称，顶部呈半球形凸出。杆上有一个倒钩。叶面饰方格纹。标本M45∶44，杆径0.9、残高3.5厘米（图一九七，1）。

钩钉　2件。四棱形。上端一个扁环，下端呈尖钩状（已弯曲）。标本M45∶56，涂白。长4.6厘米（图一九七，8）。

环　2件。椭圆形，截面呈四棱形。标本M45∶54，涂白。长径2.2厘米（图一九七，3）。

马衔　3件。明器。分两型。

A型　1件（标本M45∶59）。两端各有一个圆环，中部算珠形。涂白。长2.9厘米（图一九七，6）。

B型　2件。两端各有一个圆环，中部扁平。标本M45∶50，涂白。残长4.2厘米（图一九七，5）。

构件　3件。圆筒形，平顶。上部饰凸弦纹。标本M45∶51，直径1.1、高2.4厘米（图一九七，4）。

（五）其他

共60件。包括金、银、水晶、石、骨器。

金戒指　1件（标本M62∶13）。圆环形。直径2厘米，重9克（图一九八，2）。

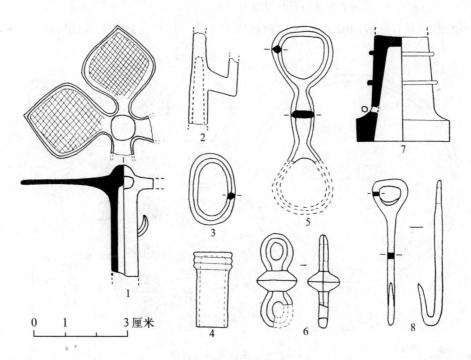

图一九七　东汉墓出土铅器

1.四叶泡钉（M45∶44）　2.盖弓帽（M45∶37）　3.环（M45∶54）　4.构件（M45∶51）　5.B型马衔（M45∶50）　6.A型马衔（M45∶59）　7.车軎（M45∶53）　8.钩钉（M45∶56）

　　银镯　1件（标本M62：6）。圆环形。直径6.4厘米，重13.3克（图一九八，1；图版五五，1）。

　　水晶珠　1件（标本M62：7）。白色，透明。扁体。两侧起棱，两面及上下端较平，中间穿孔。长1.4、宽1.3、厚0.9厘米（图一九八，6；彩版八，2）。

　　石珠　1件（标本M62：9）。上、下两端较平，中部呈四棱角外鼓。棱脊白色，四面绿色。边宽0.8、高0.7厘米（图一九八，5；彩版八，2）。

　　琉璃珠　28件。中部均穿孔。2件棕色珠大小不等（M62：11①、11②）。M62：11②，算珠形，直径0.8、高0.5厘米（图一九八，12；彩版八，2）；1件形体略大而高。直径0.9、高0.9厘米（图一九八，3；彩版八，2）。2件淡红色，大小相同（M62：10①、10②）。圆形，较矮。直径0.6、高0.4厘米（图一九八，7；彩版八，2）。24件蓝色珠（M62：1①～㉔），分为两类。一类2件，扁形，体积较大。如标本M62：12①、12②，宽0.9、厚0.5、高1.3厘米（图一九八，4；彩版八，2）；一类22件，圆形，体积极小。如标本M62：12③～12㉔，直径0.3～0.6、高0.1～0.2厘米（图一九八，11；彩版八，2）。

　　骨珠　26件。出自1座墓中（M45：50）。一类11件，圆环形，高0.1厘米。最大的1件直径0.6厘米（图一九八，10），最小的1件直径0.3厘米。一类15件，花瓣算珠形，中间穿孔。直径0.55、高0.6厘米（图一九八，8）。

　　骨饰　1件（标本M62：8）。如2粒蓖麻子连为一体状。上部呈圆形凸起，两侧对穿

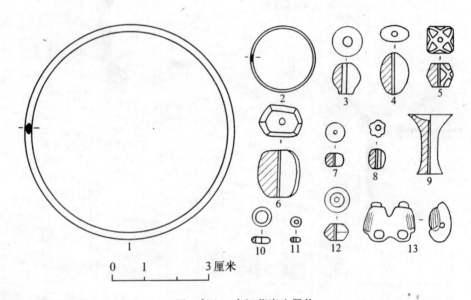

0　1　　　3厘米

图一九八　东汉墓出土器物

1.银镯（M62：6）　2.金戒指（M62：13）　3.棕色琉璃珠（M62：11①）　4.蓝色琉璃珠（M62：12①）　5.石珠（M62：9）　6.水晶珠（M62：7）　7.淡红色琉璃珠（M62：10①）　8.骨珠（M45：50②）　9.琉璃填（M76乙：3）10.骨珠（M45：50①）　11.蓝色琉璃珠（M62：12③）　12.棕色琉璃珠（M62：11②）　13.骨饰（M62：8）

一个针孔。一面刻划线纹。高1.2、宽1.1、厚0.6厘米（图一九八，13；图版五五，2）。

琉璃瑱　1件（标本M76乙：3）。蓝色。形体较小，豆形。中部一个小孔，贯通上下。直径0.9、高1.8厘米（图一九八，9；图版五五，3）。

四　小　结

收入本章的17座墓，除1座土坑墓外，其余16座墓均为砖室墓。砖室墓中，2座无随葬品，3座破坏殆尽，其余墓葬都受到不同程度的破坏。因此，这些墓葬都不是原始面貌。尽管如此，但墓葬材料仍然为探讨墓葬年代、墓主及其他方面的问题提供了重要的信息。

1. 年代

墓葬中没有关于入葬年代的直接记录，这里根据墓葬形制、建筑材料和随葬器物所提供的年代关系，确定其上、下限。

（1）墓葬之间的年代关系

墓室构造以砖砌为主，个别墓辅以石料（M76甲）；土坑墓仅1座（M16）。土坑墓和砖室墓只有建筑形式的区别，而没有时代上的差别，因为它们出土了相同的铜钱（大泉五十、大布黄千）。

砖室墓中，比较完整的墓，随葬器物的基本组合相同。8座墓（M3、M24、M33、M39、M53、M60、M76甲、M111）的陶器组合为鼎、仓、灶、井、釜、甑、盂、汲瓮、瓮、罐，其中2座墓（M24、M76甲）中有鸡、鸭、狗、猪、猪圈等。6座墓（M24、M33、M45、M53、M55、M62）出土硬陶器，器形有罐、瓮、壶、釜。组合杂乱，其形式有罐、壶（M33、M53），罐（M24），瓮（M45、M55），釜（M62）。

从器形来看，M24和M39所出陶鼎器形变化衔接紧密，弧顶盖，三足外侧作浮雕式猴形。M3、M24、M39、M76甲出土的陶仓，A型Ⅰ、Ⅱ式同出（M24），因此A型Ⅲ式与之间距不大；A型Ⅰ、Ⅲ式中（M3、M76甲）所附仓盖造型相似。出土的陶灶，M24与M3相似，平面呈长方形，附两釜，前有挡板，后有烟囱；M39所出陶仓省挡板，无烟囱管；M33、M60、M76甲、M111均为独釜灶。M24、M60、M62、M76乙、M111出土的牛鼻耳绳纹罐，造型变化不大。M24、M76甲出土的猪圈均为两层结构，M33、M53出土的硬陶壶几乎相同。出土的铜钱只有三种，大泉五十、大布黄千共存，五铢钱单出。因此，这些墓葬从建筑形式到随葬器物的相互联系表明，其年代衔接紧密，大体属于同一时期。

（2）上限

大泉五十、大布黄千或并存。见于6座墓（M24、M3、M53、M16、M76甲、M111）。其中，M3、M16两种货币并存，其他墓葬仅有"大泉五十"一种；除M16为土坑墓外，其余均为砖室墓。这两种钱币均为王莽时所铸。《汉书·食货志》:"王莽居摄,以周钱子母相权,于是更造大钱,径寸二分,重十二铢,文曰'大钱五十。'"又载:"凡宝货五品,六名,二十八器。铸作钱币皆用铜,殽以连锡,文质周郭放汉五铢钱云。"陈直说:"钱货六品,金货一品,银货二品,龟宝四品,贝货五品,布货十品,凡二十八品。钱、金、银、龟、贝、布谓之五物。金银分作二品,谓之六名。"地下出土的王莽时的钱范大泉五十和大布黄千等共存[1]。

五铢钱见于2座墓(M45、M62),与流云纹铜镜并存。其中1座墓中的钱文因锈蚀而不清;均为砖室墓。五铢钱始铸于汉武帝元狩五年,其后流行时间较长。本次发掘的一墓中所见的五铢钱有两型两式。A型穿上有横纹。其中,A型Ⅰ式"五"字中间两笔较直,A型Ⅱ式"五"字中间两笔弯曲。B型穿上无横纹。其中,B型Ⅰ式铢字的"朱"部上下两笔方折,五字中间两笔弯曲;B型Ⅱ式铢字的"朱"部上下两笔圆折,五字中间两笔弯曲。前者可到武帝时期,后三者属昭帝及王莽之前。但同出的流云纹规矩镜流行于西汉晚期至东汉早期,见于鄂城汉墓[2]、东海尹湾汉墓[3]。镜铭同尹湾汉墓所出铜镜相似。

墓葬中出土的硬陶罐等器物具有西汉晚期的某些特征。如硬陶罐A型Ⅰ式与汨罗西汉墓中的Ⅴ式陶罐接近[4],陶鼎A型Ⅰ式与溆浦马田坪新莽墓中的滑石鼎器形近似[5],陶熏炉与津市肖家湖M17[6]、大庸城区西汉墓[7]所出陶熏炉相似。

王莽居摄二年(公元7年)更造货币大泉五十等,始建国元年(公元9年)更造小钱,始建国二年(公元10年)作宝货。由此可知,出土铜钱的墓葬,其时代不早于公元7年;未出土铜钱的墓和出土五铢钱的墓,由前述墓葬之间的年代关系,可知也在此之列。

(3) 下限

墓葬中的某些器物具备东汉初期的特征。出土的C型Ⅱ式陶鼎与长沙县北山区东汉

①金少英集释、李庆善整理:《汉书食货志集释》,中华书局,1986年。
②湖北省博物馆、鄂州市博物馆:《鄂城汉三国六朝铜镜》,文物出版社,1986年。
③连云港市博物馆:《江苏东海县尹湾汉墓群发掘简报》,《文物》1996年第8期。
④湖南省博物馆:《汨罗县东周、秦、西汉、南朝墓发掘报告》,《湖南考古辑刊》第3集,岳麓书社,1986年。
⑤湖南省博物馆、怀化地区文物工作队:《湖南溆浦马田坪战国西汉墓发掘报告》,《湖南考古辑刊》第2集,岳麓书社,1984年。
⑥常德市文物工作队、津市文物管理所:《津市肖家湖十七号汉墓》,《湖南考古辑刊》第6集,岳麓书社,1994年。
⑦湖南省考古研究所、湘西自治州文物工作队:《1986~1987大庸城区西汉墓发掘报告》,《湖南考古辑刊》第5集,《求索》杂志社,1989年。

墓中的Ⅱ式陶鼎几乎完全一样⑧，陶熏炉见于醴陵东汉墓⑨、A型陶灶见于益阳羊舞岭东汉墓⑩。

没有随葬汉光武帝及其以后的铜钱。所有墓葬中没有发现光武帝及其以后的铜钱，表明墓葬时代在光武帝"行五铢钱"之前。据《后汉书·光武纪》载："建武十六年（公元40年）……是岁始行五铢钱。"因此，墓葬年代的下限不晚于公元40年。

2. 墓主及其相关问题

（1）文化背景

上述墓葬所在的历史时期，适值两汉之际，社会处于剧烈的动荡之中。王莽改制和东汉王朝的建立充满了战争的硝烟，人民饱受了痛苦的折磨。爆发于王莽时期的绿林起义发生在京山县，隐士严子陵曾从京山县富春山迁居于东宝区子陵岗。二者之间的关联，表明子陵岗一带在两汉之际并非繁华的地区。

绿林起义和东汉王朝的建立构成了严子陵迁居而隐的缘由。据《后汉书·逸民列传》："严光，字子陵，一名遵，会稽余姚人也。少有高名，与光武同游学。及光武即位，乃变名姓，隐身不见，帝思其贤，乃令以物色访之。"刘秀与严光是同学的一段史事，据研究，发生在今京山而不是在会稽余姚。严子陵曾居住在今京山县雁门口附近的子陵山。1983年春，李飞熊、熊学兵先生在京山子陵寺发现一块石碑。碑上明确记载："子陵寺古刹也，传述富春山、净安禅寺即此地也。自东汉严光先生，避新莽之乱流寓兹土，后里人爱其贤因以光之字更山与寺名。"⑪可见，刘秀在位之前，严子陵已居住于京山县富春山，后世为了纪念严子陵，则将富春山改为子陵山。严子陵隐居于今东宝区子陵铺镇子陵岗，历史上也有明确的记载。《荆门州志·隐逸》："汉严光，隐于荆门严山，今故宅基及客星尚存，后归富春山终焉。"同书《古迹》载："即子陵宅，在州北二十五里。"今子陵铺镇位于荆门城北，其地名即因严子陵在此隐居而得名。因此，今子陵铺镇是刘秀即位后，严子陵的隐居地；所谓"后归富春山终焉"，应指严子陵返回到雁门口附近的子陵山。

尽管社会动荡不安，但民间仍然崇尚厚葬之风。《后汉书·光武纪》：建武七年，诏曰："世以厚葬为德，薄终为鄙，至于富者奢僭，贫者单财，法令不能禁，礼义不能止，仓卒乃知其咎。其布告天下，令知忠臣孝子慈兄悌弟薄葬送终之义。"

（2）墓主身份

子陵岗两汉之际的墓葬，从属于上述历史文化背景之中。由于此次发掘的墓葬，缺

⑧ 长沙市文物工作队：《长沙县北山区东汉砖室墓清理记》，《湖南考古辑刊》第3集，岳麓书社，1986年。

⑨ 湖南省博物馆：《醴陵、株洲发现汉晋墓葬》，《湖南考古辑刊》第3集，岳麓书社，1986年。

⑩ 益阳地区文物工作队：《益阳羊舞岭战国东汉墓清理简报》，《湖南考古辑刊》第2集，岳麓书社，1984年。

⑪ 李飞熊、熊学兵：《京山名胜古迹考源》，华中理工大学出版社，1998年。

少判断墓主身份的直接材料，所以只能依据墓葬形制和随葬物品推测。

从墓葬形制来看，M76甲规模明显大于其他各墓。带墓道，平面构成"中"字形。墓室结构较复杂，由墓门、前室、后室、两耳室组成，券顶。其他墓葬或为先后入葬的合葬墓，或为单室墓。

从随葬器物来看，个别墓无随葬品，一部分墓因破坏而不明，较完整的墓与M76甲随葬物品相当的墓大量存在。

因此，子陵岗两汉之际的墓葬，虽然墓葬规模有大小之别，随葬物品存在差别，但总体来看，墓主身份差别并不大，反映了同一阶层不同的经济状况。大多数墓主应属于庶民阶层，仅个别墓主（M76甲）或可到地主阶层。

第六章　明墓

2座。因两墓原在同一封土堆下，故编为M11甲、M11乙。

一　墓葬形制

据调查，水泥厂在施工前，尚存一个封土堆。施工中，封土堆及墓坑被破坏。发掘时，封土堆仅M11甲西半部残存。据当事人反映，一件陶楼和墓志铭分别在M11甲和M11乙中出土，其详细位置不明。据此判断，两墓原在同一封土堆下。墓坑南北并列，M11甲在M11乙之南，间距2.4米。墓葬方向为290°（M11甲）和300°（M11乙）。

M11甲，墓口长2.5、宽1.2米。墓底等于墓口，距墓口深0.8米。墓底较平，四壁光滑。南北两壁分别设边龛，且对称。壁龛距西壁0.8、距墓底0.4米。龛口高0.24、宽0.3、伸入坑壁0.25米。墓底铺有厚约0.3米的草木灰。墓坑内填五花土，并夹有大量的石灰渣。葬具腐烂已尽，人骨架在坑底中部，头向西，仰身直肢，双手并于下腹。在人骨架的周围，出土有铁棺钉，当为加固棺的附属物。在墓坑西壁和头骨之间，放置瓷碗2件和硬陶罐1件。头骨右侧置铜钱4枚，银耳勺在头骨顶部。南侧的壁龛中置硬陶罐2件，北侧的壁龛中置硬陶罐3件（图一九九）。

M11乙，残存深度仅0.14米，墓口与墓底的长宽度相同，为1.8米×0.5米。坑底西端横置1件琉璃筒瓦。临近琉璃瓦的东侧出土金头饰一对，当为死者使用在头部的装饰品。坑底东端出土铜镜1件。葬具及人骨架无存。无龛。余同M11甲（图二〇〇）。

二　随葬器物

共有出土器物19件，分述如下。

硬陶罐　6件。有单耳罐和无耳罐两种。

无耳硬陶罐　1件（M11甲：5）。褐红硬陶。直口，圆唇，圆肩，下腹较长，略呈弧线内收，底上凹。口径12.8、腹径21.6、底径8.8、高23.6厘米（图二〇一，2；图版五六，3）。

单耳硬陶罐　5件。形状、大小基本一致。M11甲：10，褐红硬陶。敛口，平沿，与

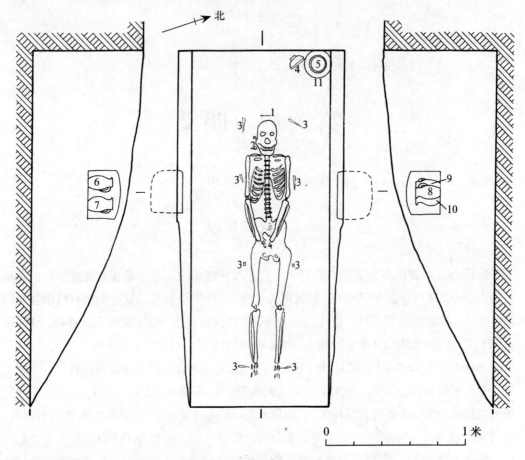

图一九九　明墓 M11 甲平、剖面图
1.银耳勺　2.铜钱　3.铁棺钉　4、11.瓷碗　5~10.硬陶罐

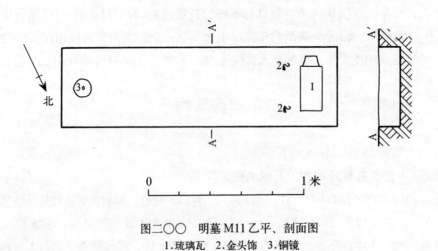

图二〇〇　明墓 M11 乙平、剖面图
1.琉璃瓦　2.金头饰　3.铜镜

耳相对处有流，溜肩，鼓腹，底上凹。口及肩部施黑釉。口径6.8、底径6、高12.8厘米（图二〇一，4；图版五六，2）。

陶楼　1件（采集）。泥质灰陶。四合院式。前厅与后堂之间，两侧均为一面坡水。前厅硬山高脊，两端作动物形高耸，两面坡水。门面仿木结构。门楣之上及其两侧设窗，其上透雕花孔。窗下饰莲花。门右侧一狗，蹲坐，昂首，卷尾。颈部有衔铃项链。左侧一鸡，站立，昂首，翘尾。均作浮雕式。后堂两层，硬山高脊，两端亦作动物形高耸，两面坡水。屋顶均铺筒瓦。长28.4、宽16、通高40.8厘米（图二〇二，3；图版五六，4）。

琉璃筒瓦　1件（M11乙：1）。黄色。半圆形，长舌斜侈。长33.8、宽14.4厘米（图二〇一，1；图版五五，4）。

瓷碗　2件。形态特征、大小一致。M11甲：4，细腻白瓷。尖唇，弧腹内收，平底，矮圈足。底部有"大明年造"蓝色文字（图二〇一，3；图版五五，6）。

铁棺钉　26件。按其长度分为四种。第一种，4件。形状相同。长24.4~27.4厘米。标本M11甲：3④，长27厘米。第二种，4件。形状相同。长21.8~23.2厘米。标本M11

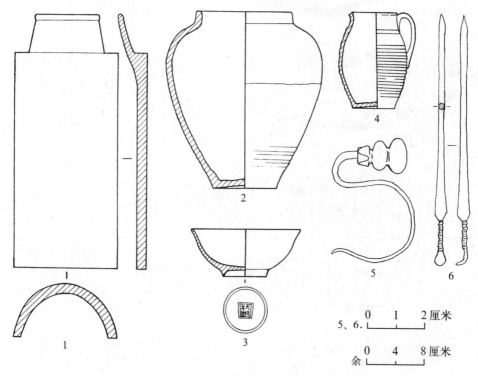

图二〇一　明墓出土器物

1.琉璃筒瓦（M11乙：1）　2.无耳硬陶罐（M11甲：5）　3.瓷碗（M11甲：4）　4.单耳硬陶罐（M11甲：10）　5.金头饰（M11乙：2①）　6.银耳勺（M11甲：1）

甲：3⑤，长23.2厘米。第三种，12件。形状相同。长16.5～20厘米。标本M11甲：3②，长19.8厘米。第四种，6件。形状相同。长13～14.5厘米。标本M11甲：3⑧，长14厘米（图二〇二，2）。

　　铜镜　1件（M11乙：3）。弧面，方沿。背面有周郭，中间一个拱形小纽。由镜缘向内分别为弦纹、铭文、弦纹。铭文仿汉镜制作，共十八字："内清之以昭明，光而象夫日

图二〇二　明墓出土器物

1.铜镜（M11乙：3）　2.铁棺钉（M11甲：3⑧、3②、3⑤、3④）　3.陶楼（采集）

月，心忽忠然不泄。"直径8.2、边厚0.4厘米（图二〇二，1；图版五六，1）。

铜钱　4枚。均因严重腐蚀而不清。1枚（M11甲：2①）直径2.6、穿宽0.5厘米；1枚（M11甲：2②）直径2.9、穿宽0.4厘米；2枚（M11甲：2③、2④）直径3.2、穿宽0.5厘米。

银耳勺　1件（M11甲：1）。勺呈小锅底状，柄较长。柄部靠勺一端较细，呈圆柱形，饰弦纹。与弦纹相交处较粗，并向另一端渐细，截面呈圆形。长8.4、最粗处直径0.4厘米（图二〇一，6；图版五六，5）。

金头饰　2件。形状、大小一致。M11乙：2①，弯曲成钩形。一端为扁球体，另一

图二〇三　墓志铭拓片（一）

图二〇四　墓志铭拓片（二）

端呈尖状。钩状部分直径0.15厘米（图二〇一，5；图版五五，5）。

墓志铭　1件（采集）。由大小相同的两块青石组成。正面均经磨光，边缘阴刻线纹两道，其间阴刻云纹。每块长47.5、宽46.5、厚7.4厘米。一块正面阴刻"故卢孺人适氏墓志铭"篆文（图二〇三），另一块正面阴刻楷书，释文如下[①]（图二〇四）。

---

①格式与原文一致，但改竖排为横排，改繁体字为简体字，加注标点；已残损的字用□表示，补入的字外加方框。

□□□□翰林院侍讲学士　　　沔阳　　　童承叙撰文
赐进士出身翰林院庶吉士　　江陵　　　曹忭篆额
钦差工部营缮司　　郎中　　　郡人　　　袁钺书册

余叨侍经筵乞　恩展拜桑梓。一日，有□□□，余揖而进之，乃荆门庠生卢承庆、承天守命求象山记者。余观容词温雅，□度明净。窃度之曰："其生也，必有自矣。"因语以探其由。卢子曰："吾父克遵祖□□之训，以及于庆耳。祖母卒，尚未葬，因状以请铭。"曰："庆不敢私其亲。吾祖母□女，君子也。吾祖少，以学行名，充当阳县学生，早娶祖母王氏生吾父，遂捐馆矣。续娶祖母郑氏生叔二。祖父卒，叔俱幼，祖母戒吾父曰：'尔其存心端行，子孙必有善继先□□者'。吾父生庆兄弟三人，祖母戒之曰：'尔父克肖，尔等以圣贤自期，我以节义死守，有光尔祖也'。祖母今保节以没矣，庆等欲伸一日之养未能也。惟先生哀而畀之铭，光垂不朽矣。"余闻卢子祖母，盖节义贤智母也，谨当叙而铭之。

叙曰：

卢孺人郑氏，名善庆，分宜县丞郑君经娶夏氏所生，彭县分教郑君俨其弟也。大学生卢君纶继娶焉，综理有方，阃阈有限，内外咸知之。卢君卒，孺人时年三十。之死誓匪愿，待三子无厚薄，力纺绩，时耕畜，清白贞静，始终不渝。其享兹永年，贤子孙辈出，宜也。孺人生天顺二年十月廿一戌时，卒于嘉靖己亥十二月初六戌时，享年八十二岁。王氏生长子文朋，王亲娶丘氏。孺人生学，娶李氏；明，娶姚氏。孙男承恩、仪宾娶湘荫王女，荣娶教谕时景女，庆州学生娶刺史程君滢女。学生宪，孙女八。婿赵振乾、赖世雍、夏卿、何点、王大辂、江万象重孙男八。泽州、江溢、瀛沉、泮涞皆远到之器也，卜以壬寅季冬初九，率诸子孙，奉柩厝于子陵铺之原。

铭曰：柔顺协吉，无善无非。徽音克嗣，端重沉毅。乡叩媛淑，荆楚娴姒。冰霜节操，金璧增辉。矗矗遐龄，绳绳福祉。褒嘉指日，服之无射。

三　入葬时间

据墓志铭"孺人生天顺二年……卒于嘉靖己亥十二月……享年八十二岁"，M11乙的墓主在世时间为1458～1539年，以虚岁计八十二年，其下葬时间在1539年。又据墓志铭"卢君卒，孺人时年三十"推算，M11甲的下葬时间为1487年（当亦以虚岁计）。应当指出的是，"故卢孺人适氏墓志铭"与"卢孺人郑氏"不合，即适氏与郑氏不一致。原文如此，存疑待考。

附表一　东周墓分期索引表

墓号	期别	墓号	期别	墓号	期别
M1	四期	M26	未分	M67	四期
M2	二期	M27	一期	M68	三期
M4	未分	M28	未分	M69	四期
M5	未分	M29	未分	M70	未分
M6	未分	M30	四期	M71	未分
M7	三期	M31	三期	M72	三期
M8	三期	M32	未分	M73	三期
M9	三期	M34	未分	M74	三期
M10	三期	M35	未分	M75	四期
M12	三期	M36	三期	M79	四期
M13	二期	M37	未分	M80	三期
M14	二期	M38	三期	M81	三期
M15	三期	M40	未分	M82	三期
M17	三期	M41	三期	M83	四期
M18	二期	M52	三期	M84	四期
M19	四期	M54	未分	M85	三期
M20	四期	M56	三期	M87	三期
M21	未分	M57	三期	M89	三期
M22	二期	M58	三期	M90	未分
M23	三期	M59	三期	M110	未分
M25	四期	M61	三期		

附表二　东周墓登记表

期别	墓号	墓型	方向	墓口 长×宽-深(米)	墓底 长×宽-深(米)	头龛 宽×高×深底高(米)	二层台 宽×高(米)	墓道 长×宽-高(米);度	台阶 宽×高(米)	随葬器物	备注
一期	M27	BI	170°	2.4×1.1-0	1.9×0.7-0.6	0.67×0.3×0.3-0.16				陶鬲AI,孟AI,罐AI,豆AIa,AIb	
	M2	BI	200°	2.1×1.1-0	1.8×0.65-1.4	0.6×0.36×0.32-0.24				陶鬲,孟,孟AIIb,罐DI,豆AIb2	
二期	M13	AI	180°	东2.8 西2.6 ×1.8-0	2.4×1.1-2.1					陶鬲,孟 AIIb,罐,豆 AIa, AIb	1.15×0.1-0.6米见陶盆口沿
	M14	FI	170°	4.2×3.4-0	2.8×1.4-2.8				0.46×2.5	陶鬲AIIa,孟AIIa,罐AII,豆AIa, AIb	
	M18	CI	175°	3.6×2.7-0	2.6×1.3-2.4		两端:0.3×1 两侧:0.4×1			陶鬲 AIIb,孟 AIIa,罐CI,豆AIa2	棺痕 1.8×0.66-0.3米
	M22	AII	175°	3.4×2.4-0	2.7×1.58-1					陶鬲AIIc,孟AIIa,罐BI,豆AIa，AIb2	
三期	M7	AII	270°	3×2-0	2.6×1.5-1.3					陶鬲C,孟AIIb,罐AIII,E,豆AIIa3	
	M8	BI	190°	2.2×1.1-0	2.16× 0.8-1.36	0.61×0.5 ×0.3-0.4				陶鬲AIIb,孟,壶A,豆AIIa3,铜带钩	
	M9	AIII	170°	2.9×2-0	2.4×1.6-1.9					陶鬲AIIb,孟BI,罐AII;铜璜,铜带钩;料珠16	仰身直肢葬

续附表二

期别	墓号	墓型	方向	墓口 长×宽-深(米)	墓底 长×宽-深(米)	头龛 宽×高×深-底高(米)	二层台 宽×高(米)	墓道 长×宽-高(米；度)	台阶 宽×高(米)	随葬器物	备注
三期	M10	C I	175°	3.4×2.6-0	2.56×1.3-2.26		两端：0.1×0.86 两侧：0.14×0.86			陶甗 BⅢ、盂 AⅢ、罐 AⅢ、豆 AIb2；铜剑 AⅡ、戈Ⅱ	
	M12	B I	195°	2×0.9-0	1.8×0.6-1.3	0.71×0.4×0.29-0.2				陶甗 AⅢc、盂 BⅠ、罐、豆 AⅡb2	仰身直肢葬
	M15	A I	80°	3.2×1.4-0	2.9×1.3-1.8					陶甗 BⅡ、BⅢ、豆 A Ia2、AⅡb4、BⅡ2、壶 BⅢ2、纺轮	墓坑南壁下葬时已坍塌
	M17	C Ⅱ	175°	4.9×3.4-0	3.18×1.7-3.2		四周：0.4×1.2			陶鼎 BbI2、敦Ⅲ C2、壶 C Ia2、豆 A Ib2、AⅢa4、盏、罐 AⅡb2、铜剑BⅣ、镞、戈Ⅲ、带钩Ⅱa	填土中含粗柄残陶豆。下层白膏泥厚0.4米，可见椁痕
	M23	A Ⅱ	178°	3.08×1.74-0	2.68×1.4-1					陶甗 AⅢb、盂、罐 AⅡ、豆；铜剑AI	
	M31	A Ⅲ	175°	2.8×1.8-0	2.6×1.6-0.68					陶盂盂 AⅢ、罐 BⅢ、豆 A Ⅱa	

期	墓号	型式	方向						随葬品	可见葬痕
三期	M36	DⅡ	360°	3.7×2.7-0	3.3×1.9-2.2			1.8×1.3—1.5；19°	陶鼎Ac2、簠2、缶Ⅲ2、盘Ⅰ、铜剑BⅢ、戟Ⅰ、匕首、带钩Ⅱb、玉环、料珠2	
	M38	BⅠ	76°	2.28×1.2-0	1.94×0.84-0.88	0.72×0.24×0.23-0.36			陶鬲BⅡ、盂BⅠ、豆AⅡa2、罐AⅠ、铁剑	
	M41	EⅡ	350°	4.2×2.9-0	3.4×1.9-2		南端：西0.2×1.2 东0.3	2.6×北1.2—1.5 南1.4—1.5；9°	陶鼎Ac2、簠2、缶Ⅲ2、铜剑BⅡ、戟BⅡ、削刀、匕首、带钩BⅡ、玉璧	设垫木槽，间距1.5，宽0.4，深0.1米，仰身直肢，有棺椁痕迹
	M52	AⅠ	190°	2.9×1.9-0	1.9×0.9-1.6				陶敦Ⅰ、豆AⅢb3	
	M56	AⅠ	355°	3.4×2.1-0	3×1.4-2				陶鼎、敦Ⅰ2、壶BⅠ、豆AⅡb2、盘Ⅰ	坑底有少许白膏泥，厚0.2米，填土中有陶罐残片
	M57	CⅠ	85°	3×2.4-0	2×0.8-1.9	两端：0.2×0.9 两侧：0.3×0.9			陶鬲AⅡb、盂AⅢ、罐DⅡ、豆AⅡb3	坑底下层白膏泥，厚0.4米
	M58	AⅡ	100°	2.8×2-0	1.8×1-2				陶鼎AbⅠ、壶BⅠ、豆BⅠa2、盂BⅡ	填土下层白膏泥，厚0.4米

续附表二

期别	墓号	墓型	方向	墓口 长×宽–深(米)	墓底 长×宽–深(米)	头龛 宽×高×深–底高(米)	二层台 宽×高(米)	墓道 长×宽×高(米);度	台阶 宽×高(米)	随葬器物	备注
	M59	F I	85°	4.2×3.2–0	2.8×1.4–2.8				0.4×2.6	陶鼎AaI2, CI, 敦BIV2, 壶AIIb4, 盘I, 匜I, 斗I; 铜铃	
	M61	C I	345°	3.2×2.4–0	2.4×1–2.4		两侧: 0.2×0.5			陶两BI, 盂AIIb, 罐BII, 豆AIa	
	M68	A II	80°	2.3×1.6–0	2.1×1.1–1.7					陶鼎, 壶BII, 豆AIIb2	
三期	M72	A I	85°	4×2.4–0.32	3×1.2–2.72					陶鼎AbII, 敦II, 缶I, 豆AIIb2残片	填土经夯筑, 厚10～15, 窝径6～8, 深0.3～0.5厘米
	M73	D I	350°	3.6×2.1–0.42	3×1.4–3.62			北1 4.4×南1.2-1.3; 23°		陶鼎AaI2, CI, 缶II2, 壶2, 豆AIIa3, AIIb, AIIIa2, 盂	地表下1.5米见红砂石层
	M74	C I	170°	4.4×3.2–0.42	3.4×1.2–3.22		两侧: 0.2×0.8			陶鼎AIIa2, 壶AIIb, 敦IIIa, 豆AIIa2, AIIb, 铜剑AIII, 戈I	

墓号	类型	方向	墓口尺寸	墓底尺寸	二层台/壁龛尺寸	随葬品	备注
M80	AⅢ	345°	4.5×3.1-0.3	3.6×2.2-2.2		陶鼎 AaⅡb2, 敦Ⅱ2, 壶2, 盉, 盘, 匕, 高足壶2, 碗	
M81	AⅠ	350°	3.4×2.4-0.4	2.6×1-2.2		陶鬲 AⅢb, 盂 BⅢ, 罐 豆 AⅢb4	地表下 1.4 米见红砂石，填土中有残陶豆
M82	FⅠ	75°	5.2×3.4-0.4	3×1.2-3	两端：0.6×2.2 两侧：0.7×2.2	陶鼎 AaⅠ, 壶 B Ⅰ, 豆 AⅠa	地表下 0.9 米见红砂石
M85	AⅡ	180°	3.2×2.2-0.32	2.4×1.4-2.12		陶鬲 AⅢa, 盂 BⅡ, 罐 AⅠ, 豆 AⅠb2	西壁外折
M87	AⅡ	175°	2.8×2-0.3	2.2×1.2-2.2		陶鬲 AⅢb, 盂 BⅡ, 罐 CⅡ, 豆 AⅠa2, BⅠb2, 杯	坑底东南角设长方形熟土台，长0.9，宽0.4，高0.2米，器物置于其上
M89	CⅡ	170°	4.4×3.4-0.36	2.6×1.4-2.66	两侧和北端：0.2×0.9 两端：0.2×0.9	陶鼎3, 敦2, 壶2, 豆 AⅡb4	设垫木槽，间距1.2，宽0.2，深0.08米

三期

续附表二

期别	墓号	墓型	方向	墓口 长×宽－深（米）	墓底 长×宽－深（米）	头龛 宽×高×深－底高（米）	二层台 宽×高（米）	墓道 长×宽×高；度（米）	台阶 宽×高（米）	随葬器物	备注
四期	M1	DⅢ	90°	3.9×2.8－0.32	3.6×2.2－3.62			东1.3－西1.6 3.2×1.5；28°		陶鼎AaⅡa2、BaⅡ2、CⅡ2、敦Ⅲc2、壶CⅡa2、豆AⅢa4、罐B、盉Ⅳ2、罍、提梁盉B、盃Ⅰ、盘Ⅱ、匜Ⅱ、斗Ⅱ、匕Ⅰ、铜剑AⅣ、戟BⅡ、镳链Ⅲb、马衔2、骨马镳	设垫木槽，间距1.34，宽0.3，深0.1米；填土中有板瓦、豆片、兽骨
	M19	AⅡ	90°	3.1×2.2－0	2.7×1.5－1.64					陶鼎BaⅡb2、敦Ⅲb2、壶2、豆AⅢa2、盃Ⅰ、提梁罐A、镇墓兽	椁痕2.36×1.33－0.3米
	M20	AⅢ	90°	2.8×1.9－0	2.68×1.65－1.68					陶鼎2、敦Ⅲc2、壶CⅡb2	
	M25	AⅡ	190°	3.86×2.3－0	2.7×1.4－1.6					陶鼎BaⅠ2、敦Ⅲb2、壶CⅠb2、盘	
	M30	EⅠ	178°	4.4×3.2－0	东2.8西2.73×1.4－3		四周（0.04~0.06）×1.3	北1.4南1.2 2.4×1.9；20°		铜鼎、敦、壶、剑AⅢ、戈Ⅳ、镳CⅠb2、AⅢb	可见人骨架痕迹，仰身直肢。樟棺2.16×0.9－2.16米

期	墓号	型	方向	尺寸一	尺寸二	二层台	墓道	随葬品	备注
	M67	D II	180°	3.4×2.7-0.2	2.6×1.4-2.6		北1.2-南1-2; 8°	陶鼎 BbII, 盒 A I, 壶 C I b, 豆 A IIIb3; 铜剑 B I, 镞 A II, A IIIa, 带钩 I	墓道底面北段下折
	M69	E II	90°	5×3.6-0.32	3×1.8-3.42	四周: 0.5×1	东1.2-西1.4-1.6; 20.5°	陶鼎 AaIIa2, BaII2.C I, 敦IIIc2,壶CIIb2, 豆 AIIIa6,盒AII2, 缶IV2, 提梁罐 B, 盉 I, 盘 I, 匜II, 斗II, 匕 I, 高足壶2, 鹿角, 水晶珠4	填土中合陶器口沿, 仰身直肢。有棺椁痕迹
	M75	A II	175°	3.6×2.6-0.36	2.8×1.6-2.16			陶鼎 Ba III2, 敦III c2, 壶 C II b2, 豆 A IIIa2, 盘 III, 盂, 匜 III; 铜剑 A II	垫木槽间距1.3, 宽0.3, 深0.03米, 两端延伸至坑壁内
	M79	C II	340°	3.4×2.4-0.3	2.8×1.6-1.9	两侧: 0.16×0.6		陶鼎 Ba I 2, 敦IIIc2, 壶 A IIa2, 盘 III, 盂 II, 匜 II, 斗 II, 匕 II, 勺2	地表下1.55米见红砂石层; 垫木槽间距1.2, 宽0.2, 深0.06米
四期	M83	A II	75°	3.5×2.7-0.43	2.5×1.5-3.03			陶鼎 AbIII2, 盒 BI2, 壶 C I a2, 豆 A IIa2; 铜剑 A II, 戈 III, 镞 A IIIc, B	填土中2件陶罐并列, 距墓口深0.6米

续附表二

期别	墓号	墓型	方向	墓口 长×宽-深(米)	墓底 长×宽-深(米)	头龛 宽×高×深-底高(米)	二层台 宽×高(米)	墓道 长×宽-高(米);度	台阶 宽×高(米)	随葬器物	备注
四期	M84	EⅡ	260°	5.8×4.4-0.3	3×1.8-2.9		四周:0.54×1.1	2.8×两1.4-东1.6-1.7;16°		陶鼎BbⅠ2,敦Ⅲc2,壶CⅠb2,豆AⅢa2,盘,匜Ⅱ,斗,匕Ⅰ,戈Ⅰ,镞AⅠ,铜剑BⅡ	填土中出土石球
未列入分期的墓	M21	AⅡ	80°	3.2×2-0	3×1.6-1.66					陶鼎2,敦2,壶2,豆2	椁痕2.16×0.96-0.26米
	M26	EⅠ	350°	3.6×2.8-0	2.52×1.2-2.2		两侧:0.2×0.8	1.8×1.1-1.2;25°		陶鼎2,敦2,壶2,豆2,盂;铜剑JAⅡ,戟A,镡	棺痕2.26×0.8-0.7米
	M32	AⅡ	176°	3.6×2.3-0	2.9×1.72-1.28					陶鼎2,敦2,壶2	棺痕2.44×0.88-0.3米
	M54	AⅡ	180°	3.6×2.4-0	2.5×1.4-2.4					陶鼎,敦,壶,豆AⅢa	垫木槽间距1.28,宽0.16~0.18,深0.08米
	M70	AⅡ	90°	2.8×1.6-0	2.7×1.5-1.9					陶鼎	地表下1.5米见红砂石层
	M71	DⅠ	90°	4.2×3.65-0.34	2.8×1.4-3.64			3.8×1.2-1.5;24°		陶鼎,敦,壶	夯层厚约20,夯窝直径8,深0.3厘米

分期	墓号	型式	方向	尺寸一	尺寸二	两侧/两端	随葬器物	备注
未列入分期的墓	M90	C II	85°	3.4×2.3-0	2×1.1-2	两侧：0.2×0.6	陶鼎2、敦2、壶2、豆3、盂、石环	
	M110	C I	180°	2.7×1.7-0.32	2.1×0.7-2.12	两端：0.2×0.7 两侧：0.4×0.7	陶罐；铜带钩II	
	M4	F III	95°	4.8×3.9-0	2.9×2-3.1	两端：0.65×2.9 两侧：0.6×2.9	无器物	可见头骨痕迹
	M5	A II	90°	3.8×2.9-0	2.8×1.6-2.8		无器物	
	M6	A I	90°	2.2×1-0	西0.7 东0.8 1.9×—1.3		无器物	可见人骨架残迹
	M28	C I	265°	2×0.84-0	1.36×0.32-0.6	两端：0.16×0.12 两侧：0.16×0.12	无器物	可见牙痕
	M29	A I	270°	2.4×0.9-0	2.2×0.74-0.9		无器物	
	M35	A II	175°	2×1-0	1.76×0.96-0.98		无器物	
	M34	A I	170°	2×0.64-0	1.76×0.54-0.54		无器物	
	M37	A I	350°	2×0.84-0	1.68×0.6-0.7		无器物	坑底有碎陶片
	M40	A III	167°	3.2×2.9-0	2.5×1.7-2.4		无器物	棺痕 2.2×0.5-0.6米

附表三 秦、西汉墓登记表

墓号	方向	墓类	墓口 长×宽-深（米）	墓底 长×宽-深（米）	陶器	铜器	其他	备注
M42	200°	乙	3.4×2-0	2.6×1.32-0.9	鼎、豆I2			设垫木槽，间距1，宽0.24～0.26，深0.08米。人骨架基本完整
M43	170°	乙	2.7×1-0	2.6×0.9-0.92	罐B、釜2、盂			
M46	90°	乙	2.2×1.4-0	2.1×1.2-0.37				无随葬品
M48	90°	乙	2.6×1.8-0	2.4×1.6-0.3				无随葬品
M49	20°	甲	3.62×2.3-0	3.04×1.8-2	瓮2、盂A、BI、瓶、熏炉I	鍪II、勺、洗3、半两64、铃AI、AII2、B、环2、璜		设垫木槽、间距1.7、宽0.2、深0.08米
M50	20°	乙	2.4×2-0	2.06×1.8-0.65	鼎2、盒2、钫2、釜2、盂、仓、灶I、甑			设垫木槽、间距1.08、宽0.2、深0.08米
M63	90°	甲	3.3×2.6-0.3	3.5×2.6-3.5		鼎A、壶AI、镜、半两		深2～2.2米狗骨架一具；坑底可见人骨架残痕
M64	275°	甲	3.8×2.6-0.4	3.2×2.4-3.25	罐CII	鼎B、壶B、镜片5、鐾	骨器、玉佩	设垫木槽、间距1.8、宽0.2、深0.08米、深1.7～2.6米狗骨架一具；可见椁室和人骨架残痕
M65	265°	甲	4.2×3.2-0.4	3.6×2.6-3.8	罐CIII	鼎C、壶AII、镜片	玉璧2、石璧	可见椁室和人骨架残痕
M66	350°	甲	3×2-0	2.8×1.8-2.4	罐CI、釜BI、熏炉II	蒜头壶、鍪I、匕A	爱金	设垫木槽、间距1.64、宽0.2、深0.06米

续附表三

墓号	方向	墓型	土坑墓口 长×宽-深(米)	砖室空间 长×宽-高(米)	随葬品	备注
M77甲	70°	甲	北3.46×2.36 南3.3 北2.8 南2.2	3.2×2.2— 北4.06 南3.14	鼎2，盒2，壶2，盂，釜BII、CII、乙、豆II、匕II，灶II、瓿	打破 M77乙
M77乙	76°	甲	2.8×1.9— 北2.2 南0.96	2.8×1.9— 北4.3 南3.76	蒜头壶，整I，乙，匕，釜BI、CI、仓，BII2，盂BI，灶I、瓿、甑，盂BII B，镜，残玉片5	被 M77 甲所打破，坑壁垂直
M86	75°	乙	3.2×2-0.3	2.8×1.6-2.3	罐B，釜A	
M88	180°	乙	2.4×1.4-0.3	2.2×1.2-2.5	罐A	

附表四　东汉墓登记表

墓号	墓型	方向	土坑墓口 长×宽·深(米)	砖室空间 长×宽·高(米)	墓道 长×宽·深(米)	随葬品 陶器	随葬品 硬陶器	随葬品 铜器	随葬品 其他	备注
M3	砖BII	85°	4.44×3.3-0	4.08× 2.2-1.52	3.5× 2，西2.6—0 东 2	鼎BI、仓AI、灶AI、井AI、釜AI2、甑AII、盂A、汲盆A、瓮I、II、罐BI		大布黄千3，大泉五十I5		
M16	土坑	170°	2.7× 北1.4—0 南1.5	2.4×1.2-0.5	1.4×1.1-0	罐2，盆A2		大布黄千4，大泉五十I8，III28，IV		

续附表四

墓号	墓型	方向	土坑墓口 长×宽-深(米)	砖室空间 长×宽-高(米)	墓道 长×宽-深(米)	随葬 陶器	硬陶器	铜器	其他	备注
M24	砖BII	90°	3.72×2.6-0	3.04×2-1.04	西2.36-0.2 / 东 3.04×	鼎AI2,豆,仓AI, AII,灶AI,井B I,釜B2,甑AI, 盂A,汲瓮AI,盆 B,罐AbI,C,磨, 瓮,筒瓦,鸡,鸭, 狗,猪,猪圈B	罐AII	残器,大泉五十8		
M33	砖BII	85°	3.54×3.42-0	3.02× 2.76-0.7	西2.74-0.3 / 东2.72×2.6	鼎CI,仓BI,釜A CI,井BI,瓶BI2, II,瓿BI,盂BI2, 汲瓮AIII,瓮II, 盘2,罐BII2,BII	壶,罐A I,AII2, B			
M39	砖AI	340°	2.92×1.18-0	2.64× 0.9-0.65		鼎AII,仓AI,灶A II,井BII,釜B,C, 瓿BII,盂BII,汲瓮 BI,罐AbI,BII		带钩,盆,残器2		
M44	砖AI	70°	2.84×2.1-0	2.66×1.76-0.2		罐AbI,井				
M45	砖AII	100°	3.92×1.76-0	3.58× 1.44-0.45			瓮II	镜AI,碗A, 五铢AI,AII, BI54,BII72	铅盖弓帽2, 车軎2,四叶 泡钉12,钩钉 2,环2,马衔 A,B2,构件3	残长

墓号	形制	方向	尺寸1	尺寸2	墓道	陶器	其他容器	铜器等	装饰品	备注
M47	砖BI	80°	3.58×2.06－0		1.9×（西2.04－东1.86）-0	釜、罐（残存）				
M51	砖AI	80°	2.14×1.26－0	1.77×0.84-0.15						无随葬品
M53	砖CI	175°	3.04×2.84－0	2.7×2.24-0.72	2.8×（北2.84－南1.2）-0	鼎CII、仓BII、灶、井、釜AI、甑、孟A、罐BII2、瓮II	盖、罐AII	带钩、碗B、残、大泉五十器2、I2、II18、IV21		
M55	砖BI	100°	2.76×2－0	2.5×1.5-0.86	1.82×（西2－东1.7）-0	仓BIII、罐AaIII	瓮I2	盆		
M60	砖AI	270°	2.9×1.46－0	2.08×1.1-1.06		鼎BII、仓BI、灶B、井AIII、釜AI、甑AI、孟AI、罐AaIII、BI				
M62	砖CIII	195°	5.22×3.24－0	5.03×2.87-1.66	双墓道并列	罐AaI	釜	镜AII、C、残器2、五铢24	银镯、金戒指、水晶珠、石珠、琉璃珠28、骨珠26、骨饰	
M76甲	砖CII	255°	4.58×5.14－2	4.1×5-2.66	7.4×（西2.4－东2.8）-0	仓AIII5、灶CIII、井B、I、釜AIII、孟异、瓮III、罐D3、甑BII、禽炉、猪圈A、猪、狗		镜B、盖弓帽、盖帽、配件3、大泉五十I21、III38、IV32、汉		
M76乙	砖AI	165°	3.6×1.42－0	3.26×1.24-0.46		罐AaII				
M91	砖AIII	130°	2.08×0.66-0.3	1.76×0.36-0.24						无随葬品
M111	砖BI	90°	2.78×2.07－0	2.5×1.8-2.07	被毁	灶CII、井BII、釜A、I2、甑BIII、孟BIII、罐AaII、AaIII、AbII2		大泉五十4	琉璃项	

附录　子陵岗出土铜器样品检测分析

廖灵敏　潘春旭　陈官涛

（武汉大学科技考古研究中心）

2006 年 7 月，我们受荆门市博物馆委托，对提供的 7 件出土文物标本进行检测。这些样品从发掘出土到进入实验室，荆门市博物馆的考古负责人对其采取了认真而科学的保护，虽然金属文物本身由于埋藏环境的原因，存在不同程度的锈蚀，但可以满足检测分析的资料要求。我们利用带有能谱（EDS）分析仪的扫描电子显微镜（SEM）（荷兰 FEI Sirion FEG-SEM 及 EDAX GENESIS 7000 EDS）对该批样品进行了表面形貌观察及能谱分析。

（一）分析样品的摄取与制备

这批样品包括铜罍－龙耳 1 件、铜鼎 2 件、铜鍪 1 件、蒜头壶 1 件、青铜剑 2 件。这批样品除其中一把青铜剑外都为残件，为我们取样提供了一定的方便，在不对文物有较大损坏的原则指导下，我们在提取样品过程中尽量取样品的截断面，这样可以便于我们能真实反映样品的组织结构以及原始的成分信息。

从外观看除残剑之外，其他样品表面都有不同程度的锈蚀。

对残剑用液氮低温淬断截取一段进行分析；对完整剑截取少量横断面碎渣进行分析；由于样品铜鼎、蒜头壶、铜鍪比较薄，直接将试样折断获得断口样品进行分析；铜罍－龙耳样品横截面尺寸较厚，不便截取，在铜罍－龙耳末端处用砂纸（240#）在表面打磨至露出基体进行分析。

（二）鉴定结果

(1) 铜罍龙耳（子陵岗 M64：2；实验室编号：3358）

图一为该试样的表面形貌照片，图二为能谱（EDS）测量谱线，表一为对应的化学成分测试结果，其主要组分为 Cu-Sn-Pb 合金，含有少量其他杂质 [铁（Fe）、硅（Si）]。

图一　铜罍龙耳（编号 3358）表面形貌

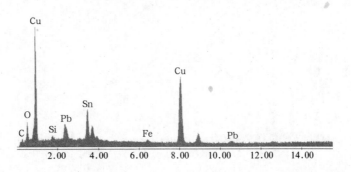

图二　铜罍龙耳（编号 3358）的化学成分 EDS 谱线

表一　铜罍龙耳（编号 3358）的化学成分测试结果（wt%）

元素	Cu	Sn	Pb	Fe	Si	备注
平均成分	57.77	18.68	13.03	1.09	1.52	考虑杂质元素
	64.44	21.04	14.52	—	—	不考虑

（2）铜鼎（子陵岗 M63：2；实验室编号：3350）

图三为该试样的断口形貌照片，图四为能谱（EDS）测量谱线，表二为对应的化学成分测试结果，其主要组分为 Cu-Sn-Pb 合金，含有少量其他杂质［铁（Fe）、硅（Si）］。

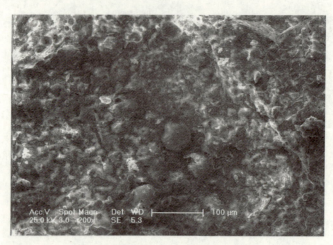

图三　铜鼎（编号3350）断口形貌

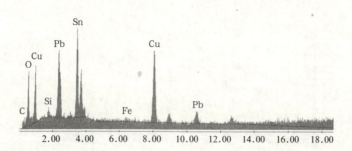

图四　铜鼎（编号3350）的化学成分EDS谱线

表二　铜鼎（编号3350）的化学成分测试结果（wt%）

元素	Cu	Sn	Pb	Fe	Si	备注
平均成分	30.24	35.04	31.89	1.41	1.42	考虑杂质元素
	31.05	36.20	32.75	—	—	不考虑

（3）铜鼎（子陵岗 M65∶5；实验室编号：3360）

　　图五为该试样的断口形貌照片，图六为能谱（EDS）测量谱线，表三为对应的化学成分测试结果，其主要组分为 Cu-Sn-Pb 合金，含有少量其他杂质 [铁（Fe）、硅（Si）]。

图五　铜鼎（编号 3360）的断口形貌

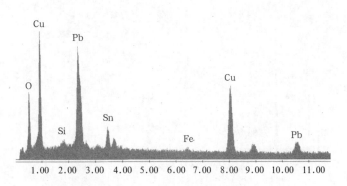

图六　铜鼎（编号 3360）的化学成分 EDS 谱线

表三　铜鼎（编号 3360）的化学成分测试结果（wt%）

元素	Cu	Sn	Pb	Fe	Si	备注
平均成分	40.55	11.66	45.48	1.53	0.78	考虑杂质元素
	36.27	11.13	52.60	—	—	不考虑

（4）铜鉴（子陵岗 M66∶3；实验室编号：无号）

图七为该试样的断口形貌照片，图八为能谱（EDS）测量谱线，表四为对应的化学成分测试结果，其主要组分为 Cu-Sn-Pb 合金，含有少量其他杂质［铁（Fe）、硅（Si）］。

图七　铜鍪断口形貌

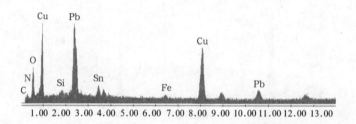

图八　铜鍪的化学成分 EDS 谱线

表四　铜鍪的化学成分测试结果（wt%）

元素	Cu	Sn	Pb	Fe	Si	备注
平均成分	38.58	9.46	48.09	2.51	2.45	考虑杂质元素
	40.05	9.98	49.98	—	—	不考虑

（5）蒜头壶（子陵岗 M77 乙：3；实验室编号：3355）

图九为该试样的断口形貌照片，图一〇为能谱（EDS）测量谱线，表五为对应的化学成分测试结果，其主要组分为 Cu-Sn-Pb 合金，含有少量其他杂质 [铁（Fe）、硅（Si）]。

图九　铜蒜头壶（编号 3355）断口形貌

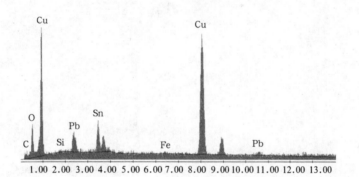

图一〇　铜蒜头壶（编号 3355）的化学成分 EDS 谱线

表五　铜蒜头壶（编号 3355）的化学成分测试结果（wt%）

元素	Cu	Sn	Pb	Fe	Si	备注
平均成分	68.10	14.87	15.71	0.62	0.70	考虑杂质元素
	68.97	15.10	15.93	—	—	不考虑

（6）完整剑（子陵岗 M74∶8；实验室编号：3386）

图一一为该试样的断口形貌照片，图一二为能谱（EDS）测量谱线，表六为对应的化学成分测试结果，其主要组分为 Cu-Sn-Pb 合金，含有少量其他杂质 [铁（Fe）、铝（Al）、磷（P）、硅（Si）]。

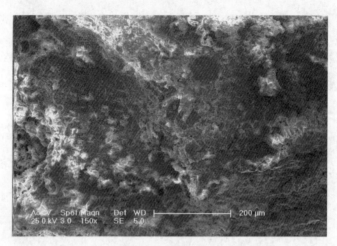

图一一　完整铜剑（编号 3386）断口形貌

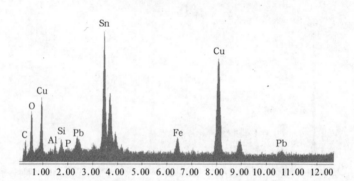

图一二　完整铜剑（编号 3386）的化学成分 EDS 谱线

表六　完整铜剑（编号 3386）的化学成分测试结果（wt%）

元素	Cu	Sn	Pb	Fe	Al	Si	P	备注
平均成分	23.46	53.70	14.08	5.21	0.47	2.86	0.22	考虑杂质元素
	25.42	59.23	15.36	–	–	–	–	不考虑

（7）残铜剑（子陵岗 M1∶28；实验室编号：3383）

图一三、一四为该试样的断口形貌照片，可以看出表层有一个不同于内部的处理层；图一五为能谱（EDS）测量谱线，表七为对应的化学成分测试结果，其心部主要组分为 Cu-Sn-Pb 合金，基本不含杂质；而表面处理层的成分 Sn 含量很高。

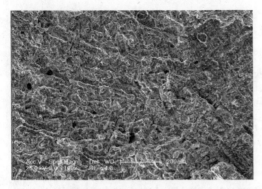

图一三　残铜剑（编号3383）断口形貌（心部）

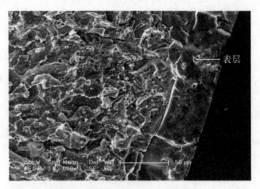

图一四　残铜剑（编号3383）断口形貌（表层）

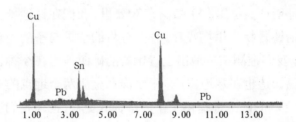

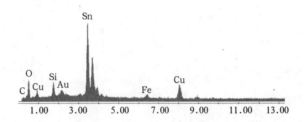

图一五　残铜剑（编号3383）的化学成分 EDS 谱线
上：心部；下：表层

表七　残铜剑（编号3383）的化学成分测试结果（wt%）

元素	Cu	Sn	Pb	Si	Fe
心部平均成分	68.69	24.95	6.35	—	—
表层成分	18.85	71.05	—	6.73	3.37

（三）材料特性及矿源地分析

子陵岗墓地所在的位置属大洪山西南腹地，这里也是楚国的中心地带。墓地出土的战国和秦汉时期的文物都是这一地区的典型器物，具有很强的时代特点。从检测的7件青铜器样品来看，生活用器（罍、鼎）在主要成分（Cu-Sn-Pb）上的比例基本一致，且都包含有少量的其他成分（杂质），如Fe、Al、P、Si等，这些杂质的存在既与选料的精度有关，又与铸造过程有一定的联系。相对而言，青铜兵器（剑）的杂质含量极少，M1:28剑基本不含杂质。兵器和生活用器在成分配比上的差异，反映出其不同的功能和性质。

子陵岗墓地位于楚国两大故都楚皇城和纪南城之间，是楚国中晚期统治的中心区域。这个地区目前已发现的矿冶遗址已有多处，比较典型的遗址有今天钟祥市境内的金店遗址。金店遗址所在的位置在子陵岗东70公里，我们在该遗址上采集了大量的矿渣，还发现了很多冶铸器物的坩埚残片。样品分析的结果与子陵岗墓地样品铜器的成分基本相同。因此，我们推测该墓地出土青铜器的矿源地当在今钟祥市和荆门市一带的大洪山地区，器物铸造也在本地完成。子陵岗和金店两个地点的对比材料为我们认识和寻找楚国金属文物的矿源地提供了十分珍贵的资料，也为我们进一步研究该地区的矿业历史开辟了新的途径。

后　记

　　本报告是荆门市博物馆馆长、研究员翟信斌先生主持编写的《象山论坛》系列丛书之一，由副研究馆员崔仁义先生执笔。

　　黄文进、刘权、张中豪、耿卉、刘银芳等共同完成了绘图工作，肖友红对所有线图进行了规范、修改和排列，钟琴山、李云禄完成了照相工作，杨致梅、李湘、陈安美、黄翠莲、孙长秀、卢秀平、陈云、鲍友桂、罗丛梅完成了修复工作，李芳、黄文进完成了部分拓片，肖明莉、张金兰打印了部分文稿；湖北省社会科学院研究员、楚史研究所前所长郭德维先生不仅对本报告的编写提供了帮助，审阅了全稿，提出了宝贵的修改意见，而且欣然作序；清华大学文科高等研究中心主任、国际汉学研究所所长李学勤先生识读了明墓中的铜镜铭文，武汉大学历史学院对部分青铜器进行了鉴定，肖志国、崔曼曼翻译了英文提要。对于上述单位和个人所给予的关心和支持，我们表示由衷的谢忱！

　　本报告的编写始终得到了荆门市博物馆领导的大力支持。

　　本报告是集体劳动和智慧的结晶。

　　本书出版得到国家重点文物保护专项补助经费资助，特此鸣谢！

　　限于编者水平，本书不准确乃至于错误之处，敬请读者指正。

编者

2006年6月13日

Zilinggang Cemetery in Jingmen
(Abstract)

Between 1987 and 1991, Jingmen Municipal Museum excavated a great number of graves from the Eastern Zhou, Qin, through Western and Eastern Han and Ming, among which 95 are included in the present volume.

Zilinggang is a mound, located beside the national highway 207 and between the Chuhuang city and Jinan city. Residential area, together with the cemetery, have been found in the adjacent. The cemetery had been used by the local residents from the Spring and Autumn period to the late Warring States period by the time when the Capital of Ying was conquered by the Qin troops. In spite of its close relation to the then prosperous Jinan city of Chu and the high culture in the environs of that city, archaeological evidence still shows that people lived in this area of what is today's Zilinggang were lowly cultivated.

Pit tombs are most commonly seen. Nearly 48% of the tombs have head niches, second-ledges, or even ramps. Burial goods primarily include bronze, iron, jade and glass artifacts. Pottery artifacts excavated in association usually contain *li*, *yu*, jars, *dou* and *ding*, *dui*, pots, *dou*. Bronze artifacts are mostly weapons, including swords, dagger-axes, arrowheads and daggers. Other types include belt-hooks, knives, gag bits and so forth. Glass beads, jade discs were also found. Only a few iron swords were excavated.

Pottery vessel groups composed of *li*, *yu*, jars and *dou* are frequently seen. Such a frequency (90.5%) is obviously higher than that found at the Jiudian burial site (6.1%) and Yutaishan site (18.5%). Bronze ceremonial vessels are rarely found contrasted to the weapons: only 1 *ding*, 1 *dui* and 1 pot have been excavated on site.

In total, 14 graves of Qin and Western Han periods have been found. These graves usually contain more bronze artifacts than pottery. Bronze artifacts found include *ding*, pot, garlic-headed pot, *mao*; other types include *banliang* coins, *lei*, mirrors, washers, spoons. Pottery types commonly seen in these tombs include jars, cauldrons (*fu*), yu, steamers (*yan*) and numerous burial models of stoves, granaries, and so forth. Jade discs and pottery jars are also discovered.

17 Eastern Han tombs have been found with a wide time range in between A.D.7 to 40. Burial goods in these tombs are mostly pottery and bronze vessels, coins and animal figures are also found.

Two Ming dynasty husband-and-wife tombs of A.D.1539 and 1487 are found. Pottery jars, building models, glass tiles, porcelain bowls, iron coffin nails, bronze mirrors, coins, silver ear-spoons, gold head ornaments and stone epitaph are discovered. Renown figures and officials from the Hanlin Academy of the Ming court such as Tong Chengxu, Cao Bian, Yuan Yue can be found in the text of the epitaph.

1. B型Ⅲ式剑（M36：4）（正、背）

2. B型壶（M64：3）

东周及秦、西汉墓出土铜剑、壶

（1为东周，2为秦、西汉）

1. A型鼎（M63：2）

2. 罍（M64：2）

秦、西汉墓出土铜鼎、罍

秦、西汉墓出土A型Ⅰ式铜壶（M63：3）

1. M65：2

2. M65：1

秦、西汉墓出土玉璧

1. 石璧（M65：7）

2. 爰金（M66：1）

秦、西汉墓出土石璧、爰金

1．Ⅱ式（M 62：4）

2．Ⅰ式（M45：33）

东汉墓出土A型铜镜

1. C型（M62：17）

2. B型（M76甲：5）

东汉墓出土铜镜

彩版八

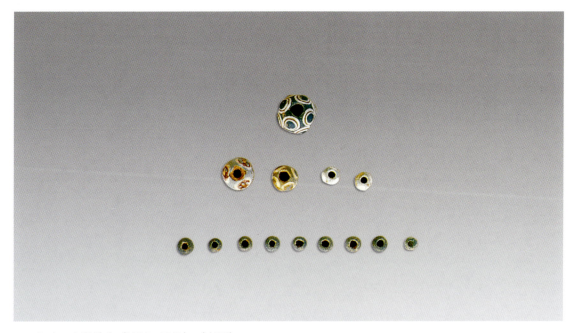

1. 上：A型料珠（M36：11①）（东周）
   中：B型料珠（M9：5①）、B型（M9：5②）、C型（M9：5③）、C型（M9：5④）（左→右）
   下：D型料珠（M9：5⑤～⑬）（左→右）（东周）

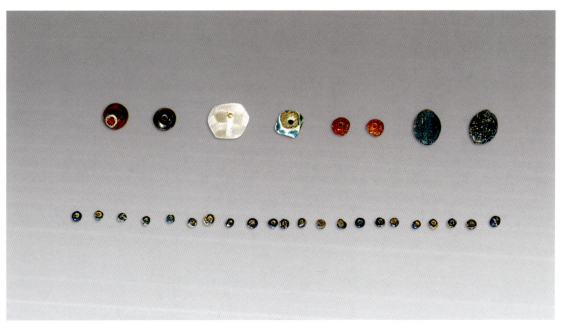

2. 上：棕色琉璃珠（M62：11①、11②）、水晶珠（M62：7）、石珠（M62：9）
   淡红色琉璃珠（M62：10①、10②）、蓝色琉璃珠（M62：12①、12②）（左→右）
   下：蓝色琉璃珠（M62：12③～12㉔）（左→右）（东汉）

东周、东汉墓出土料珠、琉璃珠

1. 发掘现场（水泥厂院内，自西向东）

2. B型陶豆（M 81：01）

4. B型陶罐（M 83：02）

3. 石球（M 84：01）

墓地发掘现场及东周墓填土中的出土器物

1. I 式（M 27：4）

2. II a式（M 14：5）

3. II c式（M 22：2）

4. II b式（M 18：5）

5. III c式（M 12：5）

6. III b式（M 9：3）

东周墓出土 A 型陶鬲

1. A型Ⅲb式（M 23：4）

2. A型Ⅲa式（M 85：3）

3. A型Ⅲb式（M 87：2）

4. A型Ⅲb式（M 81：6）

5. B型Ⅰ式（M 61：1）

6. B型Ⅱ式（M 38：1）

东周墓出土陶鬲

1. B型Ⅲ式鬲（M 15∶10）

2. B型Ⅲ式鬲（M 10∶1）

3. B型Ⅱ式鬲（M 15∶13）

4. A型Ⅰ式盂（M 27∶2）

5. A型Ⅱb式盂（M 61∶3）

6. A型Ⅱa式盂（M 18∶2）

东周墓出土陶鬲、盂

1. Ⅱa式（M 14∶4）

2. Ⅱb式（M 13∶5）

3. Ⅱb式（M 2∶5）

4. Ⅱb式（M 7∶5）

5. Ⅱa式（M 22∶6）

6. Ⅲ式（M 31∶2）

东周墓出土 A 型陶盂

1. A型Ⅲ式 (M 10：5)

2. A型Ⅲ式 (M 57：5)

3. B型Ⅰ式 (M 9：1)

4. B型Ⅰ式 (M 38：2)

5. B型Ⅱ式 (M 58：5)

6. B型Ⅰ式 (M 12：4)

东周墓出土陶盂

1. B型Ⅲ式盂（M 81∶4）

2. B型Ⅱ式盂（M 85∶4）

3. A型Ⅰ式罐（M 27∶5）

4. A型Ⅰ式罐（M 38∶3）

5. A型Ⅰ式罐（M 85∶2）

6. A型Ⅱ式罐（M 14∶3）

东周墓出土陶盂、罐

1. A型Ⅱ式（M9：2）

2. A型Ⅲ式（M10：2）

3. A型Ⅲ式（M7：6）

4. B型Ⅰ式（M22：1）

5. B型Ⅳ式（M17：16）

6. B型Ⅲ式（M31：1）

东周墓出土陶罐

1. D型Ⅰ式（M 2∶1）

3. C型Ⅰ式（M 18∶3）

2. D型Ⅱ式（M 57∶4）

5. E型（M 7∶7）

4. C型Ⅱ式（M 87∶1）

东周墓出土陶罐

1. Aa型Ⅰ式（M 82∶4）

2. Aa型Ⅰ式（M 59∶4）

3. Aa型Ⅱb式（M 80∶3）

4. Aa型Ⅱa式（M 1∶24）

5. Ab型Ⅱ式（M 72∶1）

6. Ab型Ⅰ式（M 58∶4）

东周墓出土 A 型陶鼎

1. Ab型Ⅲ式（M 83：1）

2. Ba型Ⅱ式（M 69：11）

3. Ba型Ⅲ式（M 75：3）

4. Ba型Ⅱ式（M 1：23）

5. Ba型Ⅰ式（M 79：11）

6. Bb型Ⅰ式（M 84：6）

东周墓出土陶鼎

1. Bb型Ⅰ式 (M17∶9)

2. Bb型Ⅱ式 (M67∶6)

3. C型Ⅰ式 (M69∶20)

4. C型Ⅰ式 (M59∶8)

5. C型Ⅰ式 (M73∶7)

6. C型Ⅱ式 (M1∶16)

东周墓出土陶鼎

1. I式（M56：4）

2. I式（M82：3）

3. I式（M52：1）

4. II式（M80：5）

5. IIIc式（M75：10）

6. II式（M59：10）

东周墓出土陶敦

1. Ⅲc式敦（M79：8）

2. Ⅲc式敦（M 69：10）

3. A型壶（M 8：5）

4. B型Ⅰ式壶（M 58：3）

5. B型Ⅲ式壶（M 15：4）

6. B型Ⅲ式壶（M 15：2）

东周墓出土陶敦、壶

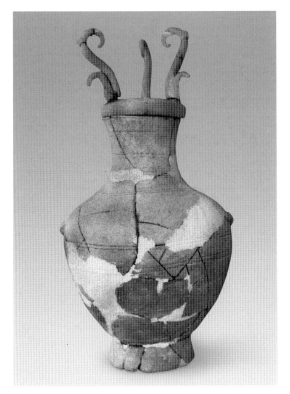

1. C型Ⅱa式（M79：3）

2. C型Ⅱa式（M1：18）

3. C型Ⅰb式（M67：9）

4. B型Ⅳ式（M59：11）

东周墓出土陶壶

1. C型Ⅰa式（M17：12）

2. C型Ⅰb式（M25：5）

4. C型Ⅱb式（M20：7）

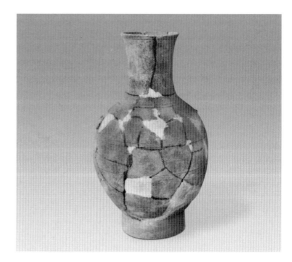

3. C型Ⅱb式（M69：25）

5. C型Ⅱb式（M84：10）

东周墓出土陶壶

1. Ⅰa式（M14：1）

2. Ⅰa式（M15：9）

3. Ⅰb式（M17：14）

4. Ⅰb式（M27：3）

5. Ⅰb式（M85：5）

6. Ⅰb式（M22：5）

东周墓出土A型陶豆

1. Ⅰb式（M22：4）

2. Ⅰb式（M2：3）

3. Ⅰb式（M10：4）

4. Ⅱa式（M38：5）

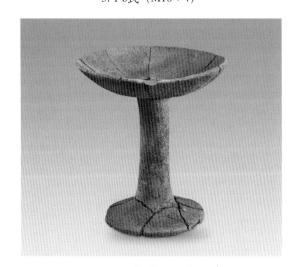

5. Ⅱa式（M8：7）

6. Ⅱa式（M7：3）

东周墓出土 A 型陶豆

1. Ⅱb式（M56：2）

2. Ⅱb式（M74：2）

3. Ⅱb式（M15：6）

4. Ⅱa式（M74：4）

5. Ⅱa式（M7：4）

6. Ⅱa式（M31：3）

东周墓出土 A 型陶豆

1. M57：3

2. M59：12

3. M15：8

4. M68：1

5. M12：3

6. M72：3

东周墓出土A型Ⅱb式陶豆

1. M19：8

2. M84：5

3. M79：4

4. M1：13

5. M75：6

6. M69：15

东周墓出土Ａ型Ⅲa式陶豆

1. A型Ⅲa式（M54：1）

2. A型Ⅲa式（M17：6）

3. A型Ⅲb式（M67：8）

4. A型Ⅲb式（M81：3）

5. A型Ⅲb式（M52：2）

6. B型Ⅱ式（M15：7）

东周墓出土陶豆

1. B型Ⅰa式豆（M58：1）

2. Ⅳ式缶（M1：19）

3. Ⅰ式缶（M72：4）

4. Ⅲ式缶（M36：10）

5. Ⅱ式缶（M73：3）

东周墓出土陶豆、缶

1. A型Ⅱ式盒（M69：14）

2. A型Ⅰ式盒（M67：5）

3. B型Ⅱ式盒（M1：4）

4. B型Ⅰ式盒（M83：2）

5. 簋（M36：13）

6. 高足壶（M69：21）

东周墓出土陶器

1. I式盉（M1：12）

2. B型提梁罐（M1：20）

3. A型提梁罐（M19：9）

4. 鸟（M79：2）

5. 鸟（M79：1）

6. 镇墓兽（M19：5）

东周墓出土陶器

1. I 式盘（M56：6）

2. I 式盘（M36：9）

3. I 式盘（M59：5）

4. III式盘（M79：12）

5. II式盘（M1：11）

6. II式盘（M69：8）

7. II式匜（M79：12-3）

8. II式匜（M1：9）

9. II式匜（M84：2-1）

10. II式匜（M69：4）

东周墓出土陶盘、匜

1. I式匜（M59：2）

2. I式斗（M59：3）

3. II式斗（M69：3）

4. II式匕（M79：12-2）

5. I式匕（M1：10）

6. 杯（M87：8）

7. 纺轮（M15：1）

东周墓出土陶器

1. 鼎（M30：2）

2. 敦（M30：1）

3. 壶（M30：3）

4. 马衔（M1：2①、2②）（左→右）

5. 铎（M26：4）

6. 镈（M17：1）

东周墓出土铜器

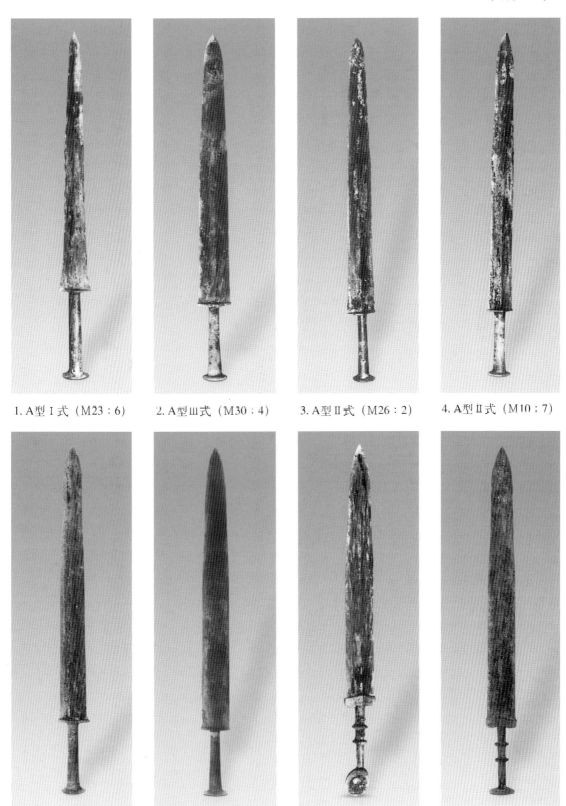

1. A型Ⅰ式（M23：6）　　2. A型Ⅲ式（M30：4）　　3. A型Ⅱ式（M26：2）　　4. A型Ⅱ式（M10：7）

5. A型Ⅱ式（M75：1）　　6. A型Ⅲ式（M74：8）　　7. B型Ⅲ式（M17：3）　　8. B型Ⅰ式（M67：1）

东周墓出土铜剑

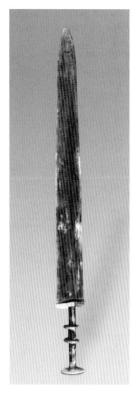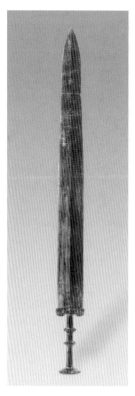

3. 剑首（M36∶4）

1. Ⅱ式（M41∶1）　　　2. Ⅲ式（M36∶4）

4. 铭文"自乍用鐱"（M36∶4）　　　5. 铭文"戉王州句"（M36∶4）

东周墓出土B型铜剑

1. I 式（M74：7）

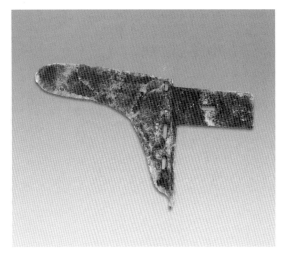

2. I 式（M84：3）

3. IV式（M41：3）

4. II 式（M10：6）

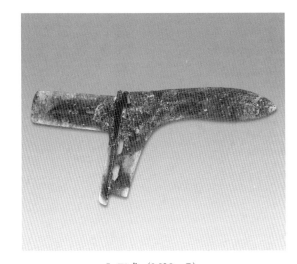

5. IV式（M30：7）

6. III式（M17：2）

东周墓出土铜戈

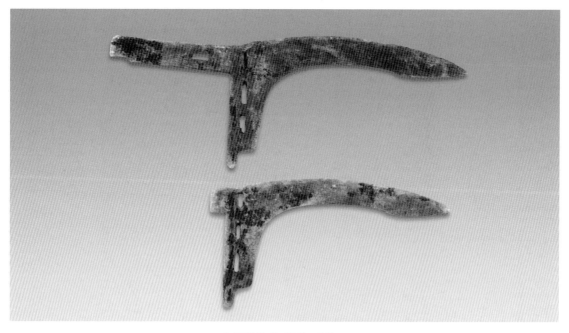

1. B型Ⅱ式（M1：26）

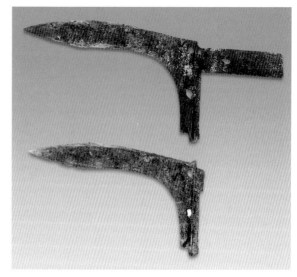

3. B型Ⅱ式（M41：5）

2. B型Ⅰ式（M36：5）

东周墓出土铜戟

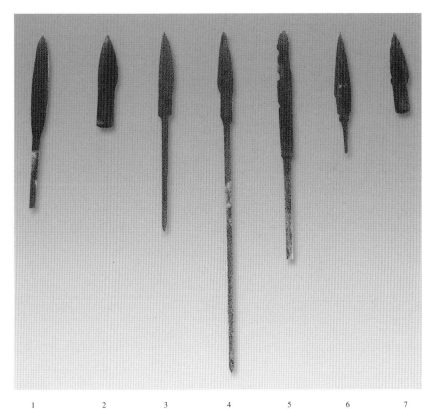

1. A 型Ⅲc式镞（M83：11）
2. A 型Ⅰ式镞（M84：1）
3. A 型Ⅲa式镞（M67：4）
4. A 型Ⅱ式镞（M67：3）
5. B型镞（M83：12）
6. A 型Ⅲb式镞（M30：6）
7. A 型Ⅰ式镞（M30：5）

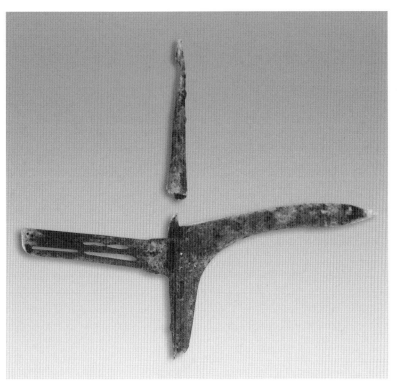

8. A型戟（M26：1）

9. 匕首（M41：7）

东周墓出土铜器

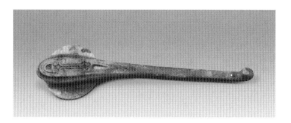

1. Ⅱb式铜带钩（M36：1）

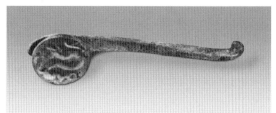

2. Ⅱb式铜带钩（M36：1）

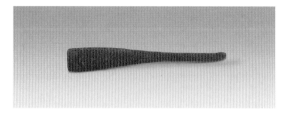

3. Ⅰ式铜带钩（M67：2）

4. Ⅱa式铜带钩（M17：4）

5. Ⅱb式铜带钩（M41：4）

6. 铜削刀（M41：2）

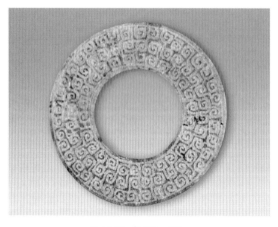

7. 玉璧（M41：8）

8. 料珠（M9：5①～⑬，以最大者为起点，沿顺时针方向排列；M59：5①、5②为B型，M59：5③、5④为C型，余为D型）

9. 水晶珠（M69：2①～2④）（左→右）

10. A型料珠（M36：11①）

11. 玉环（M36：7）

东周墓出土器物

1. 鼎（M77甲：11）

2. 盒（M77甲：9）

3. 壶（M77甲：6）

4. 钫（M50：8）

5. B型Ⅱ式盂（M77甲：1）

6. A型盂（M49：12）

秦、西汉墓出土陶器

1. II式灶（M77甲：4）

2. I式熏炉（M49：10）

3. II式熏炉（M66：5）

4. 仓（M77乙：2）

6. A型釜（M86：1）

5. 瓿（M49：13、14）

秦、西汉墓出土陶器

1. B型 I 式釜（M66：6）

2. II 式豆（M77甲：2）

3. I 式豆（M42：2）

4. B型罐（M43：1）

5. C型 I 式罐（M66：7）

6. C型 II 式罐（M64：5）

秦、西汉墓出土陶器

1. B型鼎（M64：4）

3. C型鼎（M65：5）

2. A型鼎（M63：2）

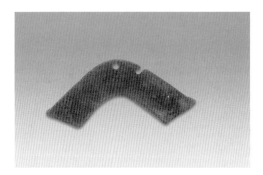

4. 璜（M49：3）

5. II式鍪（M49：6）

秦、西汉墓出土铜器

1. B型壶（M64∶3）

2. 蒜头壶（M66∶2）

3. A型Ⅰ式壶（M63∶3）

4. A型Ⅱ式壶（M65∶4）

秦、西汉墓出土铜壶、蒜头壶

図版四〇

1. 铜勺（M49：5）

2. A型铜匕（M66：4）

3. A型I式铜铃（M49：2①）
4. A型II式铜铃（M49：2②）
5. B型铜铃（M49：2③）（左→右）

6. 铜镜（M77乙：6）

7. 爰金（M66：1）

8. 玉佩（M64：7）

9. 骨器（M64：1）

秦、西汉墓出土器物

1. 墓室全景

2. 墓门封闭情况

3. 墓门结构

东汉墓M76甲墓室

1. A型Ⅰ式（M24：14）

2. C型Ⅰ式（M33：18）

3. A型Ⅱ式（M39：4）

4. C型Ⅱ式（M53：11）

5. B型Ⅱ式（M60：6）

6. B型Ⅰ式（M3：2）

东汉墓出土陶鼎

1. A型III式（M76甲：15）

2. A型I式（M3：9）

3. A型I式（M39：2）

4. A型II式（M24：4）

5. A型I式（M24：2）

6. B型II式（M53：13）

东汉墓出土陶仓

1. B型I式仓（M60∶3）

2. B型III式仓（M55∶4）

3. B型I式仓（M33∶12）

4. A型Ⅰ式灶（M24∶8）

5. A型I式灶神像（M24∶8）

6. A型Ⅰ式灶（M3∶7）

东汉墓出土陶仓、灶

1. A型Ⅱ式灶（M39：5）

2. C型Ⅲ式灶（M76甲：9）

3. B型灶（M60：5）

4. C型Ⅰ式灶（M33：17）

5. A型Ⅱ式井（M33：15）

6. A型Ⅰ式井（M3：8）

东汉墓出土陶灶、井

1. A型III式井（M60：4）

4. A型II式甑（M3：7-3）

2. B型I式井（M76甲：8）

5. A型盂（M3：6）

3. B型I式井（M24：6）

6. A型盂（M24：9）

东汉墓出土陶井、盂

1. B型Ⅱ式盂（M39∶7）

2. B型Ⅰ式盂（M33∶22）

3. B型Ⅰ式盂（M33∶14）

4. Aa型Ⅰ式罐（M62∶14）

5. Aa型Ⅱ式罐（M76乙∶1）

6. Aa型Ⅲ式罐（M60∶1）

东汉墓出土陶盂、罐

1. Ab型Ⅰ式（M24：1）

2. Aa型Ⅲ式（M55：2）

3. Ab型Ⅱ式（M111：5）

4. Ab型Ⅰ式（M39：1）

5. C型（M24：19）

6. B型Ⅱ式（M53：12）

东汉墓出土陶罐

1. B型Ⅲ式（M33：9）

2. B型Ⅰ式（M3：12）

3. B型Ⅱ式（M33：1）

4. B型Ⅱ式（M39：3）

5. B型Ⅱ式（M33：19）

6. B型Ⅰ式（M60：7）

东汉墓出土陶罐

图版五〇

2. D型罐（M76甲：3）

1. II式瓮（M33：20）

4. III式瓮（M76甲：1）

3. I式瓮（M3：13）

6. 异型盂（M60：2）

5. II式瓮（M53：5）

东汉墓出土陶器

1. B型盆（M24：12）

2. Ⅱ式盘（M33：18）

3. 磨（M24：23）、磨盘（M24：22）

4. 熏炉（M76甲：4）

5. 筒瓦（M24：15）

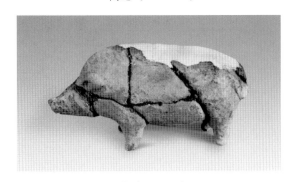

6. 猪（M24：5）

7. B型猪圈（M24：13）、猪（M24：5）

东汉墓出土陶器

1. A型陶猪圈（M76甲：16）

2. 陶狗（M76甲：2）

3. 陶狗（M24：3）

4. 陶鸡（M24：10）

5. 陶鸭（M24：11）

6. 硬陶壶（M33：4）

东汉墓出土陶器、硬陶器

1. 壶（M53：9）

2. A型Ⅱ式罐（M53：10）

3. A型Ⅰ式罐（M33：6）

4. B型罐（M33：5）

5. A型Ⅰ式罐（M33：10）

6. Ⅱ式瓮（M45：31）

东汉墓出土硬陶器

1. I式硬陶瓮（M55：3）

2. I式硬陶瓮（M55：1）

3. 硬陶釜（M62：3）

4. A型铜碗（M45：34）

5. 铜盆（M55：5）

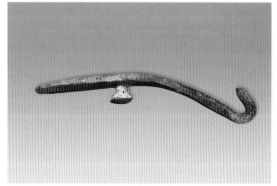

6. 铜带钩（M33：3）

东汉墓出土器物

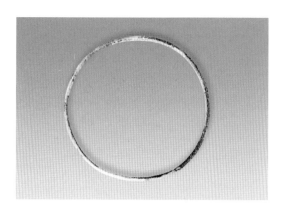

1. 银镯（M62：6）

2. 骨饰（M62：8）

3. 琉璃瑱（M76乙：3）

4. 琉璃筒瓦（M11乙：1）

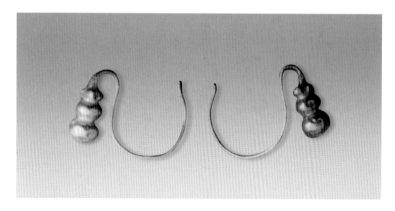

5. 金头饰（M11乙：2①、2②）

6. 瓷碗（M11甲：4）

东汉、明墓出土器物

（1～3为东汉，余为明）

1. 铜镜（M11乙：3）

2. 单耳硬陶罐（M11甲：10）

3. 无耳硬陶罐（M11甲：5）

4. 陶楼（采集）

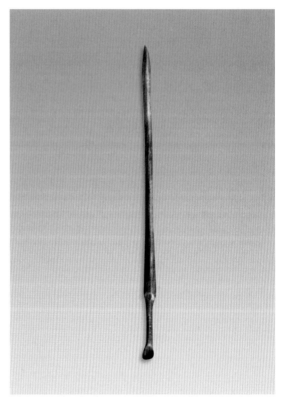

5. 银耳勺（M11甲：1）

明墓出土器物